윤석만 지음

SIGONG media

인공지능이 여는 새로운 미래, 4차 혁명시대는 생각법부터 달라야 한다!

인공지능을 필두로 한 4차 혁명에 세계가 주목하고 있다.
삶의 방식을 획기적으로 바꿀 새 시대를 앞두고
많은 이들의 시선이 과학과 산업, 기술 분야로 집중되고 있다.
하지만 우리가 근본적으로 주목해야 할 것은 인공지능이
뛰어넘을 수 없는 인간만의 능력인 인성역량을 키우는 것이다.
단순히 정답만 찾는 스마트(smart)가 아닌 공동체를 생각하는
휴머니티(humanity)가 살아있는 미래형 생각법,
바로 휴마트 씽킹(Humart Thinking)이 필요한 지금이다.

CONTENTS

2

휴마트 리더가 뜬다

사피엔스의 본질은 Society

역사에서 배우는 미래

세계시민이 되자

지속가능한 발전을 위한 과제

인간은 더욱 겸허해져야

에필로그

바나나 3개를 4명이 나눠 먹는 법

여기 3개의 바나나가 있습니다. 어떻게 하면 4명이서 이 바나나를 가장 잘 나눠 먹을 수 있을까요? 아마도 원시 상태의 인간이라면 힘센 누군가가 모두 독차지했을 것입니다. 그러나 진화를 거듭한 인간은 사회라는 공동체를 만들고, 분배라는 개념을 생각합니다. 여러 사람이 나눠 먹기 시작한 것이죠. 하지만 아직까지는 나눔의 방법이 공정하지 않습니다. 많이 먹는 사람, 적게 먹는 사람이 생기게 된 것이죠.

그러다 평등에 대해 생각하기 시작합니다. 공평하게 나눠 먹는 방법을 생각한 거죠. 누군가 제안합니다. 바나나 1개를 4개의 조각으로 나누자고 말이죠. 그러면 총 12조각이 되고, 한 사람당 3조각씩 나눠 먹을 수 있게 되는데요, 어릴 때 우리가 배웠던 최소공배수를 구하는 방법이죠. 적어도 산술적으로는 매우 평등한 방식입니다.

여기에 기술의 발달이 더해집니다. 같은 수의 조각을 만들어 나눠 먹는다 하더라도 조각마다 크기가 다를 수 있기 때문에 차이를 완전히 배제할 수 없었는데요, 그래서 이번에는 바나나를 믹서기에 갈아서 비커에 넣고, 정확히 용량을 잽니다. 이렇게 하면 바나나 조각의 두께와 길이가 달라서 생기는 오차를 줄일 수 있게 되죠. 먹을거리가 풍부해지면서 이제는 우유에 갈아서 먹기도 합니다. 이처럼 기술이 발전할수록 바나나를 나눠 먹는 법도 더 다양해지고 스마트(smart)하게 진화하는 것입니다.

그런데 바나나를 먹기 위해서 꼭 이렇게까지 해야 할까요? 모든 사람이 똑같은 양으로 먹을 수 있게끔 정교한 방법이 나온 것도 나름의 의미는 있습니다. 다만 시대가 변했듯 바나나를 나눠 먹는 방법도 달라져야 하지 않을까요. 지금 세상에 맞는, 좀 더 나은 방법이 있을 거라는 이야기입니다.

지금 우리는 4차 혁명이라 불리는 새로운 세상을 눈앞에 두고 있습니다. 아직 오지 않은 미래이기에 내일이 어떤 모습으로 펼쳐질지는 알 수 없습니다. 그러나 우리가 꿈꾸는, 함께 만들고 싶은 세상의 모습은 있습니다. 예를 들면 이런 겁니다. 만약 바나나를 나눠 먹어야 할 4명이 가족이나 친구처럼 소중한 누군가라면 어떨까요. 공평한 양을 분배하는 것도 좋지만, 치아가 부실한 할머니나 한창 성장기에 있는 중학생 아들, 바나나를 유독 좋아하는 엄마를 위해 내 몫을 양보할 수도 있을 것입니다.

과학기술의 발전과 인공지능(AI)의 등장은 인류에게 익숙했던 삶의 방식과 믿음을 뿌리부터 송두리째 흔들고 있습니다. 그러나 그 기술을 어떻게 적용하고 어떤 사회로 만들어 나갈지 선택하는 것은 우리의 몫입니다. 지금까지 우리는 더 스마트해지기 위해 노력해 왔지만, 앞으로는 휴머니티(humanity)를 더 강조해야 할 것입니다. 왜냐고요? 이미 인공지능이 인간이 해야 할 많은 일들을 대신해 더 스마트하게 처리하고 있기 때문입니다.

4차 혁명이라는 거대한 변화의 흐름 속에서 우리 인간이 인공지능과의 경쟁에서 비교우위를 가지려면, 인간만이 가진 무언가가 있어야 합니다. 그것이 바로 휴머니티죠. 이는 인공지능과 대비되는, 인간만이 가질 수 있는 가장 큰 강점이며, 우리가 세상을 살아가는 이유이기도 합니다.

저는 이 책을 통해 미래 사회에서도 계속 '스마트'하되, 좀 더 '휴머니티'를 갖춘 사회를 만들기 위해서 우리가 어떻게 해야 할지 함께 고민해 보고자 합니다. 바나나를 잘 나눠 먹기 위해서 어떻게 해야 할지 함께 머리를 맞대보자는 이야기입니다. 물론 제가 예시로 든 방법만이 정답은 아닙니다. 우리가 같이 손을 맞잡고 함께 생각한다면 더욱 창의적이고 지혜로운 방법을 얼마든지 찾을 수 있을 것입니다.

스마트(smart)하되 휴머니티(humanity)를 갖춘 생각. 바로 '휴마트 씽킹(Humart Thinking)'을 함께 해보자는 것이 이 책의 목표입니다. 어릴 적 하얀 도화지 위에 여러분이 생각했던 미래의 꿈을 그려봤듯, 휴마트 씽킹을 통해 4차 혁명으로 대표되는 새로운 세상의 모습을 함께 그려봤으면 합니다.

1

미래역량 휴마트

삼고초려 하듯 어렵게 맹자를 모셔 온 양혜왕이 물었다.

"장차 나라를 이롭게 하려면 무엇을 해야 합니까?"

조용히 생각에 잠겨 있던 맹자는 꾸짖듯 말했다.

"왕께서는 어찌 이익을 먼저 이야기하십니까. 왕이 나라의 이로움을

먼저 생각하면 신하들은 자기 가문의 이익만 생각하고,

백성과 선비는 자신의 이로움만 좇게 됩니다.

위에서 아래로 이익만 좇으면 나라가 위태로워집니다.

오직 인의(仁義)가 우선일 뿐입니다."

1

하우노우의 시대

지금까지 지식의 개념은 일종의 탑을 쌓는 것과 같았다.
인간은 자연과 사회의 무질서 속에 보이는 무수한 정보 사이에서
규칙을 찾아냈다. 그 안에서 인과관계를 조사하고
이를 체계화해 견고한 지식의 탑을 만들었다.
각 분야에서 탑을 높이 쌓은 이들을 전문가로 불렀고,
전문가가 되면 한 세대 먹고사는 데 큰 지장이 없었다.
그러나 4차 혁명시대에는 이런 지식의 반감기가 매우 짧아진다.
과거처럼 탑을 얼마나 높이, 크게 쌓느냐는 중요하지 않다.
무언가를 알고 있는 것(knowhow)보다 새로운 지식과 정보를
알아내는 방법(how to know, howknow)이 더 중요하다.

아인슈타인의 55분

"세상을 구하기 위한 시간이 단 60분만 주어진다면, 문제가 무엇인지 정의하는 데 55분을 쓰고 나머지 5분은 해결책을 찾는 데 쓰겠다.(If I had only 1 hour to save the world, I would spend 55minutes defining the problem and only 5minutes finding the solution.)" _ 알버트 아인슈타인(Albert Einstein)

4차 혁명시대가 우리의 눈앞에 와 있다. 인공지능(AI)과 자율주행차, 드론 등 첨단 과학기술로 대표되는 미래 사회에 대한 전망이 여기저기서 쏟아져 나오고 있다. 이미 다른 나라에 뒤처져 있으니 빨리 4차 혁명시대에 걸맞게 기업의 체질을 바꿔야 한다거나 사회 제도와 정부 정책을 재편해야 한다는 등 기업인부터 각계 전문가, 여야 정치인까지 온 나라가 시끌벅적하다.

하지만 그 누구도 4차 혁명시대의 개념이 정확히 무엇인지, 우리가 가야 할 방향이 어디인지 제대로 알려주지 않는다. 많은 사람이 우리 앞에 다가올 4차 혁명시대를 이야기할 때, 단순히 과학기술의 혁신적 발전 정도로만 이해하거나 3차 혁명의 연장선쯤으로 생각하기도 한다. 전문가들도 4차 혁명시대가 가져올 과학기술의 변화에만 매몰돼 그것이 진정으로 의미하는 개인 삶의 변화와 공동체의 새로운 모습을 정확히 짚어내지 못하고 있다.

사실, 4차 혁명은 이미 우리 앞에 조금씩 다가오고 있었다. 하지만 이를 정확히 인지하기 시작한 것은 2016년부터일 것이다. 세계 경제의 발전 방향을 논의하는 '다보스 포럼 2016(Davos Forum 2016)'이 4차 혁명을 의제로 제시하면서부터 온 세상, 특히 한국은 '네 번째 물결'에 완전히 빠지게 됐다.

같은 해 3월, 전 세계를 커다란 충격에 빠뜨린 사건이 하나 있었다. 바로 구글 딥마인드가 개발한 인공지능 '알파고(AlphaGo)'가 이세돌 9단과의 대국에서 4대 1로 승리한 것이다. 이 사건 이후부터 4차 혁명을 이야기하는 사람이 많아졌다. 우리 정부는 허겁지겁 이에 대한 설익은 대안과 정책을 쏟아내기 시작했다. 하지만 그 무엇 하나 본질을 제대로 밝혀낸 해법은 없었다. 왜 이런 일이 벌어졌을까. 바로 문제를 대하는 우리의 접근법이 잘못됐기 때문이다.

아인슈타인의 표현을 빌리자면, 문제의 본질을 생각하기에 앞서 섣불리 해결책부터 내놓으려 했던 것이 잘못이었다. 지금 우리는 문제를 풀기에 급급할 게 아니라, 문제를 어떻게 정의할 지부터 생각해 볼 필요가 있다. 아인슈타인의 55분에 더 많은 시간과 열정을 쏟아야 한다는 의미다.

> 문제의 본질을 생각하기에 앞서 섣불리 해결책부터 내놓으려 했던 것이 잘못이었다. 지금 우리는 문제를 풀기에 급급할 게 아니라, 문제를 어떻게 정의할 지부터 생각해 볼 필요가 있다. 아인슈타인의 55분에 더 많은 시간과 열정을 쏟아야 한다는 의미다.

이 책은 어설픈 대안이나 해법을 내놓기에 앞서 4차 혁명의 본질이 무엇인지 고민하는 것에서 출발하고자 한다. 또한 새로운 사고법을 통해 4차 혁명시대라는 개념의 본질에 다가가기 위한 방법을 제시하고자 한다. 그렇게 함께 고민해 나가다 보면 우리 앞의 4차 혁명이 일상을 사는 개인과 대한민국이라는 공동체에 큰 위기가 될 수도 있지만, 다른 각도로 생각해 보면 하나의 기회가 될 수 있음을 알게 될 것이다.

4차 산업혁명시대의 핵심은 교육과 문화

다가오는 미래 사회를 뜻하는 표현은 다양하다. 그중 가장 많이 쓰이는 단어는 '4차 산업혁명'일 것이다. 하지만 이 단어는 엄밀히 말해 다가올 미래 사회의 본질을 정확하고 충분하게 담아내지 못한다. 인류 문명은 지금까지 크게 세 번의 도약기를 거쳤다. 1차 농업혁명, 2차 산업혁명, 3차 정보혁명이 그것이다. 그리고 지금 우리 눈앞에는 4차 혁명이 도래했다. 하지만 네 번째 도약기에 섣불리 '○○혁명'이라 이름 붙이는 것은 미래 사회를 한정된 틀 안에 가두는 위험한 행동이다. 따라서 혁명이란 단어 앞에 놓일 '○○'이 명확해질 때까지, 적어도 아인슈타인의 55분 동안만큼은 그냥 '4차 혁명'이라고 표현하는 게 합리적이라고 본다.

4차 혁명의 본질을 찾기 위해서는 먼저 핵심적인 특징부터 알아볼 필요가 있다. 1~3차 혁명은 각기 성격과 방식은 달랐지만, 혁명의 모든 베이스가 물질적 토대 위에서 이뤄졌다는 공통점이 있다. 1차 농업혁명은 토지를 바탕으로 곡류 재배와 가축 사육에 성공해 수렵·채집 사회에서 농업 사회로 변화했다. 2차 산업혁명은 석유와 석탄 등 화석 연료를 바탕으로 기술과 산업, 사회에 획기적인 발전을 가져왔다. IT 기술로 대표되는 3차 정보혁명도 산업혁명의 자원과 하드웨어를 기반으로 했기 때문에 본질적인 구조는 크게 다르지 않다.

그러나 4차 혁명시대는 이러한 물질적 베이스를 떠나 인적 자원의 중요성이 매우 커진다. 많은 이들이 인공지능의 활성화로 현존하는 직업들의 상당수가 사라지고, 사람의 역할은 점점 줄어들 것이라고 우려한다. 하지만 미래 사회에는 오히려 사람의 역할이 더 중요해질 전망이다. 또한 인류의 지속가능한 성장을 위협했던 에너지 문제, 즉 화석연료의 사용으로부터 자유로워질 수 있다는 기대도 점점 현실화돼가고 있다. 이런 의미에서 인재강국으로 불렸던 우리에게 4차 혁명시대는 큰 기회라 할 수 있다.

6.25 한국전쟁이 끝난 후 폐허가 됐던 대한민국은 단기간에 눈부신 발전을 거듭하며 전 세계를 놀라게 했다. 천연자원조차 부족했던 우리가 선진국 반열에 오를 수 있었던 배경에는 오롯이 사람의 힘이 있었다. 훌륭한 인적 자원과 이들이 만들어낸 하드웨어와 소프트웨어가 산업발전을 이끌었고, 사회를 변화시켰다. 그러므로 인적 자원

의 중요성이 절대적인 4차 혁명시대는 우리에게 매우 좋은 기회가 될 수 있다.

하지만 반대로 큰 위기가 될 수도 있다. 그동안 우수한 인재를 양성해온 한국의 시스템은 2~3차 혁명시대에 최적화되었다. 우리는 산업·정보화시대의 모범생이었지만, 그때의 방식만으로는 4차 혁명시대를 제대로 풀어나가기 어렵다. "문제를 냈던 사고방식으로는 해결책을 얻을 수 없다. (No problem can be solved from the same level of consciousness that created it.)"는 아인슈타인의 이야기처럼 말이다. 즉, 3차 혁명시대가 남긴 과제를 풀고, 4차 혁명시대로 나아가기 위해서는 지금까지의 방식과는 전혀 다른 생각으로 접근해야 한다.

우리가 함께 고민할 것은
미래에는 어떤 인재가
필요할 것이며,
이들을 키우기 위해 무엇을
해야 하는가이다.

가장 먼저 우리는 3차 혁명시대와는 다른, 4차 혁명시대만의 '무엇'을 고민해야 한다. 나는 그 '무엇'의 핵심을 '생각의 변화'라고 본다. 그동안 우리가 중시해왔던 가치나 삶의 목적, 공동체가 지향하는 방향을 바꿔야 한다는 것이다. 이런 생각의 변화를 이끌어 내는 것이 '교육'의 힘이며, 그 결과로 나타나는 것이 '문화'다. 즉, 4차 혁명의 본질은 지금껏 우리가 목청 높여 이야기해왔던 것처럼 과학과 기술이 전부는 아니다.

4차 혁명시대를 제대로 살아가기 위해 우리는 미래 자원인 휴먼 리소스를 키워야 하고, 그래야 4차 혁명시대에 걸맞은 성숙한 '문화'를 만들어낼 수 있다. 과거 1차 혁명시대에 토지가, 2차 시대에 산업기술이, 3차 시대에 정보혁명이 그랬듯 4차 혁명시대는 교육과 문화가 새 시대의 핵심 자원이 될 것이다. 우리는 이제 교육과 문화를 바꿔야 한다. 제일 먼저 우리의 낡은 생각을 변화시켜야 하고, 이를 위해서는 교육의 철학과 방식을 송두리째 리셋해야 한다.

우리는 이미 국어·영어·수학을 중심으로 가르치는 지금의 초중고 교육 시스템으로는 미래를 대비할 수 없다는 걸 잘 알고 있다. 하지만 교육을 입안하는 정책가도, 해당 분야의 교육 전문가도 정확히 무엇을 해야 할지 몰라 헤매고 있다.

이 지점에서 우리가 함께 고민할 것은 미래에는 어떤 인재가 필요할 것이며, 이들을 키우기 위해 무엇을 해야 하는가이다. 이 질문에 답할 수 있다면 우리는 대한민국의 교육을 근본적으로 바꿀 수 있고, 나아가 전 사회의 시스템과 문화를 4차 혁명시대에 걸맞게 패러다임 시프트(paradigm shift)할 수 있다.

미래인재의 핵심은 인성역량

4차 혁명시대에 걸맞은 교육과 문화의 변화를 위해 우리가 준비해야 할 것은 무엇일까. 그 첫 번째는 '인성역량'을 키우는 일이다. 4차 혁명시대에는 사람과 사람이 네트워크로 연결되는 상호 의존성이 더욱 심화된다. 그 때문에 협업과 팀워크 같은 공동체 역량이 무엇보다 중요해진다. 과거에는 인성 교육을 사회생활에 필요한 능력이라기보다는 덕목과 가치의 접근에서 하면 좋고, 안 해도 그만인 것으로 치부했다. 오직 학업 성적을 높여 좋은 대학에 진학하고, 번듯한 직업을 구하는 것만을 중요한 목표로 삼았다. 하지만 앞으로는 인성의 영역이 '필수 능력'으로 자리매김하게 된다. 즉, 남들과 조화롭게 지내고, 상대를 배려하며 함께 공감할 수 있는 인성이 개인의 자아실현과 사회의 발전을 위한 중요한 '역량'이 되는 것이다.

여기서 중요한 것은 인성이 삶의 도구가 아닌 '목적'이라는 점이다. 그동안 우리 사회에서 인정받아온 능력은 삶의 목적과는 괴리된, 다소 도구적인 것들이 주를 이뤘다. 앞서 말한 것처럼 영어와 수학 등 전통적인 입시 과목부터 요즘 뜨는 코딩까지 우리 사회가 중시하는 영역의 지식은 삶의 목표가 아닌 도구다. 삶의 목적이 되는 것들, 이를테면 이웃과 함께 더불어 사는 가치, 자연과의 어울림, 문학·미술·음악처럼 행복을 구현하는 예술은 반드시 학교에서 배우지 않아도 되는 것들로 여겼다. 그러나 4차 혁명시대에는 근본적인 삶의 목표가 무엇인가를 고민하는 일이 더욱 중요해질 것으로 보인다. 인공지능의 발전에 따른 삶의 변화, 이로 인한 인간과 로봇의 공존 또한 중요한 사회 이슈가 될 것이다.

사실 인간은 3차 혁명시대까지 '탈인간화' 과정을 거치며 물질적인 성장을 거듭해 왔다. 농업·산업·정보 혁명을 거치며 많은 것들을 기계화하기 위해 노력해 왔다. 수백만 년 진화의 과정에서 수렵·채집에 적합했던 인간의 신체와 정신은 불과 1만 년도 채 안 되는 짧은 시간 동안 세 차례의 혁명기를 거치며 기계처럼, 또는 기계의 부속품이 되기 위해 물리적, 정신적으로 맞춰 왔다. 사회라는 거대한 기계의 부품처럼 인간은 파편화됐고, 그에 걸맞은 매우 한정된 역할만을 수행해 왔다. 특히 20세기 초반부터 다수의 대중을 상대로 시작한 의무교육은 산업 시대에 필요한 인재 만들기를 첫 번째 목표로 삼았다. 또한, 삶의 목표보다 산업화 시대에 적합한 기술을 습득하는 교육이 중심이 됐다.

교육이 대중화되기 전인 19세기 이전까지의 교육은 소수의 지배층을 대상으로 한 전인교육이 주를 이뤘고, 인문과 교양, 매너와 품성 등을 가르치는 것이 교육의 근본이었다. 4차 혁명시대에는 다시 이런 전인교육의 중요성이 부각될 것이다. 20세기에 기계화됐던 인간의 많은 업무가 인공지능으로 대체되기 때문이다. 그동안 우리가 습득하기 위해 노력해 왔던 수많은 도구적 기술과 지식들은 더 이상 필요하지 않게 될 것이다. 이러한 흐름 속에서 인간만이 가진 경쟁력을 갖추기 위해서는 전인교육에 눈을 돌려야 한다.

물론 그 과정에서 많은 혼란을 겪게 될 것이다. 산업혁명기인 18세기 말에서 19세기 초, 영국의 직물공업지대에서는 기계가 도입되면서 일자리를 잃게 된 노동자들의 기계파괴운동인 '러다이트 운동(Luddite Movement)'이 일어났다. 4차 혁명시대에는 러다이트 운동처럼 인공지능에 일자리를 빼앗기지 않기 위해 투쟁할 것이냐, 아니면 나라에서 주는 기본소득과 정부가 만들어준 '가짜 직업'에 의존하며 그냥저냥 살 것이냐를 두고 결단의 시기가 올지도 모른다. 이러한 미래를 만들지 않기 위해서라도 4차 혁명시대에 인간이 할 수 있는 일은 무엇인지, 기계적이지 않은 더욱 인간적인 가치는 무엇인지 지금부터 고민해야 한다.

더불어 그동안 가져왔던 근본적 사고방식 하나를 바꿔야 한다. 바로 인간이 가장 똑똑하기 때문에 지구의 주인 노릇을 해왔다는 믿음을 버려야 한다. 더 이상 '똑똑한 인간(호모 사피엔스)'이라는 개념으로 인류를 규정할 수 없다. 인간이 만든 인공지능이 이미 산술과 수리 등 지적 능력의 상당 부분에서 인간을 초월했기 때문이다. 외부에서 정보를 입력하지 않아도 스스로 학습하는 '딥러닝(Deep Learning)' 기술이 발전하면서 인간은 더 이상 똑똑함만으론 인공지능을 따라갈 수 없게 되었다.

이러한 현실 속에서 우리는 그동안 잊고 살았던 인간적인 가치, 휴머니티에 대해 더욱 고민하고 신경 써야 한다. 이것이 우리 개개인의 삶, 시민 공동체로 구성된 우리 사회의 핵심적인 가치가 될 것이기 때문이다. 지속가능한 발전을 위한 인류의 책임과 의무도 더욱 강조돼야 한다. 미래에도 우리는 여전히 '스마트(smart)'해야 하지만, '휴머니티(humanity)'도 함께 갖춰야만 4차 혁명시대를 제대로 준비할 수 있다. 이것이 미래 핵심 역량의 첫 번째인 인성역량, 바로 '휴마트(Humart)'다.

하우노우(HowKnow)의 시대

인성역량에 이어 두 번째로 중요한 것은 '실천지식'이라는 개념이다. 이는 4차 혁명시대에 걸맞은 새로운 개념의 지식을 의미한다. 앞서 말했듯 지금까지 지식의 개념은 일종의 탑을 쌓는 것과 같았다. 자연과 사회의 무질서 속에 보이는 무수한 정보 사이에서 패턴과 규칙을 찾아낸다. 그들 사이의 인과관계를 조사하고, 이를 체계화해 견고한 탑을 쌓아 올린다. 그렇게 탑이 높아지고 규모가 커질수록 인류의 지식 체계는 만리장성처럼 방대해졌다.

하지만 그렇게 방대한 지식을 한 인간이 섭렵한다는 것은 불가능하거니와 그리 효율적이지도 않았다. 그래서 지식의 분야는 계속 세분화 됐고, 특정 분야를 집중적으로 다루는 전문가들이 생겨났다. 얼마 전까지만 해도 해당 분야에서 지식의 탑을 높게 쌓아 올려 전문가가 되면 한 세대 먹고사는 데 큰 지장이 없었다. 주기적으로 지식을 업데이트하면 그 분야의 권위자로서 대접받으며 무리 없이 살았다.

그러나 4차 혁명시대에는 지식의 반감기가 매우 짧아진다. 평생을 견고하게 쌓아 올린 탑도 어느 한순간 쓸모가 없어지거나 와르르 무너져 내릴지 모른다. 검색창에 키워드만 치면 웬만한 전문지식은 문제없이 찾아낼 수 있는 시대에 탑을 얼마나 높이, 크게 쌓느냐는 과거처럼 중요하지 않다.

앞으로의 지식은 더 이상 나보다 나은 누군가에게 배운다는 단순한 개념이 아니다. 해당 분야에서 기존 정보를 바탕으로 스스로 취합해 인과관계를 만들고, 다른 분야와의 융합을 통해 새로운 분야를 창출해내는 과정과 이를 실천할 수 있는 능력이 중요해지기 때문이다. 달리 말하면 얼마나 높고 크게 탑을 쌓느냐가 3차 혁명시대의 중요한 고민거리였다면, 4차 혁명시대에는 얼마나 빠르고 크게, 효율적으로 탑을 쌓을 수 있느냐 하는 '축성 능력'이 절대적으로 중요해지는 것이다. 이제 지식은 쌓아 놓은 탑, 고정된 체계를 의미하지 않는다. 스스로 탑을 쌓을 수 있는 능력과 과정으로써 실천적인 지식에 가치가 실린다. 그런 만큼 4차 혁명시대에는 이전 시대의 지식과는 다른 차원의 '실천지식'이 더욱 필요하게 될 것이다. 기존의 정보와 지식체계로부터 새로운 정보를 추론하고, 스스로 지식을 만들어 가는 능력이 필요하다. 지금까지는 '아는 것(knowhow)'이 중요했다면, 앞으로는 새로운 지식과 정보를 '알아내는 방법(how to know, howknow)'을 습득하고 있느냐가 중요하다는 것이다.

인성역량과 실천지식으로 대표되는 미래교육에 대한 문제 제기는 무엇을 가르치고 배워야 하는가에 대한 오랜 통념을 뒤흔들 것이다. 지식 재생산이 목적이었던 교육, 즉 고정된 지식 체계를 습득하고 이를 현실에 적용하는 전통적인 교육 시스템은 머지않아 붕괴될 것이다. 따라서 삶의 도구가 되는 능력보다 목적이 되는 무언가를 습득해야 하며, 더 인간답고 행복하게 살 수 있는 방법을 고민해야 한다. 아직 생겨나지도 않은, 무슨 역할을 할지도 모를 미래의 직업을 준비하기 위해 기존의 지식 체계를 바탕으로 머릿속에 성만 높이 쌓아가는 일은 그만해야 한다. 대신 스스로 지식의 탑을 쌓을 수 있는 실천지식과 자신의 삶을 행복으로 이끌고 공동체 이익에 일조할 수 있는 능력을 갖추도록 노력해야 한다.

학교에서는 국어, 영어, 수학 등 과목별로 가르치는 교육 시스템부터 당장 바꿔야 한다. 주변 사람들과 행복하게 사는 법, 갈등을 원만히 해결하는 커뮤니케이션 스킬, 문제의 탐구 및 해결 능력, 협업을 통한 창의력 향상과 같은 '역량' 중심의 교육을 해야 한다. 다양한 사람과 지식, 생각, 감정을 공유하고 이들을 존중하며 시너지를 낼 수 있는 역량, 아마존의 열대우림 파괴와 아프리카의 난민과 같은 세계적 이슈가 내 삶에 어떤 영향을 주는지 파악할 수 있는 인식 능력을 길러야 한다.

무수한 정보 속에서 패턴을 찾아내 규칙을 만들고, 통계를 활용해 산술적으로 조합하는 능력은 이제 인공지능에 과감히 맡길 때다. 대신 인간은 더욱 인간적인, 인간만이 할 수 있는 일을 찾아야 한다. 유연하게 사고하고 통섭할 줄 알며, 옳고 그름을 정확하게 판단할 수 있는 '휴머니티' 역량을 키워야 한다.

모든 시작은 우리의 생각을 바꾸는 것에서부터 비롯된다. 교실에서는 옆에 앉은 친구를 밟고 올라서는 게 아니라 함께 손잡고 나아가는 것이 자신에게도, 친구에게도, 사회 전체에도 좋은 일임을 행동과 경험을 통해 깨달을 수 있도록 교육해야 한다. 선하고 바른 행동을 했을 때 손해 보는 게 아니라, 그것이 더 큰 이득으로 돌아올 수 있도록 제도와 문화를 바꿔야 한다.

4차 혁명시대를 준비하는 것은 우리의 생각을 '휴마트'하게 바꾸는 것으로부터 비롯된다. 어느 방향으로 나아가야 하는지조차 정하지 못한 채 무턱대고 뛰어가려 해서는 안 된다. 4차 혁명시대에 필요한 과학과 기술을 발전시키기 위해 최선을 다하되, 그 본질인 교육과 문화의 중요성도 간과해서는 안 된다.

이런 마음으로 인류의 새로운 도전을 위한 아인슈타인의 55분을 함께 고민해보자. 4차 혁명시대의 첫걸음, '휴마트 씽킹' 하나하나가 모여 4차 혁명시대의 미래를 연다면, 앞으로 우리가 맞이할 세상은 더욱 아름답고 행복해질 것이다.

구글은 지적 겸손을 원한다

"세계 최고의 혁신기업인 구글(Google)에 들어가기 위해 가장 필요한 것은 뜻밖에도 '겸손'이다." 유명 저널리스트인 토마스 프리드먼(Thomas Friedman)이 뉴욕타임스에 기고한 칼럼 '어떻게 구글에 입사할 수 있나'에서 한 말이다. 실제로 구글의 라즐로 복(Laszlo Bock) 인사부문 수석부사장은 그의 책 『일하는 원칙(work rules)』에서 "구글은 성실하며 겸손한 지원자를 원한다."고 말했다. 매년 세계 각지에서 300만 명이 넘는 지원자가 구글에서 일하기를 꿈꾸며 입사의 문을 두드린다. 그러나 그중 실제 채용으로 이어지는 경우는 단 0.2%에 불과하다. 그렇다면 구글의 좁은 문을 통과하는 이들은 과연 어떤 사람들일까.

요약하면, 구글이 원하는 인재는 단순히 머리가 좋거나 스펙이 뛰어난 사람보다는 책임감 강하고, 문제 해결을 위해 적극적으로 노력하면서, 다른 사람의 아이디어를 존중할 줄 아는 사람이다.

복 부사장은 구글이 중시하는 인재상을 다섯 가지로 요약했다. 첫째는 학습 능력이다. IQ가 아니라 필요한 정보를 한데 모으고, 새로운 것을 습득하는 능력을 말한다. 둘째는 새로운 리더십. 구성원으로서 협업을 이끌어내는 리더십과 팔로어십이다. 셋째는 지적 겸손이다. 다른 사람의 아이디어를 포용하고 배우려는 자세를 말한다. 넷째는 책임감. 공공의 이슈와 문제를 자신의 것처럼 생각할 줄 아는 주인의식이다. 다섯째는 전문지식으로, 이는 다른 요소에 비해 중요도가 덜하다.

요약하면, 구글이 원하는 인재는 단순히 머리가 좋거나 스펙이 뛰어난 사람보다는 책임감 강하고, 문제 해결을 위해 적극적으로 노력하면서, 다른 사람의 아이디어를 존중할 줄 아는 사람이다. 다섯 가지 중 전문지식이 덜 중요하다고 말한 것은, 머리에 쌓아놓은 지식보다 필요한 정보를 한데 모으고 새로운 것을 빠르게 배울 수 있는 학습 능력이 더 중요하다는 의미다.

복 부사장은 여기에 한 가지 설명을 덧붙였다. 실패한 경험 없이 성공만 해 온 사람, 스펙이 너무 뛰어난 사람은 오히려 구글에 맞지 않는다는 것이다. 이런 사람은 업무 성과가 좋지 않을 때 그 원인을 자신이 아닌 동료에게서, 또는 환경에서 찾는 경우가 많기 때문이다. 성공했던 경험에만 매몰돼 자신의 한계를 자각하기 어렵다는 것이다. '혁신'은 무수한 실패와 그에 굴하지 않는 도전에서 나오는데, 타인의 의견을 받아들이지 못하는 사람은 애초부터 성장이 불가능하다.

실제로 구글의 모든 업무는 협업 없이는 불가능하다. 아무리 똑똑해도 팀워크에 문제가 있을 것 같은 사람은 채용 자체가 안 된다는 이야기다. 프리드먼은 칼럼에서 "지적 겸손은 자신의 입장에서 한 걸음 물러나 타인의 더 좋은 생각을 수용하는 것"이라고 말했다. 내가 다른 사람보다 뛰어나다고 생각하거나 타인의 의견을 무시하는 사람이라면 취할 수 없는 행동이다.

구글과 함께 세계 최고의 기업 중 하나로 꼽히는 소셜 네트워크 기업 페이스북(Facebook)도 협업을 중시한다. 미국 경제 전문지 『포춘(Fortune)』은 페이스북의 설립자인 마크 저커버그(Mark Zuckerberg)의 경영 방식을 축구에 비유하며, 그를 코치와 같은 스타일이라고 분석했다.

축구팀에서 코치는 개인의 뛰어난 역량으로 팀을 이끌어 가는 스타플레이어가 아니라, 구성원들이 제 실력을 발휘할 수 있도록 영감을 불어넣고, 팀워크를 이끌어 내는 조율사 역할이다. 저커버그는 수평적으로 권한을 배분하고, 팀 단위로 책임 있게 프로젝트를 추진할 수 있도록 자율성을 부여하는 운영방식으로 유명하다. 페이스북도 저 혼자 똑똑하고 잘난 개인보다는, 함께 협업하는 팀워크를 통해 시너지를 낼 수 있는 인재를 원하는 것이다. 이처럼 다른 사람을 배려하고 타인의 생각을 적극적으로 수용하며, 협동을 통해 공동의 목표를 이뤄나가는 것. 이러한 인간관계의 여러 기술이 4차 혁명시대의 가장 핵심적인 역량으로 꼽힌다. 이주호 KDI국제정책대학원 교수(전 교육과학기술부 장관)는 "4차 혁명시대에는 상호 의존과 연결이 심화되기 때문에 여러 사람과 팀을 이뤄 새로운 것을 만들어내는 능력이 중요하다."고 말했다.

우리는 더 똑똑해지는 것(smart)뿐만 아니라 좀 더 인간적(humanity)인 사람이 돼야 한다. 그러기 위해서는 먼저 그동안 우리가 빠져있었던 거대한 착각에서 벗어나야 한다. 바로 인간의 지능이 가장 높았기 때문에 지구의 주인 노릇을 할 수 있었다는 편견 말이다. 제일 똑똑하기 때문에 만물의 영장으로 살아왔다는 믿음을 이제는 버려야 할 때다.

현생 인류인 호모 사피엔스가 네안데르탈인 같은 다른 종을 밀어내고 성공적으로 정착할 수 있었던 이유는, 개체의 우수성 때문이 아니라 집단의 시너지 덕분에 가능했다. 개인의 뛰어난 사냥 실력과 물리력으로 자연을 지배할 수 있었던 게 아니라 협업과 분업을 통해 사회라는 경쟁력을 만들었기 때문이다. 개인이 아닌 공동체로 살아왔기에 지금과 같은 문명도 이룩할 수 있었다.

다른 사람을 배려하고
타인의 생각을 적극적으로
수용하며, 협동을 통해
공동의 목표를 이뤄나가는 것.
이러한 인간관계의 여러 기술이
4차 혁명시대의 가장
핵심적인 역량으로 꼽힌다.

앞으로 인공지능 시대가 온다고 한다. 이미 인공지능은 우리 삶의 많은 영역에서 인간이 해왔던 역할을 대체하고 있다. 인공지능 의사 왓슨만 하더라도 인간 의사 수십 명이 달라붙어도 분석하지 못할 만큼 복잡한 데이터를 단 8초 만에 분석해내고, 암 환자에 대한 진단과 처방을 내린다. 바둑에서는 이미 알파고가 이세돌 9단을 비롯한 세계 최고의 바둑기사들을 모두 꺾지 않았던가.

인간은 이제 똑똑함만으로는 인공지능을 따라갈 수 없다. 우리는 인공지능이 할 수 없는 것들에 눈을 돌려야 한다. 인공지능이 가질 수 없는 능력을 갖춰야만 미래 사회에서도 인간이 주인 노릇을 할 수 있을 것이다. 그 시작은 우리가 더욱 인간적인 인성을 갖추기 위해 노력하는 일이다.

미래역량의 핵심은 휴머니티

나는 2013년부터 대한민국 인성교육대상 심사·기획위원으로 활동하며 많은 수상자와 후보자를 만날 수 있었다. 대상 후보로 추천되거나 선정된 이들은 '헌신적인 노력과 봉사 정신으로 범사회적 인성교육 확산에 공헌하고, 전문성과 소명의식이 투철한' 사람들이다. 즉, 사회적으로 모범이 될 만한 인성을 가졌다고 판단할 만한 충분한 근거가 있는 사람들이다. 이들을 만나면서 느낀 공통점 한 가지는 이들이 인성만 바른 게 아니라, '미래역량'의 관점에서도 훌륭한 능력을 가졌다는 점이다.

세계경제포럼(WEF, World Economic Forum)은 2016년 미래에 필요한 핵심 능력으로써 사람관리 능력과 협업 역량, 문제 해결력, 창의력, 비판적 사고력 등 열 가지를 제시했다. 놀랍게도 인성교육대상 후보·수상자들은 이러한 핵심 능력을 골고루 갖추고 있었다. 2017년 WEF는 4차 혁명시대를 제대로 이끌어 가기 위한 핵심 능력으로 '소통·책임의 리더십'을 제시했는데, 이 또한 수상자들에게서 볼 수 있는 공통된 특징이었다.

바른 인성을 가진 사람이 일반인과 비교했을 때 구체적으로 어떤 점에서 뛰어난 역량을 보이는지는 많은 이들의 오랜 관심사였다. 개인의 바른 인성이 협업 능력, 소통 역량, 책임 의식과 큰 관련성이 있으리라는 추측은 누구나 쉽게 해 볼 수 있다. 그러나 아직까지 인성과 이런 능력 간의 상관관계를 객관적으로 살펴본 연구는 드물다. 핵심

적인 이유는 인성이 바른 사람과 그렇지 않은 사람, 즉 실험집단과 비교집단을 구분할 근거가 부족했기 때문이다. 지능지수처럼 인성을 객관화된 수치로 나타내기란 쉽지 않은 일이다.

나는 2015년에 연구논문을 쓰면서 오랫동안 가져왔던 이 의문점을 풀어보기로 했다. 다행히도 인성교육대상 수상자 및 후보자로 추천된 이들 중 일부(74명)의 동의를 얻어 이들이 가진 리더십 스타일, 커뮤니케이션 능력, 공감 역량 등 3개 영역을 측정할 수 있었다. 질문지는 구체적인 상황에서의 판단 기준과 행동 양식을 묻는 63개의 문항으로 구성했다. 연구의 객관성을 높이기 위해 학계에서 권위를 인정받는 위만(Wiemann, 1977)과 데이비스(Davis, 1980) 등의 연구를 기초로 설문지를 만들었다. 이를 통해 3개 영역의 세부 항목으로 포함돼 있는 행동적인 융통성, 연대의식, 상호작용력, 역지사지 능력 등 열한 가지 특징을 살펴볼 수 있었다.

요약하면 인성교육대상 수상·후보자, 즉 인성이 바른 사람과 일반인 간에는 리더십 스타일과 커뮤니케이션 능력, 공감 역량에서 확연한 차이점을 보인다는 것이다.

• 훌륭한 경청자

먼저 인성이 뛰어난 이들의 가장 큰 특징은 '훌륭한 경청자'라는 점이다. 수상·후보자의 리더십 스타일을 분석한 결과, 상대의 의견을 수용하고 긍정적으로 받아들이는 반응성이 100점 만점에 77점으로, 일반인(70점)보다 높게 나타났다. 특히 수상자들의 평균은 84점으로 일반인보다 14점이나 높은 결과를 얻었다. 반응성이 높다는 것은 상대방의 감정을 고려하고 타인의 욕구를 인정한다는 것을 의미한다. 상대방에게 부드럽고 민감하며, 물리적으로도 가까운 관계를 유지하려고 애쓴다. 또 타인의 이야기를 경청하고 다른 사람을 배려하기 위해 노력하며, 다양한 사람의 의견을 수렴해 이를 조화시키는 능력 또

한 뛰어나다.

2013년 대상 수상자인 A 경사는 학교폭력 피해 및 가해 학생 500여 명의 언니·누나 역할을 했다. 그녀는 흔히 '일진'으로 불리는 학생들을 모아 음악·미술 동아리를 만들었다. 그리고 함께 기타를 배우고 그림을 그리면서 아이들의 이야기를 잘 들어주었다. A 경사는 "가해자든 피해자든 학생들에게 가장 필요한 것은 이야기를 잘 들어주는 어른"이라고 말했다.

2013년 대상 수상자 B 교장도 훌륭한 경청자이다. 그는 매일 아침 정문에서 서서 등교하는 학생들과 하이파이브를 하며 아침 인사를 나눴다. 전교생의 이름을 모두 외우고 매일같이 학생들과 상담하는 시간을 가졌다. '소통'이 모든 교육의 근본이라고 믿는 B 교장은 1996년 대학원에서 상담심리학을 공부해 자격증까지 취득했다.

· 강한 주장력

인성이 훌륭한 이들의 또 다른 특징은 '마음먹은 것은 반드시 이룬다'는 점이다. 전통적으로 인성교육은 착하고 말 잘 듣는 아이를 만드는 교육으로 오해되기도 하는데, 대상 수상·후보자를 분석해 보니 꼭 그렇지만은 않았다. 인성이 바른 사람들은 훌륭한 경청자일 뿐 아니라 자기 의사를 명확하게 표현할 줄 알고, 마음먹은 것은 꼭 이뤄냈다. 또, 리더십 스타일의 평가 요소인 '주장력'을 분석해보니, 수상·후보자(60점)가 일반인(55점)보다 높은 것으로 나타났다. 주장력이 높다는 것은 자신의 생각과 의견을 상대에게 전달하려는 경향이 강하다는 의미다. 이들은 자신의 신념을 강하게 믿고, 독립적인 생활습관을 갖고 있다. 자기 생각을 명확히 말하고 본인이 생각하는 방향으로 상대방을 이끌어 가려는 경향이 강하다.

2014년 대상 수상자인 동물병원 수의사 C 원장은 주장력(82점)이 다른 수상·후보자 평균보다 22점이나 높게 나타났다. 2005년부터 동물을 매개로 학생들의 정서교육을 해온 그는 매년 4,000~5,000만 원씩 사재를 털어 생명교육에 매달렸다. 처음에는 주변에서 말리는 사람이 많았지만 자신의 생각이 옳다고 믿은 덕분에, 지금까지 만난 학생 수만 1만 명이 넘는다.

2013년 대상 수상자인 D 교장도 인성교육에 있어 정확한 의사 표현 능력을 키울 것을 강조한다. 그는 "리더십의 핵심은 자신이 생각하는 것을 온건하고 정확하게 표현하는 것부터 시작된다."며, "자기 내면의 소리를 잘 듣고 표현하지 못한다면 다른 사람의 이야기도 들을 수 없기 때문"이라고 말했다.

리더십 스타일 평균 비교

(만점 100점)

응답자	반응성	주장력	관점 취하기*
후보자	77	60	78
일반인	70	55	69

연구집단 : 대한민국 인성교육대상에 추천된 후보자 및 실제 수상자 74명
비교집단 : 무작위 일반인 111명　설문문항 : 구체적 상황에 대한 의식과 행동 방식을 묻는 63개 문항.　* 세부지표

• 따뜻한 연대의식

2014년 대상 수상자인 E 중령은 병사들을 제 자식처럼 아끼고 사랑해 사석에서는 장병들로부터 '아버지'로 불린다. 휴일에는 병사들과 어울려 함께 영화도 보고, 목욕탕에도 간다. 학교를 제대로 다니지 못한 병사들은 검정고시에 합격할 수 있도록 도왔고, 시험 보는 날에는 함께 따라가 교문에 엿을 붙이며 합격을 빌어주는 등 친부모와 다름없는 따뜻한 모습을 보였다. 병사들과의 연대감을 높이기 위해 걸그룹과 최신 유행 게임에 대해서도 공부했다.

E 중령의 행보에 군 내부에서는 군기가 흐트러지는 것 아니냐는

우려의 목소리가 나오기도 했다. 하지만 그가 보내는 믿음과 신뢰에 병사들은 결과로 답했다. 그가 대대장을 맡으며 군대 내 폭력이 근절됐고, 사격 실력 등을 측정하는 각종 경연대회에서 우승을 휩쓸었다. 이처럼 대상 수상·후보자는 일반인보다 타인과의 연대의식이 뛰어난 것으로 나타났다. 커뮤니케이션 능력을 나타내는 지표 중 하나인 연대감(86점) 역시 일반인(72점)보다 월등히 높았다. E 중령은 이 지표에서 만점(100점)을 받기도 했다. 연대감이 높으면 상대방에 대한 동질감과 친밀함을 더 많이 느끼게 된다. 남의 일도 자신의 것처럼 생각하는 경향이 강하고 공동체 의식도 높다.

커뮤니케이션 능력 비교 1

(만점 100점)

응답자	연대감	공감적 관심*
후보자	86	79
일반인	72	70

연구집단 : 대한민국 인성교육대상에 추천된 후보자 및 실제 수상자 74명
비교집단 : 무작위 일반인 111명 설문문항 : 구체적 상황에 대한 의식과 행동 방식을 묻는 63개 문항. * 세부지표

- 뛰어난 감정이입

인성 좋은 사람들의 또 다른 특징은 '감정이입이 뛰어나다'는 것이다. 감정이입의 경우 수상·후보자(86점)가 일반인(72점)보다 훨씬 높은 점수를 얻었다. 감정이입을 잘한다는 것은 상대의 생각과 감정을 이해하기 위해 노력한다는 것을 의미한다. 다른 사람의 느낌과 생각을 자신의 것처럼 받아들이고, 이는 상대를 배려하기 위한 구체적 행동으로 이어진다.

A 경사(94점)는 학교폭력 전담 경찰관으로 활동하며 가해 및 피해 학생들과 매일같이 함께 웃고 울었다. "아이들 이야기를 가만히 듣고 있으면 마치 제 일처럼 느껴져요. 기쁠 때는 함께 웃고, 힘들 때는

함께 울었죠." A 경사는 학교폭력 가해 학생들을 만날 때 감정을 공유하는 것에 특히 신경 썼다고 한다. "이야기를 잘 들어주는 것이 중요한데, 그냥 고개만 끄덕여서는 안 됩니다. 내 일처럼 생각하고 반응하는 게 중요하죠. 아이들을 훈계하고 가르치기보다 어떤 기분인지 물어보고, 그 감정을 함께 느껴야 합니다. 그리고 꼭 눈을 맞추고 진실한 눈빛을 보내야 하죠."

C 원장도 감정이입의 중요성을 강조했다. "강아지와 고양이를 매개로 생명교육을 하다 보면 아이들의 태도가 바뀝니다. 동물을 함부로 대했던 아이들도 감정이입을 하면서 동물을 하나의 인격체로 바라보는 법을 배우죠. 동물의 심장 소리를 듣고, 직접 목욕시키는 과정을 통해 동물과 사람이 동화(同和)되는 것입니다."

다만 실제 사람에 대한 감정이입과 상상을 통한 감정이입은 엄연히 다르다. 공감능력을 측정하는 세부지표 중 상상을 통한 감정이입 지표에서는 수상·후보자와 일반인이 같은 점수(69점)를 나타냈다. 실제 상황에서의 감정이입은 인성이 좋을수록 뛰어났지만, 가상의 상황에서는 차이가 나타나지 않았다.

커뮤니케이션 능력 비교 2

(만점 100점)

응답자	감정이입	상상하기*
후보자	86	69
일반인	72	69

연구집단 : 대한민국 인성교육대상에 추천된 후보자 및 실제 수상자 74명
비교집단 : 무작위 일반인 111명 설문문항 : 구체적 상황에 대한 의식과 행동 방식을 묻는 63개 문항. *세부지표

• 융통성과 상호작용

수상·후보자는 커뮤니케이션 능력의 세부지표인 행동적 융통성과 상호작용 측면에서 각각 88점과 81점으로 일반인(76점, 72점)보다 모두 높게 나타났다. 행동적 융통성은 상황 변화에 따라 얼마나 유연하

게 커뮤니케이션을 이끌어 가는지 보여주는 개념이다.

융통성이 뛰어난 사람들은 새로운 상황에 잘 적응하고, 개방적인 자세를 보인다. 상호작용 능력은 부드럽고 원활하게 관계를 유지하는 것을 말한다. 상호작용을 잘해야만 원만한 인간관계를 가질 수 있고, 업무 상황에서 조직의 시너지를 낼 수 있다. 긴장완화 능력도 수상·후보자(78점)가 일반인(66점)보다 12점 높게 나타났다. 이 능력이 뛰어난 사람은 대화 시 상대방을 편안하게 하고, 적절한 위트와 유머로 즐거운 분위기를 만든다.

공감능력의 세부지표로 타인의 고통에 대한 동화(同和) 정도를 나타내는 항목에서는 후보자(52점)가 일반인(58점)보다 낮게 나타났다. 이는 위기 상황에서 정신을 놓거나 통제력을 잃는 경향을 말하는데, 인성이 좋은 사람들이 일반인보다 위급 상황에서 평정심을 빠르게 찾고, 차분하게 대처한다는 것을 의미한다.

공감역량 비교

(만점 100점)

응답자	행동적 융통성	상호작용	긴장완화	개인적 고통*
후보자	88	81	78	52
일반인	76	72	66	58

연구집단 : 대한민국 인성교육대상에 추천된 후보자 및 실제 수상자 74명
비교집단 : 무작위 일반인 111명 설문문항 : 구체적 상황에 대한 의식과 행동 방식을 묻는 63개 문항. * 세부지표

종합해 보자면, 인성이 좋은 사람들은 타인의 의견을 존중하는 민주적 리더십을 가지고 있고, 상대의 이야기를 잘 들어주는 훌륭한 경청자다. 하지만 단순히 타인의 말만 잘 들어주고, 상대방이 원하는 대로만 하는 '착한 사람'은 아니다. 이들은 독립적이고 자존감이 높아 자기주장을 정확히 표현한다. 또 자신의 생각대로 상대방을 설득해 원하는 방향으로 이끌어 가고, 주체적인 판단으로 옳은 것과 그른 것에 대한 시비가 분명하다. 즉, 경청만 하는 게 아니라 자신을 잘 표현하고

효과적으로 주장을 펼 줄 아는 사람이다. 생각과 행동이 유연하고 순발력이 좋으며, 상대를 편안히 해주고 적절한 유머와 위트를 갖춘 즐겁고 재미있는 대화 상대다. 거기에 연대의식이 강하고 상대의 생각과 감정에 이입을 잘하며 위기상황에서의 갈등관리 능력도 뛰어나다.

이 연구를 통해 얻은 결론은 우리가 미래역량이라고 부르는 것들의 상당 부분은 인성과 밀접한 관련이 있다는 점이다. 즉, 인성은 더 이상 도덕적 덕목이나 윤리적 가치만이 아닌 미래 사회를 살아가는 데 반드시 필요한 능력이다. 앞으로의 사회에서 필요한 핵심 능력 중 하나로써 '인성역량'을 강조하는 이유가 여기에 있다.

실천지식을 키우는 교육과정 설계

한국의 교육은 여전히 국어, 영어, 수학 중심이다. 학교급이 올라갈수록 세분화되긴 하지만, 기본적으로 과목 중심의 교육과정이다. 그렇다 보니 학교에서 학생들이 배우는 지식은 사회생활에 필요한 살아있는 지식보다는 죽은 지식인 경우가 많다. 그렇다면 우리 교육이 죽어있는 근본 이유는 무엇일까.

'우리는 민족중흥의 역사적 사명을 띠고 이 땅에 태어났다. 조상의 빛나는 얼을 오늘에 되살려…' 1990년대 초반까지 초·중·고교를 다닌 사람이라면 대부분 이 문장을 기억할 것이다. 바로 대한민국 교육의 나아갈 방향을 명시한 '국민교육헌장'의 첫 줄이다.

국민교육헌장은 1968년 12월 5일, 박정희 전 대통령이 공포하며 모든 교육정책의 핵심 철학으로 기능해 왔다. 모든 교과서의 첫 장은 이 헌장으로 장식했고, 학생뿐만 아니라 교사까지도 이를 줄줄 외워야 하는 분위기였다. 공포일은 법정 기념일로 지정되기도 했고, 매년 암송대회도 열렸다. 교문을 들어서면 제일 먼저 헌장이 암각된 기념비를 볼 수 있었다.

하지만 이 헌장은 지나친 반공주의와 민족주의를 주입한다는 비판도 받았다. 결국, 김영삼 정부가 출범하며 역사 속으로 사라졌다. 1994년 정부는 교과서에서 헌장을 삭제했고, 기념식 행사도 없앴다. 하지만 한동안 교육정책의 핵심철학으로 여겨왔던 헌장이 사라지면서 그 자리를 대신할 뭔가가 필요했다. 그렇게 해서 나온 것이 1995년 정부가 발표한 '5.31 교육개혁'이다.

5.31 교육개혁의 핵심은 자율과 경쟁, 국제화(세계화)로 요약된다. 당시 김영삼 정부는 국제화라는 표현으로 세계화를 정부의 기치로 내걸었다. 이후 20년이 넘도록 5.31 교육개혁의 정신은 교육정책의 철학 역할을 했다.

하지만 이것은 득보단 실이 많았다. 영어교육에 대한 열풍이 거세지면서 관련 사교육이 크게 늘었다. 1995년 1조 2,000억 원이던 사교육비는 2014년 18조 2,000억 원으로 크게 늘어났다. 같은 기간 1인당 국민소득이 2배가량 늘어난 것과 비교하면 사교육비는 매우 큰 폭으로 늘어난 것이다. 또 수월성 교육정책과 맞물리며 전국 곳곳에 외국어고등학교가 우후죽순으로 생겨났다.

이와 함께 학생들의 입시 스트레스도 커졌다. 전보다 더 많은 학원에 다녀야 했고, 학생들이 느끼는 우울감도 늘었다. 학교는 입시기관으로 전락했고, 수월성 교육이 지나치게 강조되면서 고교 간 서열화도 심각해졌다. 특수목적고, 자율형사립고 등 선발권을 가진 학교에 밀리면서 일반고가 설 자리는 갈수록 줄었다.

교육에 시장 논리를 적용하면서 학교와 교사를 공급자로, 학생을 수요자로 보는 등 기존 교육의 패러다임도 바뀌었다. 학생을 위한 교육이란 프레임은 의미가 있었지만, 교사를 개혁의 대상으로 인식하면서 불필요한 갈등을 일으켰다. 학교 입장에서도 교육과정 운영상 자율권을 얻지 못한 채 책임만 강요받으면서 적극적인 교육이념 구현이 더 어려워졌다.

그중에서도 가장 피해를 본 것은 인성교육이다. 극단적으로 말하면 교육을 서비스의 개념으로 본 5.31 교육개혁은 신자유주의적 질서의 산물이다. 이전 시대까지 '스승'으로 불리던 교사들은 특정 교과를 가르치는 전문가로 역할이 바뀌었다. 더불어 인성교육의 핵심이던 생활지도는 점점 약해졌다.

그렇게 한 세대가 흐르면서 오늘날 한국 사회에는 교육철학이라 부를 만한 것이 남아 있지 않다. 입시교육은 더욱 공고해졌고, 학생들의 행복지수는 더 낮아졌다. 그렇다고 학생들의 학업 능력이 이전 시대에 비해 월등히 높아진 것도 아니다. 아이들은 사회 구성원으로서 타인과 어울려 살아갈 수 있는 바른 품성을 기를 기회만 잃었을 뿐이다. 학교 현장에는 몇십 년째 죽은 지식을 위한 입시와 경쟁 교육이 판치면서 점점 실효성을 잃어가고 있다.

오늘날 한국 사회에는 교육철학이라 부를 만한 것이 남아 있지 않다. 입시교육은 더욱 공고해졌고, 학생들의 행복지수는 더 낮아졌다. 그렇다고 학생들의 학업 능력이 이전 시대에 비해 월등히 높아진 것도 아니다. 아이들은 사회 구성원으로서 타인과 어울려 살아갈 수 있는 바른 품성을 기를 기회만 잃었을 뿐이다.

선진국들은 이미 이런 교육 시스템을 탈피하고 미래로 가고 있다. 대표적인 나라가 싱가포르다. 불과 10년 전만 해도 싱가포르는 우리나라 학생들이 조기유학을 많이 가는 곳으로 유명했다. 영미권에 유학을 보내는 것보다 비용이 적게 들고, 우리나라와 교육 풍토가 비슷해 학생들이 적응하기 쉬워서였다. 싱가포르는 한국처럼 학생들의 학업 성취도가 높고, 학교들이 국가가 주도하는 교육과정을 따르고 있다는 점에서 우리와 많은 부분이 비슷했다.

그러나 최근 싱가포르의 교육이 변하고 있다. 교과목 학습 중심의 정책을 탈피해 역량 중심의 교육과정으로 재편되고 있는 것이다. 자신의 정체성 찾기, 타인과의 원만한 관계 형성, 올바른 의사결정 능력 함양 등 인성·시민성 교육이 필수로 도입되고, 토론과 역할놀이 등 다양한 수업 방식을 도입하고 있다.

싱가포르는 이러한 교육적 변화를 이끌어 내기에 앞서 미국, 영국, 핀란드 등 5개국과 함께 'ATC21S'란 프로젝트를 진행했다. 이 연구를 통해 세계경제협력개발기구(OECD)의 학업성취도 평가에 사용될 '협업적 문제 해결 능력'이란 척도를 개발했다.

싱가포르처럼 다른 선진국들도 21세기 사회에 필요한 선진시민으로서의 역량을 선정하고, 이를 키우는 방향으로 교육정책을 수립하는 등 새로운 교육 방식에 대해 고민하고 있다. 대표적인 것이 OECD 주요국가가 중심이 돼 연구한 '데세코(DeSeCo, Definition and Selection of Competencies) 프로젝트'다. 데세코는 과목별 학업성취도를 중시하던 기존 교육의 패러다임을 바꿨다. 학문적 지식을 단답형으로 평가하던 과거의 프레임을 벗어나 21세기에 필요한 교육의 방향을 설정하고, 그에 필요한 역량을 연구했다.

핵심은 복잡하고 다원화된 미래 사회를 살아가기 위해 어떤 능력이 필요하고, 어떤 교육이 이뤄져야 하는가이다. 데세코는 미래 사회의 인재가 갖춰야 할 세 가지 핵심역량을 선정했다. 도구의 상호교감적 사용 능력, 이질적 집단에서의 커뮤니케이션 역량, 자율적 행동 능력이 그것이다. 세 역량은 모두 타인이 생산한 지식을 재생산하는 차원을 넘어 스스로 생각하는 능력을 전제로 한다. 즉, 본질적으로 창의성과 비판력이 포함돼 있다는 의미다.

먼저 도구의 상호교감적 사용은 과학기술이 발달한 사회에서 필연적인 능력이다. 상호교감적이란 자신의 목적에 맞게 도구를 변용하고, 도구의 사용 목적과 방법 또한 유연하게 바꿀 수 있는 것을 말한다. 말과 글, 컴퓨터 등 다양한 도구를 원활히 사용하는 능력은 원만한 사회생활 및 타인과의 효과적인 소통을 위해 필수다. 더불어 다양한 상황에서의 적응 능력도 함께 갖춰야 한다.

두 번째는 다른 집단에 속한 사람과 원만한 관계를 갖기 위해 자신과 다른 가치나 신념, 문화, 역사를 존중하고 인정하는 능력이다. 다양한 의견과 신념에 공감하며, 성찰을 통해 자신의 것과 타인의 것을 조화시켜야 한다. 특히 협업 능력이 중요하다. 조직의 목표와 개인의 목표 사이에 우선순위를 조화시킬 수 있어야 하며, 타인의 생각을 경청하고 존중할 수 있어야 한다. 토론을 통한 협상 능력, 갈등을 조정하는 능력 또한 중요하다. OECD는 이미 세계 각국과 공동으로 실시하는 학업성취도 비교연구인 'PISA(국제학업성취도평가)'에서 이 같은 '협업적 문제 해결력'을 평가하기 시작했다.

세 번째로 자율적인 판단과 행동은 앞선 모든 역량의 전제가 된다. 복잡한 세상에서 개인적 정체성이 확립돼야만 타인과의 조화도 가능하다. 그 바탕은 주인의식이다. 권리를 행사하면 의무가 뒤따르고, 권한이 생기면 책임이 수반돼야 한다. 자신의 행동이 초래할 직·간접적인 결과를 파악해 행동 방침을 정할 수 있어야 한다.

OECD가 데세코를 통해 제시하고자 했던 미래교육의 본질은 앞서 설명한 '실천지식' 능력을 키우는 것과 일맥상통한다. 고정된 지식체계를 주입하고, 이를 재생산하는 방식의 교육은 이제 달라져야 한다. 그러기 위해서는 먼저 미래 사회가 필요로 하는 역량이 무엇인지 선정하는 작업부터 시작해야 한다. 데세코가 강조한 커뮤니케이션 역량도 필요하고, 상호교감적인 도구 사용 능력도 필요하다. 면밀한 연구와 검토 끝에 21세기 대한민국의 인재는 어떤 역량을 갖춰야 할지 큰 그림을 그리고, 이를 실천하기 위한 구체적 방법론을 고민해야 한다.

교육 분야의 대대적인 개혁 또한 필요하다. 현재 과목별로 세분화돼 있는 교과목 중심의 교육과정부터 바꾸고, 학교에서 교육을 통해 습득한 역량을 사회에서 바로 사용할 수 있도록 해야 한다. 보통 사람이 평생 한 번 써먹을까 말까 한 미적분을 모든 학생이 공통적으로 배우고 있는 상황은 매우 불합리한 일이다. 즉, 현재의 교과목 중심 교육을 역량 중심으로 개편하고, 학생들에게 단순 지식의 주입이 아닌, 실천지식 역량을 키우는 방식으로 교육의 근본부터 새롭게 정립해야 한다. 4차 혁명시대의 운명은 교육의 미래와 직결돼 있다는 것을 사회 지도층과 정책 결정자들은 명심해야 한다.

공동선에 대한 책임의식

> 오늘날 민주주의가 처한 위기를 해결하기 위해서는 두 가지가 필요하다. 첫째는 시민이 참여할 수 있는 구조를 만드는 것이고, 둘째는 시민 스스로 공동선에 대한 책임의식을 갖는 것이다.

4차 혁명시대의 인재가 갖춰야 할 또 하나의 역량은 공동선에 대한 사회적 책임의식이다. 이는 내가 속한 공동체가 잘 돼야만 구성원인 나 또한 잘 될 수 있다는 믿음이 전제돼야 하고, 이를 실천할 수 있는 시민 개개인의 의식과 역량이 뒷받침돼야 한다. 사회의 구성원인 시민이 공동체라는 의식을 갖고 공동체 발전을 위해 노력하도록 하려면 시민교육이 필요하다.

4차 혁명시대에는 전 지구적 연결이 강화되면서 그동안 남의 문제라고 여겼던 이슈들이 전과는 다른 방식으로 우리 삶에 큰 영향을 미치게 된다. 단순히 내가 살고 있는 지역의 문제뿐 아니라 아프리카의 빈곤과 기아, 남아메리카 열대우림의 파괴 등 글로벌 이슈에도 남의 일이 아니라 내 일이라는 주인의식을 가져야 한다. 그리고 이것은 어느 개인, 어느 집단이 혼자 해결할 수 있는 것이 아니라 우리가 '함께' 해결해야 하는 것이다. 이런 의미에서 최근 전 세계적으로 강조되고 있는 것이 시민교육이다.

2015년 5월, 인천 송도에서는 '세계교육포럼(WEF, World Education Forum)'이 개최되었다. 이 포럼은 유네스코가 15년마다 한 번씩 개최하는 교육 분야 최고의 국제행사다. 유엔(UN)은 15년 주기로 새로운 어젠다를 설정하는데, 그보다 1년 먼저 이 포럼을 열어 교육 분야의 의제를 결정하게 된다. 100여 개국, 1,500여 명이 참여한 WEF 2015에서는 미래의 교육 분야 의제로 세계시민교육 등을 선정했다.

나는 WEF 2015 사전행사로 개최된 심포지엄에서 기조발표를 하기 위해 참석했다. 그 자리에서 마을 주민들의 재능기부로 교육환경을 혁신적으로 바꾼 포항 구룡포 마을의 사례를 들며 시민들의 사회적 참여를 강조했다. 당시 발표했던 이야기에 덧붙여 설명하자면 오늘날 민주주의는 새로운 위기에 직면해 있다. 시민들은 선거 때만 주권을 행사하고 일상 정치에서는 소외되기 일쑤다. 엘리트가 주도하는 정치 구조와 담론·이념 중심의 정치 풍토 때문에 대부분의 정치적 이슈는 일상과 괴리돼 있고, 시민이 참여할 공간은 부족하다. 이를 해결하기 위해서는 두 가지가 필요하다. 첫째는 시민이 참여할 수 있는 구조를 만드는 것이고, 둘째는 시민 스스로 공동선에 대한 책임의식을 갖는 것이다.

시민 참여를 확대하는 해법은 정치 체제를 '문제 해결형 민주주의'로 바꾸는 데 있다. 자신이 사는 지역, 생활에 밀접한 이슈에 관심을 갖고 참여하는 정치 방식이다. 고대 아테네에서 시민들이 했던 직접민주주의의 원칙이 가장 잘 구현되는 방식이다. 이를 위해서는 '통치'가 아닌 '거버넌스(governance, 협치)'의 토대를 마련해야 한다.

다음으로 공동선에 대한 책임의식을 기를 수 있도록 지속적인 시민교육이 이뤄져야 한다. 한국 사회에서는 유독 '시민'에 대한 개념 이해가 부족하다. 역사적으로 시민이란 개념을 발명하고 투쟁을 통해 스스로의 권리를 쟁취한 서구 민주주의와는 토양이 다르기 때문에 이들이 했던 방식을 답습하는 것은 우리에게 그리 효과적이지 못하다. 따라서 우리와 여러 가지 비슷한 역사적 경험을 가진 독일의 방식을 면밀히 살펴볼 필요가 있다.

제2차 세계대전이 끝나고 독일의 지식인들은 과거의 잘못된 역사를 답습하지 않으려면 어떻게 해야 하는가에 대해 깊이 고민했다. 당시 독일 사회가 주목한 것은 인류 역사에 큰 오점을 남긴 아돌프 히틀러(Adolf Hitler, 1889~1945)가 독일에서 투표와 선거를 통해 합법적으로 집권했다는 사실이었다. 히틀러는 1932년 총선에서 압도적으로 승리하며 총리가 됐고, 1년 후에는 국민투표를 거쳐 대통령직을 겸하는 총통의 자리에 올랐다.

독일도 우리처럼 오랜 역사의 과정을 거치며 자생적으로 민주주의가 형성된 나라가 아니었기에 히틀러라는 엄청난 대가를 치러야 했다. 독일의 지성들은 히틀러의 집권과 독주를 견제하지 못한 데에는 유권자인 시민들의 책임이 크다며 반성했다.

이후 독일은 민주주의라는 제도를 갖추는 것 못지않게 그 제도를 운용하는 시민의 역량이 중요하다고 판단했고, 그때부터 시민교육을 대대적으로 강조하기 시작했다. 독일 헌법 1조는 인간의 존엄성을 모든 가치보다 절대적 우위에 뒀다. 시민의식이 성숙해지면서 독일 국민들은 먼저 공동선에 대한 책임의식을 갖게 됐다.

시민의식의 성장은 독일이 피해를 준 인접 국가와 국민에 대한 사죄로 이어졌다. 1970년 빌리 브란트(Willy Brandt, 1913~1992) 당시 서독 총리는 폴란드 유대인 위령탑을 방문해 그 앞에서 무릎을 꿇었다. 이후로도 독일 최고 지도자들의 사죄와 반성은 계속됐다. 앙겔라 메르켈(Angela Merkel) 총리는 2013년 유대인 수용소를 찾아 희생자들 앞에 참회했다.

성숙한 시민의식은 1990년 동·서독 통일 이후 사회 통합에도 큰 힘을 발휘했다. 수십 년간 서로 다른 정치체제에서 살아온 동독과 서독 주민 사이의 화합을 이끄는 성과를 낳았다. 공동선을 강조하는 독일의 정신은 2015년 시리아 난민 사태 때 성숙한 리더십을 통해서도 보여졌다. 당시 많은 나라들이 국경에 장벽을 치고 난민들에게 등을 돌렸지만, 독일만은 이들에게 개방된 태도를 보여줬다. 독일은 영국이 EU를 탈퇴한 이후 유럽연합 국가들 사이에서 명실상부한 지도자로 부상했다. 불과 한 세기 전 독일은 인류 역사상 가장 참혹한 비극을 저질렀다. 하지만 수십 년간 시민의식을 성장시키기 위한 노력을 통해 현재는 많은 사람들이 좋아하는 나라가 됐다.

중앙일보가 2015년 시민 3,068명을 대상으로 '가장 매력적인 국민과 그 이유'에 대해 설문조사한 결과, 독일인(23.6%)이 압도적 1위를 차지했다. 그 이유로는 성숙한 시민의식과 관용 정신이라는 답이 많았다. 2009년 코트라(KOTRA)의 조사 결과에 따르면, 기능이 비슷한 제품이라도 한국산이 100달러일 때 독일산은 149달러, 일본산은 139달러, 미국산은 135달러였다. 이렇게 독일인에 대한 긍정적 평가는 산업과 경제에도 영향을 미친다.

공적인 책임을 다하고 공동선을 실현하기 위해 관심을 기울이는 것은 독일의 사례처럼 기대했던 것 이상의 큰 성과를 가져다준다. 공공선을 실천하는 일은 하나의 책임이기도 하지만, 이런 책임을 다했을 때 우리에게 더 많은 결실이 돌아온다는 이야기다. 휴마트는 이런 공동선과 개인의 이익을 조화시키는 가치 체계다. 개인의 이익과 공동선은 결코 배치되는 것이 아니며, 충분히 조화될 수 있고 얼마든지 큰 시너지를 낼 수 있다. 이렇게 개인의 이익과 공동선이 만나는 지점, 교집합을 계속 키워가는 것이 휴마트 씽킹의 본질이다.

3

미래를 여는 생각,
휴마트 씽킹

우리는 앞으로도 '스마트(smart)' 하되, 성숙한 '휴머니티(humanity)'를
갖춘 사회를 만들어야 한다. 휴마트의 핵심은 개인과 공동체의 조화다.
개인의 욕구 충족과 자아실현을 존중하되, 공동체의 이익과
공공선을 조화시키는 것이다. 개인과 공동체라는 두 원의 교집합이 최대치에
이를 수 있도록 하는 것이 목표다. 이를 위해 우리는 몇 가지
세부적인 능력을 갖춰야 한다. 타인을 존중하고 배려하는 공감능력,
갈등을 조율하고 관계를 발전시키는 커뮤니케이션 능력,
주인의식이 밑바탕이 된 공동체 역량이 그것이다.

왜 휴마트인가

"애는 똑똑한데 너무 이기적이야." 학교 현장에서 교사들이 종종 하는 말이다. 우리나라 학생들은 국제학업성취도평가나 각종 올림피아드에서 늘 1~2위를 다툰다. 하지만 배려와 존중의 가치처럼 아이들의 더불어 사는 능력을 평가해보면 대부분 하위권에 머문다. 행복지수는 낮고, 학생 자살률은 세계 최고 수준이다. 특히 2011년 대구 중학생 자살 사건으로 '일진'의 실상이 알려지면서 '인성'의 중요성이 더욱 부각됐다.

몇 년 전, 서울 강남의 학부모들을 대상으로 한 특별강연에 초청된 적이 있다. 나는 학부모들이 내심 명문대 입시 비결 등을 비롯해 대학 입학에 관한 이야기를 기대하고 있을 거라 생각했다. 하지만 실제 강연에서는 입시에 대한 내용보다 취재 현장에서 느꼈던 인성교육의 중요성을 이야기하는 데 많은 시간을 할애했다. 그런데, 의외의 반응이 돌아왔다. 사교육에만 관심이 높을 것 같았던 강남 엄마들이 인성교육에 뜨거운 호응을 보여준 것이었다.

강의 이후 수십 통의 메일이 왔다. 그때 학부모들도 입시 공부 못지않게 인성교육에 목말라 있다는 사실을 깨달았다. 자녀들이 좋은 대학에 가기 위해 열심히 공부하고, 옆에 앉아 있는 학생들과의 경쟁에서 이기기만을 바라는 게 아닌, 어떻게 바른 사람이 될 수 있으며 무슨 가치를 마음에 품고 살게 할 것인지 고민하는 부모들이 많음을 분명히 알 수 있었다.

지금 한국 학생들의 학력은 세계 어느 나라와 비교해도 뒤처지지 않는다. 오히려 1등에 가깝다. 덩달아 사교육 수준 역시 세계 최고다. 그만큼 우리 사회에는 똑똑한 인재들이 많고, 이들이 한강의 기적을 일으켰다. 높은 교육열과 교육 수준이 지금의 한국을 성장시켰고, 많은 나라들이 이를 부러워한다.

한국전쟁 후 지난 60여 년을 돌아보면 우리가 걸어온 길은 참으로 대단하다. 폐허를 딛고 경제를 일으켜 세웠을 뿐만 아니라, 이제는 아시아 중심 국가로 자리 잡았다. 세계 10위 안팎의 경제력, 한류(韓流)의 힘 등 세계 무대에서 한국인은 스마트하기로 유명하다. 그러나 우리의 내면은 그만큼 자랑스럽지 못하다. 공동체 안의 갈등과 반목, 낮은 법치 수준, 나만 잘되면 그만이란 개인주의가 만연하다.

그동안 우리는 물질적 풍요를 위해 앞만 보고 달려왔다. 그러나 그 과정에서 소중한 무언가를 잃어버렸다. 사람과 사람이 더불어 사는 가치를 말이다. 개개인은 똑똑하지만 그로 인한 성공이 모두의 성공으로 공유되지 못하고, 행복으로 이어지지 않았다. 그렇다면 여기서 똑똑한 것, 스마트의 의미에 대해 다시 한번 고민해보자.

'스마트(smart)'의 사전적 의미를 살펴보면 '지적능력이 탁월하다'는 뜻이다. 그러나 똑똑하고 영리하다는 것은 옳고 그름, 좋고 나쁨 등의 가치 판단이 부재한 개념이다. 즉, 철학적 방향성이 내포되지 않은 몰가치적인 단어다. 무엇을 위한, 어떤 똑똑함이냐에 대한 고민이 빠져 있기 때문이다.

지금까지 한국 사회에서 똑똑함은 성공의 원천이었다. '우골탑(牛骨塔)'이라는 말이 있듯이 수십 년 전 부모들은 논 팔고 소 팔아 자식들을 공부시켰고, 이를 통해 자식이 사회적 성공을 거머쥘 수 있도록 뒷바라지했다. 모두가 못살았던 시절, 똑똑함은 개인에게 삶을 윤택하게 바꿔줄 희망사다리였고, 사회적으로는 국가 발전의 원동력이었다. 스마트에 대한 한국인의 열정은 교육으로 이어졌고, 이는 지난 60여 년간 한국을 지배해온 철학이었다.

그러나 어떤 똑똑함이냐, 무엇을 위한 똑똑함이냐에 대한 고민 없이 탁월한 지적능력만을 강조한 것이 문제였다. 스마트는 어떤 목적을 향한 도구가 될 수는 있어도 그 자체가 목표가 될 수는 없다. 방향성이 내포되지 않은 스마트는 이기주의, 자기중심주의, 몰인성 등과 결합하며 엄청난 비극을 초래했다. 엘리트층이 저지르는 사회 범죄는 서민층의 범죄보다 사회적 파장과 폐해가 더 크다. 그렇기 때문에 올바른 방향으로써, 공공선을 키우는 방향으로써의 스마트가 우리 사회에 꼭 필요한 것이다.

휴마트는 물질적 풍요라는 외형에 걸맞게 우리의 내면을 질적으로 성숙시킨다. 개인의 똑똑함이 전체의 행복과 이익으로 승화되는 사회, 갈등과 혼란 대신 공감과 소통의 리더십을 키우는 학교, 그간 잊고 살았던 인성을 움트게 하는 가정을 만드는 일. 이것이 바로 휴마트의 지향점이다.

우리가 앞으로 지향해야 할 것은 '인간성(humanity)'을 갖춘 스마트 사회, 즉 '휴마트(Humart)' 사회다. 올바른 방향으로 스마트를 이끄는 것이 바로 '휴마트'이다. 방향성과 가치(그릿)가 없을 때 스마트는 이기주의로 흐른다. 그동안의 스마트는 개인의 욕망을 채울 수 있었을지는 몰라도 공공의 이익과 공공선에는 합치되지 않았다. 반면, 휴마트는 나눔과 배려 등 휴머니티에 기반한 뚜렷한 목표가 있다.

대한민국을 한 단계 업그레이드하기 위해서는 질적인 성숙이 필요하다. 휴마트는 물질적 풍요라는 외형에 걸맞게 우리의 내면을 질적으로 성숙시킨다. 개인의 똑똑함이 전체의 행복과 이익으로 승화되는 사회, 갈등과 혼란 대신 공감과 소통의 리더십을 키우는 학교, 그간 잊고 살았던 인성을 움트게 하는 가정을 만드는 일. 이것이 바로 휴마트의 지향점이다.

휴마트의 여섯 가지 원칙

- Humanity(인간성)

4차 혁명시대를 위한 휴마트 씽킹은 여섯 가지 원칙을 갖춰야 한다. 그 첫째는 휴머니티(Humanity)다. 이전까지 한국 사회에는 '공부해서 남 주냐, 자기만 잘 먹고 잘살면 된다.'는 생각이 만연했다. 부모는 자기 자식만 잘되면 그만이라는 식의 이기주의를 키웠고, 교사들은 입시교육에 치중해 직업인으로서의 안정만 추구할 뿐 전인교육에는 손 놓기 일쑤였다. 친구들을 제치고 올라서기만을 강요하는 경쟁 중심 교육 속에서 한국사회는 갈수록 병이 깊어졌다.

휴마트 사회에서 우리가 가장 먼저 해야 할 일은 휴머니티를 복원하는 것이다. 지금껏 이뤄온 물질적 성장에 걸맞은 정신적 성숙을 이루기 위해서는 교육을 통해 인간성을 복원하는 것이 중요하다. 그 시작은 인성교육에 있다. 교육은 사람과 사람이 더불어 사는 법을 가르친다. 부모와 교사, 모든 어른이 아이들의 모범이 되는 것에서부터 변화는 시작돼야 한다. 과거 우리는 동방예의지국으로 불리던 '인성강국'이었다. 코흘리개 때부터 '어른보다 먼저 숟가락을 들어선 안 된다'고 배웠다. 여기에는 단순히 어른에 대한 예우만 있는 것이 아니다. 먹고 싶은 음식 앞에서도 참을 수 있는 절제력을 기른다는 데 더 큰 의미가 있다.

바른 인성을 기르는 것은 결과적으로 개인은 물론 조직에도 큰 자산이 된다. 서울여상에는 한옥으로 지은 '인현재(仁賢齋)'라는 생활관이 있다. 신입생들은 이곳에서 매주 한 시간씩 생활예절을 배운다. 이는 1926년 개교 이후 내려온 전통이다. 처음에는 신발을 아무렇게나 벗어던지고 교사들에게 인사도 제대로 안 하던 학생들이 교육이 끝날 무렵에는 모두 의젓해진다.

서울여상은 졸업 후 취업 잘하기로 유명하다. 대학 진학생을 제외한 취업 희망자 대부분이 졸업과 동시에 일자리를 얻는다. 유수 대기업에 입사할 만큼 취업의 질도 높다. 학교 측은 이러한 취업의 비결을 학생들의 실무 능력뿐 아니라 바른 인성까지 갖춘 덕분이라고 설명한다.

이처럼 인성은 단순한 삶의 덕목이 아닌, 사회를 살아가는 데 꼭 필요한 실력이기도 하다. 제아무리 똑똑하다 해도 그 능력과 지식을 저 혼자만을 위해 사용한다면 우리 사회에는 보탬이 될 수 없다. 사회에 보탬이 되는 똑똑함을 갖추기 위해서는 그 밑바탕이 되는 인성부터 바르게 가꿔야 한다.

• Unity(통합·조화)

선진국들의 모임인 OECD는 회원국들이 처한 사회갈등 정도를 지수로 평가했는데, 한국의 갈등지수(0.71)는 회원국의 평균(0.44)보다 높은 것으로 나타났다. 삼성경제연구소는 매년 국내총생산(GDP)의 27%에 이르는 300조 원을 사회 갈등으로 잃고 있다는 추정 결과를 내놓기도 했다.

분열된 사회를 통합하는 일은 우리가 시급히 풀어야 할 문제가 되었다. 갈수록 커지는 빈부 격차, 격화되는 이념 갈등, 멀어지는 세대 차이를 하나로 묶는 것은 우리가 풀어야 할 시대적 과제다. 21세기 리더는 서로 다른 생각을 포용하고, 타인의 고통을 함께 느낄 수 있어야 한다. 그리고 세대 간에 생길 수 있는 갈등을 서로의 입장에서 바라보고, 차이점을 이해할 수 있도록 이끄는 힘을 가져야 한다. 과거에는 결과물을 향해 돌진하는 리더가 인정받았지만, 이제는 함께 목표를 바라보고 함께 걸어가는 따뜻함을 가진 리더가 필요하다.

정치 지도자들은 자기 생각과 다른 이들의 생각을 받아들일 수 있어야 하고, 사회지도층은 서민들의 생활고를 깊이 인식하고 해결책을 함께 고민해야 한다. 기성세대는 젊은 세대의 아픔을 어루만질 수 있는 너른 마음을 갖추고, 젊은 세대는 기성세대의 노력과 헌신을 존중해야 한다. 이런 공감이 이뤄질 때만이 이질적인 두 집단 사이의 통합과 소통이 가능하다. 통합과 조화의 능력이야말로 21세기 사회에 필요한 핵심 요소라 할 수 있다.

사회는 갈수록 다원화되고 있다. 서로 다른 생각을 가진 다양한 사람들이 한데 어우러져 사는 세상이 되고 있다는 것이다. 서로의 다양성과 개성을 존중하면서 이들을 통일된 하나의 흐름으로 조화시켜 가는 능력이 21세기에는 꼭 필요하다.

- Manner(매너) · Action(실천)

어린아이에게 가지런히 두 손을 모으고 상체를 구부려 공손히 인사하는 법을 가르치는 것은 쉽다. 그러나 인사 속에 깃든 존중과 배려의 마음까지 우러나게 하는 것은 어렵다. 바른 예의를 가르치는 것은 바른 마음씨를 기르는 것과 같다. 그런 의미에서 매너는 마음의 표상이라 할 수 있다. 내 안의 본성이 밖으로 표출되는 그릇인 것이다.

21세기는 다문화 사회다. 다양한 배경에서 자란 사람들이 한데 어울려 산다. 그럴수록 서로를 인격적으로 대하는 바른 매너가 필요하다. 매너는 단순히 겉으로 드러나는 형식이 아니라 그를 통해 내면까지 표현할 수 있을 때 그 의미를 갖는다. 공공질서를 잘 지키고, 상대를 배려하며, 더불어 사는 방식을 실천하는 일. 그것이 바로 진정한 매너다.

진정한 매너를 실천하는 일은 쉬운 일이 아니다. 특히 나눔 문화에서 이런 실천이 부족한 경우가 많다. 통계처에서 전국 3만 8,000명의 시민을 대상으로 실시한 '2015 사회조사' 결과에 따르면, '기부 경험이 있다'는 응답자는 36.4%에 불과했다. 1인당 평균 기부금은 16만 7,000원으로, 미국의 7분의 1 수준이었다. 전 세계를 대상으로 평가하는 나눔지수에서는 45위로, 캄보디아·케냐(40위)보다도 낮은 수준이었다.

반면, 교육부가 초·중·고교생 2만 4,126명을 대상으로 인생에서 중요한 것을 물어보니 1위가 돈(52.5%)이었고, 봉사(나눔)라 답한 비율은 5.7%에 그쳤다. 이처럼 우리의 나눔 문화 수준은 매우 낮은 편이다. 머리로는 남을 돕는 일을 중요하게 생각하지만, 이를 실천하는 능력은 부족한 것이다.

나눔은 타인뿐 아니라 자신에게도 큰 도움이 된다. 미국 포드햄대 앨런 루크(Allan luks) 박사가 자원봉사자 3,000명을 조사해 보니, 95%가 남을 도울 때 강한 쾌감을 느끼며 또래보다 건강한 것으로 나타났다. 이를 마라토너들이 달리면서 느끼는 희열인 '러너스 하이(runner's high)'에 빗대 '헬퍼스 하이(helper's high)'라 부른다. 나눔을 실천하는 것만으로도 정서적 포만감뿐만 아니라 신체적으로도 긍정적 변화를 일으키고, 휴마트의 긍정 효과를 배가시키는 요인이 될 것이다.

• Respect(존중) · Thinking(생각)

한국은 세계에서 일곱 번째로 20·50클럽(1인당 소득 2만 달러, 인구 5,000만 명)에 진입했다. 하지만 우리 사회는 여전히 '나 하나쯤이야'라는 이기적인 생각으로 남에 대한 존중과 배려에 인색한 이들이 많다. 교차로의 황색 신호에 브레이크 대신 가속 페달을 밟는 운전자가 여전히 많고, 지하철역 에스컬레이터에서는 앞사람을 밀치고 가려는 이들 탓에 안전사고가 끊이지 않는다.

> 시대를 바꾸는 창의력은 폭넓은 교양과 깊이 있는 생각에서 나온다. 학교와 사회가 검색 대신 사색을, SNS보다 독서를 적극 권장하는 이유다.

우리는 배려, 양보, 공공질서 준수에 인색한 문화 때문에 막대한 비용을 치르고 있다. 도로에서 꼬리물기·끼어들기 같은 불법운전은 개인에게 7,200원의 이익을 주지만, 사회적으로는 17만 원(24배)의 손실을 초래한다고 한다(서울연구원). 우리 국민이 OECD 평균 수준으로 법과 질서를 지킨다면 연평균 1%포인트씩 추가 성장할 수 있다는 연구 결과도 있다(한국개발연구원). 이처럼 서로에 대한 존중과 배려는 우리가 갖춰야 할 가장 큰 경쟁력 중 하나다.

더불어 우리 사회에 필요한 것은 생각하는 능력이다. 우리나라는 스마트폰과 초고속인터넷, 모바일 보급률 등에서 세계 1위를 차지하고 있다. 세계 최고 수준의 '스마트 국가'에 살고 있는 우리는 휴대전화, 태블릿PC만 있으면 언제, 어디서든 원하는 정보를 쉽게 얻을 수 있다. 그렇다면 스마트 기기를 많이 쓰는 만큼 우리 자신도 지혜로워졌을까.

손가락과 눈동자에 의존하는 검색에 밀려 사색과 독서의 시간은 점차 줄고 있다. 한국 대학생이 책을 읽는 시간(하루 42분, 남자)은 인터넷을 이용하는 시간(127분)의 3분의 1 수준이다. 한국인 열 명 중 셋(33.2%)은 한 해에 책을 한 권도 읽지 않는다고 한다.

미국의 IT칼럼니스트 니콜라스 카(Nicholas Carr)는 그의 책 『생각하지 않는 사람들』에서 "웹을 검색할 때는 숲을 보지 못한다. 나무조차도 보지 못한다. 잔가지와 나뭇잎만 볼 뿐."이라며 웹에 의존하는 현상을 경고했다. 시대를 바꾸는 창의력은 폭넓은 교양과 깊이 있는 생각에서 나온다. 학교와 사회가 검색 대신 사색을, SNS보다 독서를 적극 권장하는 이유다.

21세기 중요 역량, 공감능력과 협동·배려

1990년대 이건희 삼성 회장이 던진 "한 명의 천재가 만 명을 먹여 살린다."는 인재론은 우리 사회에 커다란 울림을 주었다. 교육정책에서도 한 명의 천재를 키우기 위해 수월성 교육이 강조됐고, 특목고나 영재학교, 자사고가 우후죽순처럼 생겼다. 미국과 일본 등 선진국을 따라잡기 위해서는 혁신을 이끌어낼 천재가 영웅처럼 필요했던 시기였다.

그러나 지금은 이런 천재론이 큰 설득력을 얻지 못한다. 인재에게 요구하는 것도 똑똑함과 지식, 스펙이 아니라 협업 능력과 바른 인성 등 내면의 가치로 변화하고 있다. 즉, 타인을 배려하고 협동할 줄 아는 것은 단순한 윤리·도덕의 덕목이 아니라 21세기 사회를 잘 살아가는 데 반드시 필요한 능력이다.

그중에서도 핵심은 공감이다. 넘어져 우는 아이에게 가장 먼저 필요한 것은 "얼마나 아팠을까, 이제는 괜찮을 거야." 하며 껴안아 주는 엄마의 따뜻함인 것처럼, 사회에서도 서로의 상황을 이해하고 보듬는 노력이 필요하다. 나와 다른 사람에 대한 공감 없이는 공존이 불가능하다. 정치인은 이념 기반이 다른 상대를, 사회지도층은 서민들의 아픔에 공감할 수 있어야 한다.

중앙일보는 시민 3,061명을 대상으로 '매력적인 리더의 요건'에 대해 조사했다. 시민들에게 36개의 보기를 주고 전 대통령들의 매력 요소를 직접 고르도록 한 결과, 가장 많은 사람이 선택한 매력 요인은 '시민의 감정을 이해하기 위한 노력(감정이해 노력)'이었다. 시대의 흐름에 따라 카리스마·추진력을 가진 리더십에서 공존·협치의 리더십으로 변하고 있음도 알 수 있었다.

매력적인 리더의 조건

	박정희	김영삼	김대중	노무현
카리스마	1	5	3	21
추진력	3	3	15	13
책임감	6	14	18	18
시민의 감정을 이해하기 위한 노력	10	4	2	1
근면/성실	11	28	29	22
정책에 시민 의견 반영	15	6	5	6
지향해야 할 사회제도·규범 제시	17	1	16	2
갈등 상황에서 투혼 발휘	18	12	10	9
민주주의 발전 공헌	20	2	1	3
포용력	22	10	8	4
설득력	23	18	11	12
친근함	27	13	27	5

시민 3,061명을 대상으로 36개의 매력 요소 중 각 대통령의 매력을 고르도록 설문.

김영삼 전 대통령은 문민정부 출범 후 처음으로 국민의 민원 해결 기관인 국민고충처리위원회(1994년)를 만들었다. 위원회는 국민신문고, 국민권익위원회 등으로 발전하며 정부의 대표적 여론 수렴 창구가 됐다. 이런 발상은 정부가 국민을 통치 대상에서 서비스 고객으로 전환한 최초의 사례였다. 그 덕분에 김영삼 전 대통령의 매력 중 '감정이해 노력'은 그의 매력 요소 중 네 번째를 차지했다. 그리고 김대중(2위)·노무현(1위)전 대통령과 같이 점차 최우선 가치로 자리매김한 것을 볼 수 있었다. 박정희 전 대통령(10위)의 경우 이러한 덕목이 다소 부족했던 것으로 나타났다.

노무현 전 대통령은 취임 후 1년 동안 기자회견과 '국민과의 대화'를 열여덟 차례나 열었다. 한동안 TV 방송을 활용해 대변인의 청와대 브리핑을 생중계하기도 했다. 이처럼 '시민의 의견을 정책에 반영하려는 노력'(박정희 15위, 김영삼 6위, 김대중 5위, 노무현 6위)은 시대를 거치며 대통령의 중요한 매력 요소로 자리매김했다.

'다양한 사회 갈등을 조정하는 능력(18-12-10-9위)', '다른 정치 집단의 의견을 수용하는 포용력(22-10-8-4위)', '반대 의견을 자신의 것으로 끌어들이는 설득력(23-18-11-12위)'도 세월이 흐를수록 중요한 가치로 올라섰다. 즉, 다른 사람을 배려하고 이해하며 협치해 나가는 공감능력이 대통령 리더십의 핵심으로 부상한 것이다.

반면, 박정희 전 대통령이 가진 최고 매력이었던 '카리스마'는 시대를 거치며 그 의미가 퇴색했다. 특유의 추진력으로 국가 예산의 23.6%(1967년 기준)를 투입해 경부고속도로 건설을 성공시킨 것과 같은 카리스마는 김영삼(5위)·김대중(3위) 전 대통령을 거치며 순위에서 밀리더니, 노무현 전 대통령에 이르러서는 31위로 급락했다. 리더십의 여러 요건 중 '포용력'(52.8%, 중복응답)과 '설득력'(35.5%), '조화로움'(30%) 등도 카리스마(21%)보다 높이 평가했다.

박 전 대통령의 또 다른 매력인 '추진력'(3위)도 김대중(15위)·노무현(13위) 전 대통령에 이르러 가치가 희석됐다. 사회가 복잡해지고 다원화되면서 추진력이 독선과 독단으로 변질될 수 있다는 의미다.

이처럼 공감하고 협동하며 배려하는 능력은 21세기의 중요한 역량이다. 이들은 단순한 가치 덕목이 아니라 우리가 꼭 갖춰야 할 능력이다. 미래 사회는 개인의 능력보다 협업을 통한 시너지가 더욱 강조되기 때문이다. 맹자의 '측은지심', 애덤 스미스의 '도덕감정론'이 갈수록 중요해지고 있는 것이다.

커뮤니케이션 능력의 중요성

OECD 데세코 프로젝트가 제시한 미래 사회의 핵심역량 세 가지 중 하나는 커뮤니케이션 능력이다. 인공지능의 발전과 과학기술의 고도화로 인간의 역할은 이를 관리하고 다양한 업무 영역을 조율하는 방식으로 변화하고 있다. 혼자 일하는 방식에서 협업의 방식을 취하는 일이 더욱 많아진다는 의미다.

교육 분야에서도 암기 위주의 주입식에서 벗어나 남들과 토론하고 문제를 함께 해결하는 학습법이 더욱 중요해지고 있다. 최근 대학 입시에서 수능 중심인 정시모집 비중이 줄거나 교과 성적을 보지 않는 학생부종합전형(수시)이 늘고 있는 것도 같은 맥락이다. 미국 등 선진국에서는 이미 입학사정관 전형이 대세를 이루고 있다.

기업 채용시험에서도 단순한 필기성적이나 스펙보다 구체적이고 상세한 질문과 이에 대한 답변 능력을 보는 면접을 중시하고 있다. 이는 사회가 복잡해지면서 어느 한 분야의 전문지식보다는 학문 간 협업과 시너지가 중요해지고 있기 때문이다. 이러한 시대에 가장 필요한 것은 스피치와 토론 같은 커뮤니케이션 능력이다.

실제로 서울의 한 유명 사립대학교 입학처장인 A 교수는 얼마 전 자녀교육법을 확 바꿨다. 몇 년간 다녔던 영어·수학 학원을 그만두게 하고, 독서토론 지도사를 구해 매주 두 권씩 책을 읽고 함께 토론하도록 했다. 수학도 단순히 문제지에 정답을 써내는 게 아니라 말로 풀이 과정을 설명하게 했다. 이론과 공식도 직접 증명하고 그 과정을 발표하도록 했다.

대학 입학 업무의 총 책임자인 그가 교육방식을 바꾼 이유는 뭘까. 그는 "신입생들이 필기시험 점수는 좋지만 커뮤니케이션 능력은 많이 떨어진다."고 말했다. 주어진 답은 잘 구하지만, 스스로 문제점을 찾거나 남들과 의견을 나누는 일은 어려워한다는 것이다. 혼자 정답을 찾는 공부가 고등학생 때까진 통했을지 몰라도 대학생이 되면 함께 토론하고 협업하는 학습이 절실하다.

> 커뮤니케이션 능력은 사회생활과 성공에 필요한 매우 중요한 요소다. 케네디와 클린턴, 오바마 등은 대학 시절부터 활발한 토론활동을 하며 지식을 지혜로 바꾸는 훈련을 해왔다.

커뮤니케이션을 통한 교육법은 실제로 학습 효과가 매우 뛰어나다. 미국 행동과학연구소가 학습 후 24시간 뒤 기억에 남는 비율을 조사한 결과, 일방적인 수업의 경우 5%에 불과했지만, 토론(50%), 체험·실습(75%) 등 참여형 학습에서는 매우 높은 것으로 나타났다.

최근 유행하는 플립러닝 방식은 대표적인 커뮤니케이션 학습법이다. 플립러닝(flipped learning)은 온라인을 통한 선행학습을 한 뒤 오프라인 강의를 통해 교수와 토론식 강의를 진행하는 '역진행 수업 방식'을 말한다.

커뮤니케이션 교육을 소홀히 하는 우리와는 달리 선진국에서는 이를 매우 중요하게 생각한다. 제임스 머피(James J. Murphy) 미국 캘리포니아대 교수는 그의 저서인 『디베이트 가이드(The Debater's Guide)』에서 "케네디와 클린턴, 오바마 등은 대학 시절부터 활발한 토론활동을 하며 지식을 지혜로 바꾸는 훈련을 해왔다."며 "대학 입학이나 사회생활에서 토론 능력은 인생을 결정짓는 매우 중요한 요소"라고 말했다. 즉, 커뮤니케이션 능력은 사회생활과 성공에 필요한 핵심 요소인 것이다.

주인의식에서 시작하는 공동체 역량

'Not answer But attitude.' 휴마트의 핵심은 당장 정답을 찾는 일이 아니라 바른 태도를 갖추는 데 있다. 즉, 문제의 해법을 찾는 것보다 그 문제를 대하는 태도가 중요하다는 것이다. 우리는 살면서 많은 문제와 갈등에 직면한다. 어쩌다 한 번쯤은 요행으로 문제가 풀릴 수도 있겠지만, 시련과 고난이 반복되면 언젠가는 포기하게 된다. 그렇기 때문에 지금 당장 정답과 해법을 찾는 일보다 그 문제를 대하는 방식이 중요하다. 무슨 마음으로 어떤 행동을 하는지가 중요한 것이다.

> 공동체 역량이란 자신을 위한 일을 하면서 동시에 공동체에 보탬이 되는 것이다. 남을 위한 희생과 봉사로 생각하기보다는 타인에 대한 배려와 재능기부로 개념을 바꿔 생각해볼 수 있다.

문제가 쉽사리 풀리지 않더라도 계속 노력하다 보면 언젠가는 풀리기 마련이다. 이렇게 문제를 대하는 적극적이고 의지력 있는 태도를 갖추기 위한 전제 조건은 '자율행동 능력', 곧 '주인의식'이다.

주인의식은 크게 두 가지로 나눠 생각해볼 수 있다. 첫째는 자신의 미래를 긍정적이고 생산적으로 밝혀가는 '자기주도 능력'이고, 둘째는 본인이 속한 집단과 공동체의 문제를 제 것으로 생각하고 행동하는 '공동체 역량'이다. 자기주도 능력은 개인의 자아실현 및 성공과 관련된 문제이며, 공동체 역량은 공동선과 공공이익에 대한 측면이다.

'자기주도 능력'의 경우 학교에서는 학습 성적으로, 회사에서는 업무 성과로 나타난다. 중앙일보와 진학사가 전국 고교생 2만 2,151명(2013년)을 조사한 결과, 1등급(상위 4%) 학생들에게서 두 가지 두드러진 특징이 나타났다. 바로 자기주도 학습능력과 성실성에서 다른 학생들보다 월등하다는 것이다. 스스로 공부하려는 의지와 자

신의 능력에 대한 확신이 강하며, 시간 관리와 집중을 잘했다.

회사에서도 마찬가지다. 자기주도 능력이 강한 직원은 스스로 문제를 발견하고 해법을 찾는다. 회사 일을 자신의 일처럼 받아들이기 때문에 업무에 대한 애정과 효율이 높다. 그러나 자기주도 능력만 강할 경우, 자신의 욕구와 자아실현이 공동체의 이익과 배치되는 상황에 이르렀을 때 공동체에 해가 되는 선택을 할 수도 있다.

그렇기 때문에 필요한 또 다른 자율행동 능력이 '공동체 역량'이다. 주인의식은 공동체 역량, 즉 공동체를 대하는 태도에서 큰 차이점을 보인다. 사람이 하는 일의 성과에는 두 개의 원이 있다. 하나는 자신의 이익과 욕구 실현을 통해 그려지는 원이요, 다른 하나는 공동체의 선과 이익에 관한 원이다. 중요한 것은 두 원 사이의 교집합이다. 사람에 따라 그 교집합이 클 수도 있고 작을 수도 있다. 심지어 교집합이 아예 없거나 마이너스인 사람도 있다. 공동체 역량이 뛰어난 사람은 이 교집합이 큰 사람을 말한다.

중요한 것은 공동체 역량이 두 원 사이의 교집합이라는 전제에서처럼 자신의 것을 포기하거나 희생함으로써 생기는 것은 아니란 점이다. 즉, 자신을 위한 일을 해가면서 동시에 공동체에 보탬이 될 수 있는 것이다. 남을 위한 희생과 봉사보다는 타인에 대한 배려와 재능기부로 개념을 바꿔 생각해볼 수 있다. 자신의 꿈과 이익을 실현하는 일을 하면서 사회 전체에 보탬이 될 수 있는 방법을 찾아가는 것이 바로 공동체 역량이다.

예를 들어 고등학교에서 공부를 가장 잘하는 학생들의 경우를 살펴보자. 최근 고교 최우등생들은 대부분 의대를 진학한다. 의사가 되는 것이 꿈과 적성에 맞고, 본인의 자율적 선택에 의한 것이라면 매우 의미 있는 일이다. 그러나 의대 진학 이유가 단순히 '전교 1등이기 때문에', '엄마가 가라고 해서'라면 전혀 휴마트한 선택이 아니다.

'나 혼자 잘 먹고 잘살기 위해' 의대를 선택하는 것은 앞서 이야기한 공동체 역량의 교집합이 매우 적거나 혹은 없음을 의미한다. 어쩌면 대다수 의대 졸업생들의 진로가 일부 전공으로만 몰려 외과전공이 적거나 임상 분야로만 진출해 의과학 분야로 진출하는 비율이 낮은 것도 비슷한 맥락으로 볼 수 있다.

1970~80년대 이과계열에서 우수한 학생들이 많이 몰렸던 학과는 전자공학과였다. 당시 전자공학을 전공했던 인재들은 3차 산업혁명을 주도하며 한국을 반도체 강국, 스마트폰 선진국으로 발전시키는 초석을 다졌다. 그들은 자기 일을 묵묵히 열심히 한 것일 뿐이었지만, 결과적으로 우리 사회의 이익을 증가시키는 역할도 했다. 이처럼 자기주도 능력과 공동체 역량을 함께 갖추는 일은 개인과 사회의 발전에 큰 도움을 준다.

그릿과 레질리언스(Grit and Resilience)

앞서 살펴본 '주인의식', 즉 자율행동 능력을 키우기 위해서는 전제조건이 하나 있다. 자아실현과 공동체 이익 사이의 교집합을 키우기 위해서는 확고한 목표의식이 존재해야 한다는 것이다. 꿈과 인생의 목적이 명확하지 않으면 자아실현도, 공공이익도 추구할 수 없다. 자신의 목표를 명확히 하고 이를 향해 꾸준히 나아갈 힘, 바로 '그릿(Grit)'이 필요하다.

안젤라 덕워스(Angela Duckworth) 미국 펜실베이니아대 심리학과 교수는 공립학교 수학 교사로 재직했던 시절부터 가져온 의문이 하나 있었다. 수학 성적에 있어 지능지수(IQ)가 절대적인 것인가 하는 의문이었다. 그리고 지능지수가 높지만 성적이 형편없는 경우도 있고, 지능지수가 높지 않지만 성적이 좋은 경우도 있음을 발견했다. 성적과 등수는 반드시 지능에 비례하지는 않았다. 지능이 높은 학생이 중위권을 맴돌기도 하고, 평범한 지능을 가진 학생이 최상위권을 유지하는 경우도 적지 않았다.

오랫동안 수많은 학자들이 학생의 학업성취도를 결정짓는 요인이 무엇인지 연구해 왔다. 한때 지능이 그 답이라 생각했지만, 학생의 지능과 성취도 간에는 큰 간극이 있음을 알게 됐다. 재능과 가정 환경, 부모의 사회경제적 수준, 외모, 건강 등 다양한 변수에 대한 연구가 이어졌으나 학업성취도와 직접적 상관관계를 도출하지 못했다. 이같은 의문이 그를 그릿에 대한 연구로 이끌었다.

덕워스의 저서 『그릿(Grit): 열정과 인내의 힘』에는 미국 육군사관학교(웨스트포인트)의 사례가 소개된다. 이곳에서는 매년 신입생을 대상으로 6주간 기초훈련을 하는데, 보통 5% 안팎의 인원들이 훈련을 견디지 못하고 중도 하차한다. 높은 경쟁률을 뚫고 입학했음에도 불구하고 스스로 자신의 꿈을 포기하고 마는 것이었다. 그리고 SAT(미국대학수학능력시험) 성적, 고교 내신, 체력점수와 중도 하차한 것과는 상관관계가 없는 것으로 나타났다. 최종까지 훈련을 마친 학생들과 중도 하차한 학생들의 근본적 차이는 바로 그릿에 있었다. 그릿은 투지와 기개 등으로 번역할 수 있는데, 목표를 반드시 이뤄내겠다는 열정과 의지를 뜻한다.

덕워스 교수는 이후에도 성공한 수많은 사람을 연구했다. 그 안에서 발견한 성공법칙은 실패한 뒤 좌절하지 않고 끝까지 버티며 극복했다는 점이다. 뛰어난 재능을 갖고 있던 많은 경쟁자들이 실패에 주저앉아 결국 뒤처지고 말았다. 아무리 재능이 뛰어나더라도 열정과 의지가 없다면 성공할 수 없다는 것이 그의 핵심적인 주장이다. 그는 그릿을 "한계 상황에 다다랐을 때 한 걸음, 두 걸음 더 버티고 인내하는 능력"이라고 말했다. 우리말로 고쳐 표현해 보면 '마음의 근력'이라고 할 수 있다.

이 같은 개념을 바탕으로 덕워스 교수는 '재능×노력=기량, 기량×노력=성공'이란 원칙을 제시했다. 재능을 기량으로 발전시키고,

기량을 성공으로 이어주는 열쇠는 모두 '노력'이었는데, 그 노력이 바로 그릿이다. 그릿은 선천적으로 주어지는 게 아니라 교육을 통해 길러진다.

인생은 단거리 경주가 아니기 때문에 많은 실패를 통해 학습하고, 이런 과정들이 모여 성장을 이룬다. 그릿을 키우기 위해 우리가 갖춰야 할 것은 '레질리언스(Resilience)'다. 회복탄력성이란 뜻의 물리학 용어로, 여기서는 고난과 역경이 닥쳤을 때 절망에 빠지지 않고, 마치 용수철이나 고무줄처럼 회복하는 능력을 말한다. 위기를 위험으로만 여기거나 좌절하지 않고, 오히려 기회로 삼아 성공의 지렛대로 삼는 것이다.

즉, 그릿과 레질리언스는 꿈과 목표를 향해 나아가는 열정과 끈기, 지구력이다. 실패도 있고 좌절도 있지만 이를 이겨내고 다시 원래 상태로 돌아오는 탄력성만 있다면 꿈은 이루어진다. 만약 인생이 단거리 경주였다면 한 번 넘어지는 것이 큰 타격이 될 것이다. 그러나 인생은 긴 마라톤이다. 다시 일어서면 또 다른 기회가 있기 때문에 그릿이 있다면 언제든 완주할 수 있다.

그릿과 레질리언스가 학업 성취에 어떤 영향을 미치는지 알아보기 위해 중앙일보와 중앙유웨이 그릿연구소가 공동조사를 실시했다.

학교 유형별 그릿(Grit) 점수

(단위: 점)

	자기조절력	자기동기력	대인관계력	총점
일반고	48.5	47.53	41.05	44.89
국제고	74.8	74.6	76.64	78.04
자사고	70.29	72.59	73.15	74.25

일반고·국제고·전국 단위 자사고 학생 636명 대상

일반고·국제고·전국 단위 자사고 이렇게 세 가지 유형의 학교 학생 636명을 대상으로 그릿 테스트를 실시했다. 그 결과 학교 유형별로 뚜렷한 차이를 볼 수 있었다.

일반고의 그릿 점수는 44.9점이었고, 자사고는 74.3점, 국제고는 78점으로 가장 높았다. 자사고와 국제고 모두 일반고의 그릿 평균보다 20점 이상 높았다. 성적이 우수한 학생들이 주로 입학하는 특목고와 자사고 학생의 그릿 점수가 일반고보다 높다는 사실은 그릿과 성적의 연관성이 크다는 것을 나타낸다.

그릿을 이루는 세 가지 역량(자기동기력, 자기조절력, 대인관계력) 중 가장 큰 차이를 보인 항목은 '대인관계력'이었다. 국제고는 76.6점, 자사고는 73.2점, 일반고는 41.1점으로 가장 높게 나온 국제고와 가장 낮게 나온 일반고의 점수 차이는 35.5점에 달했다.

대인관계력은 공감능력·관계성·표현능력 등을 나타내는 것으로, 인성의 하위 영역 중 하나인 사회성과 학업성취도 간에 매우 큰 상관관계가 있는 것으로 분석됐다. 이렇게 실제로도 그릿과 학업 성취도 간에는 매우 밀접한 관계가 있는 것으로 나타난 것이다.

우리는 단편적인 결과에 일희일비할 게 아니라 자신의 큰 꿈과 목표를 향해 꾸준히 노력하는 자세를 가져야 한다. 즉, 그릿을 키워야 하는 것이다. 우리가 사람들을 평가할 때 단기적인 성과와 수치가 아니라 그들이 세운 계획을 얼마나 완료했는지, 노력에 부족함은 없었는지 과정을 살펴봐야 하는 이유다.

4

스마트는 정답을, 휴마트는 생각을 가르친다

베네수엘라에서 다섯 번째로 큰 도시의 이름은 무엇인가. 대부분 1초도 되지 않아
'모른다'고 대답할 것이다. 반면, 같은 질문을 왓슨이나 알파고 같은
인공지능에게 물어본다면 어떨까. 답변까지 적어도 수 분에서 수십 분이
걸릴 수 있다. 왜냐하면 인공지능은 자신이 모른다는 것을 확인하기 위해서는
스스로 갖고 있는 모든 정보를 스캔해봐야 하기 때문이다.
갖고 있는 지식의 양 만큼 더 오랜 시간이 걸릴 수 있다. 그런데 인간은 어떻게
1초 만에 이런 답변을 할 수 있을까. 그 이유는 인간에게는 고유의 직관이란 것이
있기 때문이다. 이 직관에 바탕을 둔 생각은 제아무리 똑똑한 인공지능도
따라 할 수 없다. 정해진 답을 구하는 일은 인간이 인공지능을 따라갈 수 없지만,
직관과 생각은 인간만의 고유 영역이다.

인공지능 알파고가 모르는 것

2016년 서울에서는 세기의 대결이 열렸다. 세계 최고의 바둑기사 이세돌 9단과 인공지능 '알파고(Alpha GO)'의 대국이었다. 많은 이들은 이 9단의 승리를 점쳤다. 하지만 결과는 정반대였다. 알파고가 이 9단을 이긴 것이다. 첫 대국부터 충격이었다. 알파고의 실력에 이 9단은 당황한 기색이 역력했다. 이를 지켜본 사람들도 마찬가지였다.

알파고와의 대국을 계기로 사람들은 미래의 일로만 여겼던 인공지능을 현실로 생각하게 됐다. 이후 많은 염려와 걱정이 쏟아졌다. 기대와 희망보다는 미래에 대한 어두운 전망이 더 많았다. 알파고 같은 인공지능이 인간의 많은 일자리를 빼앗아 갈 것이라는 전망이 쏟아졌고, 언젠가 인간을 뛰어넘는 존재가 될 수 있다는 두려움까지 생겼다. 마치 영화 '터미네이터'에서처럼 인공지능으로 무장한 로봇이 인간을 지배한다는 상상이 어쩌면 현실이 될 수도 있다는 생각에 이르게 됐다. 과연 인공지능이 인간을 따라잡는 일이 생길 수 있을까.

> 인간에게는 인간만이 가진,
> 인공지능은 가질 수 없는
> '무언가'가 있다. 그리고
> 변치 않는 하나의 진리는
> 인공지능을 만드는 것은
> 결국 사람이라는 것이다.
> 인류의 미래가 아무리 어둡게
> 보인다 하더라도
> 이 두 가지가 있다면 우리는
> 해결책을 찾을 수 있다.

이 9단과 알파고의 대국이 있고 난 며칠 뒤, 나는 서울의 한 초등학교를 찾았다. 이곳에서는 방과후 프로그램으로 바둑을 운영하고 있었다. 알파고와의 대국은 아이들 사이에서도 큰 화제였다.

"이세돌과 알파고가 다시 바둑을 둔다면 어떻게 될까요?" 바둑 교사가 아이들에게 질문을 던지자 아이들은 서로의 얼굴을 쳐다보았다. 그리고 자신감에 찬 목소리로 대답하기 시작했다. "이세돌 9단이 이겨요. 알파고는 컴퓨터라 오류가 날 수 있으니까요." 반대 의견을 피력하는 학생도 있었다. "아니에요. 알파고가 이겨요. 통계를 더 많이 분석해 훨씬 강해졌을 거예요."

아이들 사이에 공방이 일자 교사는 좀 더 심화된 질문을 던졌다. "알파고와 인간의 차이점은 어떤 게 있을까요?" 곰곰이 생각에 잠겨 있던 한 아이가 대답했다. "컴퓨터는 마음이 없어요. 그렇기 때문에 실수도 하지 않아요." 또 다른 아이가 말을 이었다. "반대로 사람은 감정이 있어요. 바둑을 하면서 재밌어할 줄 알아요. 그런데 알파고는 그런 기쁨을 몰라요."

마지막으로 대답한 아이는 이렇게 말했다. "창의성이오. 알파고는 사람이 할 수 없는 엄청난 계산을 할 수 있어요. 하지만 입력되지 않은 건 알 수 없죠. 알파고를 만든 것도 결국 인간이에요. 다시 대국을 한다면 알파고를 이길 창의적인 방법을 생각해 낼 거예요." 아이의 눈빛은 확신에 차 있었다. 마치 인류를 대표해 알파고와 대국에 나선 제2의 이세돌이라도 된 것처럼 말이다.

아이들의 이야기처럼 알파고는 우리에게 많은 논쟁거리를 안겨 주었다. 2016년 세계경제포럼(WEF)에서는 2020년까지 인공지능 로봇 때문에 일자리 700만 개 이상이 사라질 것이라는 전망이 나오기도 했다. 반면 새로 생기는 일자리는 200만 개뿐이었다. 인공지능은 더 이상 먼 미래의 일이 아니라 당장 눈앞의 현실로 다가오고 있는 큰 두려움이었다.

다행스럽게도 인간에게는 인간만이 가진, 인공지능은 가질 수 없는 '무언가'가 있다. 그리고 변치 않는 하나의 진리는 인공지능을 만드는 것은 결국 사람이라는 것이다. 인류의 미래가 아무리 어둡게 보인다 하더라도 이 두 가지가 있다면 우리는 해결책을 찾을 수 있다. 오랜 인류의 역사에서 그랬듯 우리는 또 다른 대안을 만들어 낼 것이고 적응할 것이다.

그렇다면 인공지능은 가질 수 없는, 인간만이 가진 그 '무언가'란 과연 무엇일까. 그것은 바로 '감정'과 '생각'이다. 복잡한 계산이나 빅

데이터를 다루는 광범위한 분석 같은 일에서는 인간이 인공지능을 도저히 따라갈 수 없다. 그러나 기쁨과 행복, 슬픔과 고통을 느끼는 감정은 인간 고유의 것이다.

아울러 인간만이 가진 '생각'은 전자회로에서 일어나는, 디지털로 구조화된 프로그램으로 재현할 수 있는 게 아니다. 생각하는 힘은 인간에게 창의성을 안겨주고, 이는 한 번도 가보지 못한 길을 마주했을 때 나침반 역할을 한다. 그리고 입력되지 않은 불투명한 미래를 향해 나아갈, 새로운 것에 도전할 용기를 갖게 한다.

결국, 인공지능 시대에 인간이 살아남는 방법은 생각하는 힘을 기르는 데 있다. 아이들에게 가르쳐야 할 것도 지금의 '정답 자판기' 같은 능력이 아니다. 앞으로는 생각의 근육을 키우는 공부를 해야 한다. 단순히 머리에 지식을 쌓아 놓은 것이 아닌, 지식을 활용해 새로운 길을 모색하는 지혜를 길러야 한다.

그렇다면 우리는 어떤 생각을 가져야 할까. 정답을 가르치는 스마트한 생각이 아니라, 창의적이면서 공동체의 이익을 함께 고려하는 휴마트한 생각을 키워야 한다. 인공지능 시대에 인간이 살아남을 수 있는 유일한 길은 '스마트'가 아니라 '휴마트'다. 미래를 여는 생각 '휴마트 씽킹'이 왜 필요한 지 그 이유를 하나씩 살펴보자.

세상을 보는 따뜻한 눈

'뜨거운 가슴, 차가운 머리'라는 말이 있다. 생각과 판단은 냉철하게 하더라도 그 안에는 따뜻한 마음이 있어야 한다는 뜻이다. 휴마트 씽킹의 핵심도 이와 같다. 타인을 배려하고 공동체를 생각하는 마음을 갖는 것이 먼저다. 여기서 중요한 것은 나보다 타인을 먼저 생각해 '희생'하라는 게 아니다. 나와 다른 사람, 즉 '우리'가 함께해야 한다는 마음을 갖는 것만으로도 충분하다. 보통 선과 도덕, 윤리 등을 이야기할 때 '나'를 제쳐 두고 타인을 먼저 강조하는 경향이 있다. 이는 희생을 전제하기 때문에 지속가능하지 않은 생각이다. '봉사'라는 말 속에는 자신의 것을 내놓고 희생한다는 의미가 강하게 담겨있다. 그런데 최근에는 '재능기부'라는 말이 많이 쓰인다. 재능기부는 봉사보다는 가벼운 의미다. 그렇기 때문에 '봉사'에는 선뜻 나서지 못한 사람도 '재능기부'에는 좀 더 쉽게 마음을 연다.

이러한 심리를 다른 말로 표현하면 '주인의식'이라고 한다. 남의 일을 진짜 나와는 관계없는 타인의 일이라 생각하지 않고 나의 일, 우리의 일로 생각하기 때문에 더욱 강력한 동기부여가 된다. 어려운 사람을 돕고 타인을 배려하는 것이 결국 나에게도 도움이 된다는 믿음, 즉 주인의식이 있을 때 우리는 가슴의 따뜻한 온도를 지켜낼 수 있다.

몇 해 전, 취재차 독일을 방문했을 때의 일이다. 자동차 회사 벤츠의 본사가 있는 슈투트가르트의 중앙역 지하철 승강장에서 낯선 광경을 목격했다. 사람들이 티켓 확인 절차 없이 개찰구를 지나쳐 들어가더니 바로 승강장으로 내려가 지하철을 타는 것이었다. 가만히 살펴보니 사람들은 열차 한쪽에 있는 판매기에서 목적지까지의 운임을 계산해 티켓을 구입하고 있었다. 초행길이었던 터라 사람들을 뒤쫓아 따라가다 얼떨결에 본의 아닌 '무임승차'를 할 뻔했다. 다행히 나는 한 승객의 도움을 얻어 티켓을 무사히 구입할 수 있었다. 목적지였던 슈타트미테역에서도 역을 빠져나올 때까지 개찰구나 검표원은 찾아볼 수 없었다. 누가 티켓을 검사하지 않아도 자율적으로 요금을 내는 그들의 모습이 인상적이었다.

취재가 예정된 '폴크스호크슐레(Volkshochschule)' 시민대학에 도착한 나는 취재원에게 제일 먼저 검표원 없는 지하철에 대해 질문을 던졌다. "검사하는 사람이 없으니 지하철 무임승차가 많지 않느냐"고 묻자 취재원은 마냥 웃기만 했다. '왜 그런 쓸데없는 질문을 할까'라는 눈치였다. 만약 우리나라였으면 무임승차가 많았을 것이란 이야기를 하자 그제야 질문을 이해했다는 듯 진지하게 대답했다.

"내가 낸 지하철 요금이 정부로 들어간 뒤 결국 나와 내 가족을 위해 쓰인다. 지하철이 국가의 것이 아니라 우리 것이라고 생각하는데 왜 요금을 내지 않겠느냐." 그의 대답은 결국 주인의식이었다. 타인과 함께 쓰는 대표적인 공공재인 지하철에 대해서도 '우리 것', '내 것'이라고 생각하는 것이다.

더 재밌는 것은 시민대학에서 실시하고 있는 시민교육이었다. 독일 정부는 시민의 의식을 높이기 위해 전국에 900여 곳에 시민대학을 조성했다. 시민대학에 속한 지부만 3,000개가 넘는다. 이곳에서는 꽃꽂이 같은 취미부터 어학, 컴퓨터까지 다양한 교육이 이뤄진다. 그중에서 가장 눈에 띈 것은 사회적 이슈를 놓고 시민들이 토론하는 교육이었다. 슈투트가르트 중앙역의 리모델링 문제를 놓고 시민대학에서 벌어진 시민 특강의 사례를 보자.

주인의식은 공동체의 일을
나의 일로 생각하게 만든다.
남의 일이 아니라
우리의 일이라 생각하면
세상을 바라보는 따뜻한
눈이 생기는 것이다.
특히 민주주의 사회에서는
주인의식이 매우 중요하다.

지난 2011년, 이 지역에서는 주민투표를 통해 중앙역을 지하화하기로 했다. 그러나 그 후에도 찬반 갈등이 계속되자 시민대학이 특강을 열었다. 먼저 공사 담당자가 나와 진행 상황을 설명했다. 시민들은 담당자의 설명을 듣고 자신의 의견을 내기 시작했다. 아동교육과 노인복지 등 세금을 사용해야 할 사안도 많은데 굳이 역 공사에 예산을 써야 하느냐는 지적도 있었고, 도시의 발전을 위해서는 좀 더 세련된 역을 만들어야 한다는 의견도 있었다. 시민들은 자기 생각을 솔직하게 표현하며 열띤 토론을 벌였다. 이 특강에는 시청과 주 정부 담당자도 참석해 시민들의 의견을 청취했다.

이렇게 슈투트가르트 시민대학에서는 2013년 한 해에만 5,338개 수업에 16만 6,000여 명의 시민이 참여했다. 슈투트가르트 인구가 약

60만 명인 것을 고려하면 도시민의 4분의 1이 시민대학에 다닌 셈이다. 시민대학은 시민으로서의 주인의식과 교양을 기르는 인큐베이터 역할을 하는 동시에 정부가 민의를 경청하는 여론 수렴의 창구였다.

이처럼 주인의식은 공동체의 일을 나의 일로 생각하게 만든다. 남의 일이 아니라 우리의 일이라 생각하면 세상을 바라보는 따뜻한 눈이 생긴다. 특히 민주주의 사회에서는 주인의식이 매우 중요하다. 우리 자식들이 살아갈 미래의 대한민국을 제대로 만들고 싶다는 많은 시민의 바람이 우리 사회를 바꾸고 미래를 꿈꾸게 하는 것이다.

대한민국은 민주'공화'국

약 20여 년 전 '제2공화국(1989년)', '제3공화국(1993년)'이란 드라마가 방영된 적이 있다. 당시 가장 유명했던 고석만 PD가 연출한 이 시대극은 박정희 전 대통령의 젊은 시절부터 유신 체제를 지나 서거할 때까지의 이야기를 담았다.

당시 큰 인기를 끌었던 이 드라마는 많은 이에게 '공화국'은 곧 '박정희'라는 이미지를 갖게 만들었다. 한발 더 나아가 어떤 이들은 '공화국'을 마치 독재를 뜻하는 잘못된 이미지로 받아들이기도 했다. 그렇다면 공화국의 원래 뜻은 무엇일까.

'공화국(republic)'은 원래 라틴어인 '레스 푸블리카(res publica)'라는 단어에서 기인했다. 이는 공동체의 소유물이라는 의미다. 시민들이 공동으로 소유하는 국가가 바로 '레스 푸블리카'이다. '공화'의 가치는 개인의 사적 권리보다는 시민으로서 갖춰야 할 덕목과 역량을 중시한다. 공공선을 향한 시민의 적극적인 노력과 이를 바탕으로 한 전체의 조화를 강조하는 것이다.

하지만 우리 사회에서는 공화국이라는 가치보다 민주주의라는 가치를 더 높게 평가한다. 수십 년간 독재의 시기를 지나 1987년 서울의 봄을 맞이하면서 대한민국이 추구해야 할 최고의 가치가 '민주주의'로 수렴됐기 때문이다.

운동으로서의 민주화가 끝나고 제도로서의 민주주의가 자리 잡은 지금 이 시점까지도 민주주의는 우리 사회가 지향하는 최우선 가치이자 철학이다. 물론 민주주의 사회에서 이는 당연한 일인지도 모른다. 그렇기 때문에 우리는 당연한 것 이외의 다른 철학적 가치를 찾아내고, 우리만의 신념 체계를 만들어야 한다.

지난 백 년의 역사 속에서 우리는 일제 강점과 전쟁, 독재를 거치며 사회 구성원들이 함께 추구해야 할 보편적인 가치와 철학을 잃었다. 법으로 강제하거나 윤리로 규율하지 않아도 사회 구성원 대다수가 함께 추구할 수 있는 신념 체계와 전통이 무너진 것이다. 자연스럽게 종교적 전통이 그런 가치를 대신하는 서구 사회와 대조된다.

'공화'의 가치는 개인의 사적 권리보다는 시민으로서 갖춰야 할 덕목과 역량을 중시한다. 공공선을 향한 시민의 적극적인 노력과 이를 바탕으로 한 전체의 조화를 강조하는 것이다.

이런 상황에서 한국인이 추구하는 보편적인 가치 질서로 참고할 만한 것은 무엇이 있을까. 끊어져 버린 전통을 복원하거나 새로운 가치와 철학을 세워가는 것도 하나의 방법이 될 수 있겠지만, 이는 쉬운 일이 아니다. 다양한 종교가 공존하는 상황에서, 특정 종교의 신념 체계 아래서 이를 찾기도 어렵다. 결국, 대다수 국민이 동의할 수 있으면서 우리가 추구해야 할 가치와 철학으로 삼기에 명분과 실리를 모두 갖추고 있는 것은 바로 '헌법'이라고 할 수 있다.

헌법은 단순히 국민 생활의 권리와 의무를 규정하는 법 이상의 가치를 지닌다. 헌법에는 건국 정신이 담겨 있고, 국민 대다수가 원하는 사회의 지향점이 포함돼 있다. 그렇기 때문에 현대 사회의 모든 국가는 헌법을 통해 국가가 추구하는 핵심 가치를 집약적으로 나타내고 있다.

프랑스의 헌법 1조는 "세속적이고 민주적이며 사회적인 공화국이다. 프랑스는 모든 국민이 출신, 인종, 종교와 관계없이 평등하다." 는 내용으로 돼 있다. 일찌감치 다문화 사회로 돌입한 프랑스는 다양성이 사회의 핵심 가치였다. '똘레랑스(tolerantia)'라는 말처럼 관용이 핵심 철학인 사회이기 때문에 서로 다른 가치와 문화를 인정하는 데서 모든 논의가 시작된다.

이웃 나라인 독일의 헌법 1조는 "인간의 존엄성은 훼손돼서는 안 된다. 존엄성을 존중하고 보호하는 것은 국가권력의 책무다."라고 돼 있다. 과거 히틀러의 나치 정권 아래 독일은 역사상 돌이킬 수 없는 큰 잘못을 저질렀다. 수백만 명의 유대인이 학살됐고, 전쟁을 통해 이웃 나라 국민의 인권을 짓밟았다. 이에 대한 반성과 성찰의 의미로 독일은 인간의 존엄성, 즉 인권을 헌법의 제일 첫 번째 사항으로 명시했다.

미국의 수정 헌법 1조는 다음과 같다. "특정 종교를 옹호하거나 자유로운 종교 행위를 금지하는 법률을 제정할 수 없다. 또한 언론·출판의 자유를 제한하거나 조용히 집회하고 피해를 구제받기 위해 정부에 청원하는 인민의 권리를 침해하는 법률을 제정할 수 없다." 자유의 땅에서 시민들의 주체적인 힘으로 독립을 쟁취한 나라답게 자유를 헌법의 핵심 가치로 삼고 있다. 종교의 자유, 표현의 자유를 헌법 전면에 내세우며 미국의 가치 철학을 분명히 하고 있는 것이다.

일본의 헌법 1조는 "천황은 일본국의 상징이자 일본 국민 통합의 상징으로, 그 지위는 주권의 주인인 일본국민의 총의에 근거한다."고 명시하고 있다. 나라의 어른으로서 천황의 존재를 인정하지만, 주권은 국민에게 있음을 강조하고 있는 것이다. 천황은 국민 통합의 역할을 할 뿐이며 영국의 왕처럼 '군림하지만 통치하지 않는다'는 철학을 유지하고 있다.

이처럼 헌법은 국가와 그 사회가 지향하는 핵심 가치를 담고 있다. 한 사회가 쌓아온 오랜 전통 아래 그들이 겪었던 시행착오, 함께 고민했던 지향점이 모여 하나의 담론을 이루고, 이를 바탕으로 헌법이 만들어진다. 헌법은 그 나라 사람들의 정신과 행동을 규정하는 근본 양식이며, 그 사회의 미래 방향을 암시한다.

그렇다면 대한민국 헌법은 무엇을 핵심 가치를 내세우고 있을까. 헌법 1조를 보자. 1항은 "대한민국은 민주공화국이다."이며, 2항은 "대한민국의 주권은 국민에게 있고, 모든 권력은 국민으로부터 나온다."이다. 우리 사회의 핵심가치는 1조 1항에 명시된 것처럼 '민주'와 '공화' 두 가지 가치를 품고 있는 것이다.

그럼에도 불구하고 그동안 우리 사회는 '민주'의 가치를 상대적으로 크게 강조해 왔다. 반면 '공화'의 가치는 소홀히 여겼다. 공동체의 화합, 공동체의 행복과 조화, 번영을 뜻하는 '공화'는 상대적으로 등한시해 온 것이다.

시민은 개인과 달리 공화적 가치에 눈을 뜬 이들이다. 주인정신과 책임의식으로 무장한 시민은 권력의 강제로 생겨나는 것이 아닌, 깨어 있는 시민의 연합을 통해서만 생겨난다. 그 전제는 시민의 마음속에 사회가 우리 자신을 위해 존재한다는 믿음이 있을 때다.

최장집 고려대 명예교수는 "공익을 우선시하는 공화주의는 사익이 공적 영역을 침해하면 사회가 부패하고 공공선이 훼손된다."고 설명했다. 반면 자유주의는 "개인의 자유와 권리에서 국가의 기능을 이끌어내고 공동체의 질서를 구축하는 것"이라고 정의했다. 즉, 자유주의는 개인의 자유와 욕망·경쟁을, 공화주의는 공동체의 조화와 시민의 참여·윤리를 강조한다.

다시 헌법 1조 1항을 되살펴 보자. 우리 사회는 앞으로 민주주의에 쏟았던 정성만큼 공화주의에 더 큰 관심을 가져야 한다. 모든 시민이 공동체의 주인으로서 사회 문제에 관심을 갖고 참여해야 한다. 지역과 혈연, 계층 등 특정 집단이 국가를 사유화하는 것도 경계해야 한다. 우리는 좀 더 정의로워져야 하고, 더 실천적인 도덕 역량을 갖춰야 한다.

이와 비슷한 내용을 다룬 책이 수년 전 우리 사회에 유행한 적이 있다. 바로 마이클 샌델(Michael Sandel)의 『정의란 무엇인가』이다. 이 책은 여러 가지 도덕적 딜레마의 상황을 제시하고, 어떤 선택이 정의로운지 고민하게 만든다. 이런 정의에 대한 고민을 통해 샌델이 궁극적으로 이야기하고 싶었던 것은 정의 그 자체가 아니라 공동선의 실현이었다.

공동선을 이루기 위해서는 깨어있는 시민이 필요하다. 앞서 설명한 것처럼 시민은 개인과 달리 공화적 가치에 눈을 뜬 이들이다. 주인정신과 책임의식으로 무장한 시민은 권력의 강제로 생겨나는 것이 아닌, 깨어 있는 시민의 연합을 통해서만 생겨난다. 그 전제는 시민의 마음속에 사회가 우리 자신을 위해 존재한다는 믿음이 있을 때다.

우리가 가장 먼저 해야 할 것은 건강한 시민의식이 자랄 수 있는 믿음직한 공동체의 가치와 제도를 만드는 일이다. 소수가 사회 잉여가치의 상당 부분을 독점하고 다수가 소외된다면 이런 가치와 제도는 만들어질 수 없다. 그동안 정치 지도자들이 '민주'의 가치를 명분으로 먹고살았다면, 앞으로는 '공화'의 가치를 더욱 고민해야 할 것이다.

지식인은 죽었다

2013년 가을, 유럽에서 가장 뜨거운 철학자 중 한 명인 슬라보예 지젝(Slavoj zizek)이 한국을 방문했다. 그는 한국 학생과 교수를 대상으로 한 특강에서 현대 사회의 문제점을 예리한 통찰력으로 짚어냈다. 강의를 들으며 가장 인상 깊었던 것은 전문가와 지식인의 차이점을 이야기하는 그의 날카로운 분석이었다.

지젝에 따르면, 현대 사회는 전문가가 넘쳐난다. 각 분야를 깊이 있게 연구하고 문제가 발생했을 때 이를 해결해 줄 수 있는 해결사들이 많아졌다. 마치 문제 해결 자판기라도 된 것처럼 어떤 갈등이 발생하면 이를 해결하기 위한 방안들이 툭 튀어나온다. 마치 준비라도 된 것처럼 모든 문제에 대한 해답을 내놓으려 한다.

여기서 중요한 것은 전문가는 많은데 지식인은 별로 없다는 점이다. 전문가와 지식인은 근본적으로 다르다. 앞서 설명한 것처럼 전문가는 문제를 푸는 사람이다. 반면 지식인은 문제를 내는 사람이다. 어떤 사회 갈등이 생겼을 때 섣불리 그에 대한 해법을 제시하기에 앞서, 왜 그런 갈등이 생겼는지 문제를 제기하는 사람이 바로 지식인이다.

예를 들어 정부의 FTA 정책에 반대하는 시위가 발생했다고 치자. 이러한 상황이 발생하면 각 분야의 전문가들이 모여 해법을 내놓을 것이다. 시위를 진압할 계획을 세우고 향후 이들이 또다시 시위에 나서지 않도록 대안을 제시하며, 이로써 발생할 수 있는 부작용인 외국과의 통상 마찰 등에 대해서도 꼼꼼히 논의할 것이다.

그런데 이 과정에서 중요한 질문이 하나 빠졌다. 왜 이들이 시위에 나섰는가이다. 당장 외국에서 저렴한 농산물이 밀려들어 오면 농민들은 삶의 터전을 잃는다. 겉으로만 보면 이들의 생계 문제만이 시위 현상의 원인처럼 보인다. 하지만 문제의 본질을 좀 더 깊숙하게 들여다보면 우리가 몰랐던 새로운 관점이 생길 수 있다.

먼저, 농민들의 입장에서 한국의 발전 과정을 들여다보자. 우리는 유독 산업화 과정이 빨랐기 때문에 1차 산업에서 2차 산업으로, 또다시 3차 산업으로 전환하는 과정에서 발 빠르게 적응하지 못한 사람이 많다. 산업의 불균형은 개인만의 문제가 아니라 사회 구조의 문제다. 이런 관점에서 무작정 FTA를 통해 시장을 개방하자는 주장은 옳지 못하다.

특히 지난 반세기 동안의 빠른 경제성장은 이전 세대에 존재하지 않았던 큰 불평등을 낳았다. 경제 규모는 몇십 배 커졌고 생산성도 훨씬 높아졌지만, 국민 개개인에 돌아가는 실질적 소득은 그에 비례해 늘어나지 않았다. 대신 소수의 상위계층에게만 부가 집중되면서 갈수록 양극화가 심해지고 있다. FTA로 자유시장이 열리면 이러한 갈등은 더욱 심화될 것이다.

FTA 반대 시위를 두고 우리가 생각해볼 수 있는 토론 거리는 다양하다. 그러나 대다수 국민은 이들이 왜 시위를 하는가에 대해서 깊이 생각해본 적이 없을 것이다. 전문가를 자칭하는 이들도 해결책을 제시하는 단계에서 근본적인 문제에 대한 질문을 생략하고 있다.

이 같은 상황에서 보듯 현대 사회에는 문제를 풀 전문가는 많지만 문제를 낼 지식인은 많지 않다. 그렇다 보니 창의적인 문제를 새롭게 출제하지 못하고, 문제은행에서 꺼낸 질문들을 습관적으로 던진다. 자판기처럼 튀어나온 해결책들을 대안으로 제시하며 쳇바퀴만 돌리고 있는 것이다.

물론 전문가도 중요하다. 그러나 현대 사회, 특히 한국 사회는 지식인을 키우지 못하는 척박한 토양을 가지고 있다는 것에 대해 심각하게 생각해봐야 한다. 이 문제를 해결할 핵심적인 답은 바로 교육의 변화에 있다. 지식인을 키울 생각은 하지 않고 전문가 양성만이 유일한 목표인 것처럼 생각하는 현재의 교육을 바꾸지 않는다면 미래를 생각하기 어렵다.

세월호 사태를 예로 들어 보자. 전 국민이 아파했던 세월호 사고는 사실 일어날 수 없는, 일어나서는 안 될 일이었다. 이 사건은 한국 사회의 문제점을 총체적으로 안고 있었다. 그중에서도 한국의 잘못된 교육 방식에 대해서 다시 한번 생각해볼 수 있게 해주었다.

세월호는 한순간에 좌초된 것이 아니라 천천히 침몰했다. 국민들은 거대한 여객선이 바닷속으로 가라앉고 있는 모습을 생방송으로 지켜봐야 했다. 이 사고에서 희생자의 수를 키운 것은 "가만히 있으라"고 반복했던 선내 방송이었다. 안타깝게도 우리 아이들은 방송 내용을 믿고 침몰하는 배 안에 가만히 있었다.

물론 잘못된 방송을 하고, 저 먼저 살겠다고 뛰쳐나온 승무원들의 잘못을 지적하는 게 먼저다. 그러나 이렇게 생각해보자. 배가 가라앉고 있는 상황이라면 어떻게 하는 게 옳은 일일까. 당시 배에서 탈출한 일부 아이들은 기울고 있는 배 안에서 가만히 있으라는 방송이 말도 안 된다고 생각했다. 결국 방송을 무시하고 밖으로 뛰쳐나와 살아남을 수 있었다. 하지만 방송을 따라 그대로 제자리를 지켰던 아이들은 세월호의 침몰과 함께 귀한 목숨을 잃고 말았다.

방송을 그대로 믿고 가만히 있었던 아이들이 잘못됐다는 것이 아니다. 그동안 우리 교육이 아이들에게 지나치게 일방적으로 주입식으로만 가르쳐온 것은 아닌지, 어른의 말이라면 무조건 잘 듣도록 강요한 것은 아닌지, 우리 교육이 품은 고질적인 문제의 결과가 아닌지 지적하고 싶은 것이다. 만약 스스로 판단하고 자율적으로 결정해서 문제를 발견하고 해법을 찾아가는 교육을 받았더라면, 배가 침몰하는 상황에서 좀 더 많은 아이들이 탈출을 선택해 생존할 수 있지 않았을까 하는 안타까움이 남는다.

애석하게도 한국의 교육에서는 이러한 역량을 가르치지 않는다. 이는 우리 어른의, 교육제도의 잘못이다. 지식만 주입하기 바쁘고 스스로 생각할 시간은 주지 않는다. 어린아이에게 배꼽 인사를 하는 예의범절을 가르치면서도 인사하는 근본적인 이유나, 인사를 통해 상대를 존중하고 배려하는 마음은 일깨워 주지는 않는다.

앞으로의 교육은 아이들이 적극적으로 사회 문제를 고민하고 비판적인 사고력을 가질 수 있도록 변해야 한다. 지금처럼 입시 위주의 주입식 교육에 물들어 스스로 판단하고 자신의 삶을 결정하는 데 미숙한 모습이 계속돼서는 안 된다. 다시 말해 지식인을 키우는 교육이 필요하다는 것이다. 비판적이고 주체적으로 생각할 수 있는 인재를 키우는 일이 더욱 강조돼야 한다. 문제를 푸는 것도 중요하지만, 그 전에 문제를 내는 사람이 있어야 한다. 무엇이 잘못된 것이고, 이를 개선하기 위해서 해야 할 일은 무엇인지 질문을 던질 수 있는 지식인이 많아져야 한다. 그리고 그런 지식인을 키울 수 있는 휴마트한 교육이 필요하다.

세계는 휴마트 씽킹 중

2015년 열린 세계교육포럼(WEF)은 교육을 통한 한국의 발전 경험을 공유하고, 미래 교육 분야의 의제를 설정하는 자리였다. 이 포럼에는 반기문 전 유엔 사무총장을 비롯해 각국의 장관과 전문가들이 참가해 21세기 교육 방향을 논의했다.

> 암기력이나 암산 능력 등은 과거에 비해 중요한 학습역량이 아니다. 그보다는 창의성과 협업 능력, 사회성과 가성 등 인간만이 가질 수 있는 능력이 미래 사회에 더 필요한 것이다.

그런데 이날 만찬장에서 만난 황우여 당시 사회부총리(겸 교육부 장관)의 얼굴은 그리 밝지만은 않았다. 세계적인 큰 행사를 치르는 안주인인 데다 주제 또한 한국의 교육과 발전을 논하는 자리였는데, 그의 걱정스러운 얼굴빛이 언뜻 이해되지 않았다. 그런데 그의 말을 듣다 보니 그 이유를 알 수 있었다.

60여 년이란 짧은 시간 동안 한국이 선진국으로 진입할 수 있었던 것은 교육의 힘이 가장 컸다. 폐허가 된 나라에서 오직 사람의 힘만으로 일어설 수 있었다. 그 바탕에는 교육에 대한 믿음이 있었다. 지금까지의 교육방식이 우리 사회에 필요한 인재를 키워내는 데 적합했고, 실제로 효과가 컸던 것도 사실이다. 하지만 21세기 사회에서는 더 이상 그런 방식이 통하지 않는다.

황 부총리는 "앞으로 OECD가 각국 학생들을 비교 평가하는 국제학업성취도평가(PISA·피사)에 여러 명이 함께 같은 문제를 푸는 협업 문항이 추가될 계획이다. 혼자 문제 푸는 데 익숙한 한국 학생들은 협업평가에서 뒤처질 수밖에 없다."고 말했다. 그의 안색이 어두웠던 것은 이렇게 우리 교육의 미래를 어둡게 보았기 때문이었다.

이는 비단 PISA 평가의 문제만이 아니다. 현대 사회는 점점 협동을 통한 시너지 역량을 강조하고 있다. 지금껏 한국이 해왔던 교육 방식, 즉 무조건 외우고 비슷한 문제를 반복해 풀며 체화시키는 방식은 더 이상 통하지 않는다.

2007년 한국과 일본, 프랑스, 영국 4개국 초등생 2,349명을 조사한 결과(한국교육과정평가원) '사회생활에 필요한 질서와 규칙을 배우고 실천한다'에 '그렇다'고 답한 한국 학생은 18.4%에 불과했다. 이는 프랑스(63%), 영국(54.3%)의 3분의 1 수준이다. '타인을 이해·존중하는 걸 배우고 실천한다'고 응답한 한국 학생(15.9%)은 프랑스·영국(60%)의 4분의 1 수준에 불과했고, 일본(28.7%)보다도 훨씬 낮은 것으로 나타났다.

기술, 오락, 디자인과 관련된 강연회를 개최하는 경연회 테드(TED)에서 3억 명이 넘게 시청할 정도로 인기를 끈 교육학자 켄 로빈슨(Ken Robinson)은 그의 저서 『학교혁명(Creative Schools)』에서 학생 스스로 잘할 수 있는 것을 하도록 만들어주는 학교가 '창의적 학교'이고, 그런 학교를 만드는 것이 '학교혁명'이라고 말했다.

여기에 한 가지 덧붙이고 싶은 것은 공동체의 구성원으로서 학생들이 더불어 사는 능력을 키울 수 있도록 하는 일이다. 학생 스스로 잘할 수 있는 것을 이룰 수 있게 도와주고, 그를 통해 공동체의 발전에 기여하는 것, 그것이 미래 교육의 핵심이다.

특히 인공지능이 발달한 사회에서는 지금까지 우리가 중요시해왔던 여러 능력이 더 이상 필요하지 않을지 모른다. 예를 들어 암기력이나 암산 능력 등은 과거에 비해 중요한 학습역량이 아니다. 그보다는 창의성과 협업 능력, 사회성 등 인간만이 가질 수 있는 능력이 미래 사회에 더 필요한 것이다.

이러한 고민을 바탕으로 교육부는 2015년 아랍에미리트(UAE) 두바이에서 열린 '거버먼트 서밋(Government Summit)'에서 "인성교육이 인류의 미래를 좌우한다."고 발표했다. "그동안 한국이 세계적인 교육성과를 이뤘지만, 학생들의 인성과 도덕성·행복은 등한시했다. 앞으로는 인성교육을 강화해 학생들이 신의·상호존중·협동 정신을 배워 진정한 세계시민이 되도록 하겠다."는 내용이었고, 이 발표는 세계 각국 VIP들로부터 찬사를 받았다. 그러나 이러한 교육부의 발표와는 달리 우리 교육정책은 아직까지 크게 변하지 않고 있다.

배려와 협동, 공동체, 인성 등 휴마트한 인재상을 강조하는 분위기는 오히려 기업에서 빠르게 확산되고 있다. 신입사원 채용 시 이런 부분이 반영되기 시작한 것이다. 삼성의 경우 면접을 중시해 인재를 선발하는데, 여기에서 핵심적으로 보는 것은 창의성과 인성이다. 임원들은 심층면접 과정에서 자기소개서를 바탕으로 인생관과 철학이 드러나는 구체적 경험을 이야기하도록 요구한다.

삼성에서 인사를 담당했던 한 임원은 "신입사원에게 가장 중요한 능력은 회사 생활 태도, 남과 협력하는 자세, 배우려는 의지 등 인성"이라고 말했다. 천재에 준할 만큼 똑똑한 인재도 물론 필요하다. 하지만 직원 모두가 그럴 필요는 없다. 기업의 모든 업무는 협업을 통해 이뤄지기 때문에 '인성'이 가장 중요한 역량이라고 할 수 있다.

"SAT(미국대학입학자격시험) 만점을 받고도 떨어진 학생들이 있는데 그 이유가 뭔지 아느냐. 하버드는 인성과 리더십이 뛰어난 '인성 엘리트'를 뽑기 때문이다." 하버드대학교 케네디스쿨에서 입학사정위원을 지낸 한 인사도 비슷한 이야기를 했다. 저 혼자 잘난 사람보다는 덜 똑똑하더라도 함께 시너지를 낼 수 있고, 사회에 기여할 수 있는 인재가 더 필요하다는 의미다.

국내에서도 이러한 흐름이 강화되는 추세다. 경희대학교는 '후마니타스 칼리지'라는 별도의 단과대학을 설립해 인문학 중심의 인성교육을 실시하고 있다. 모든 학생은 교양필수인 '시민교육' 수업(3학점)을 통해 존중과 배려, 협동 등 인성 덕목을 토론과 실습으로 체화한다. 서울여대의 경우 전교생이 1학년 때 3주간, 2학년 때는 2주간 인성교육관에 합숙해 공동체 정신과 예의를 배운다.

휴마트를 강조하는 분위기는 국내뿐 아니라 외국에서도 확산되고 있다. 선진국일수록, 또는 중진국에서 선진국으로 도약하려는 나라일수록 휴마트를 중요하게 여기고 있다. 지금보다 한 단계 높은 선진국으로 도약하는 데 필요한 것은 물질적인 부와 경제적인 성장만이 아니라 '휴마트'한 사람들이 많아지는 것이다.

1등은 많은데 일류는 없다

몇 년 전, 국제올림피아드(International Olympiad) 대회에서 메달을 딴 학생을 인터뷰한 적이 있다. 국제올림피아드는 수학과 물리, 생물 등 각 분야에서 국가를 대표해 모인 학생들이 여는 축제다. 전 세계에서 가장 똑똑한 학생들이라 해도 무방할 만큼 우수한 학생들이 참석하고, 대회에 참가한다는 것 자체가 큰 영광이자 기쁜 일이다.

이런 대회에서 메달까지 땄다는 것은 더없이 축하할 일이다. 그런데 인터뷰 도중 한 학생이 눈물을 보였다. 처음에는 기쁨의 눈물인 줄 알았다. 그런데 그 눈물은 우승을 놓친 슬픔과 안타까움에 가득 찬 것이었다. 우리는 이런 광경을 올림픽 같은 경기에서 종종 보게 된다. 시상식에서 은메달을 딴 한국 선수가 금메달을 따지 못한 것에 비통해하며 눈물을 보인다. 전 세계의 실력 있는 선수들이 겨루는 올림픽에서 2등을 한 것만으로도 대단히 자랑스러울 일인데도 말이다.

한국 사회에 팽배한 1등주의는 결국 우리 삶을 피폐하게 만든다. 학교에서는 옆자리 친구를 밟고 일어서야 하고, 직장에서는 동료와의 경쟁에서 이겨야만 살아남는다. 언제나 1등만을 추구하고 그 밑으로 수직 서열화에 익숙한 문화는 우리를 불행하게 만든다. 1등만 강조하다 보니 1등이 아닌 대다수 사람과 다양성이란 가치가 희생된다.

이제는 이런 1등주의에서 벗어나야 할 때다. 1등 대신 일류가 돼야 한다. 1등 자리에는 단 한 명만 오를 수 있지만, 일류라는 자리에는 여럿이 함께 설 수 있다. 1등은 2등과 3등으로부터 질투와 비난을 받지만, 일류는 존경을 받는다. 1등은 승패와 결과를 중요시하지만, 일류는 시너지와 과정을 강조한다.

1990년대 유행했던 '천재 한 명이 만 명을 먹여 살린다'는 말은 당시 우리 사회에 팽배했던 1등주의를 대표하는 말이다. 이것이 1등을 제외한 나머지 9,999명을 소외시키는 말이라는 것을 뒤늦게 깨달았다. 물론 이런 구호가 한국의 산업화에 긍정적인 영향을 미친 측면도 있지만 지금 시대에는 더 이상 유효하지 않다. 축구로 치면 천부적 소질을 가진 스타플레이어 한 명이 독주하는 시스템이 아니라, 여러 선수가 협업을 통해 시너지를 내는 팀플레이를 만들어야 한다.

우리는 역사를 통해 타인과 함께 머리를 맞대고 협업할 때 더 큰 성과를 얻게 된다는 사실을 배웠다. 현대 사회에서도 그 오랜 교훈을 잊지 말아야 한다.

5

인성이 실력인 시대

과거 인성교육은 도덕적 덕목이나 주입식 윤리 교육을 의미했다.
그러나 21세기의 인성은 비단 도덕과 윤리의 차원만을 이야기하지 않는다.
전통적인 의미의 도덕적 인성을 토대로 하되 사회적 인성과
감성적 인성이 덧붙여졌다. 인성에 대한 새로운 개념을 이해해야만
미래 사회에서 인성이 왜 실력으로 이어지는지 알 수 있다.

21세기 인성이란

인성(人性·character)을 중시하는 교육이 국가적인 화두다. 인성교육은 개인적으로 바른 인격을 형성해 더 나은 삶을 영위하도록 돕고, 사회적으로는 바른 시민을 길러내 공동체의 화합과 발전을 도모한다. 이러한 목적 아래 인성교육진흥법이 제정돼 2015년 7월부터 본격적인 시행에 들어갔다.

그러나 인성교육이 법으로 의무화되고 정부의 중요 시책으로 논의되면서 인성 관련 자격증까지 생겨나는 등 혼란도 적지 않다. 학원가에서는 인성교육을 입시에 필요한 또 하나의 스펙으로 여기며 새로운 사교육을 조장하고 있다. 인성교육을 표방하는 각종 단체들은 검증받지 않은 각종 프로그램을 쏟아내며 인성교육과 인성교육진흥법의 본질을 왜곡하고 있다.

그렇다면 올바른 인성교육의 방향은 무엇일까. 그 전에 인성의 개념이란 무엇인지부터 짚어보자. 인성은 인간의 바탕을 이루는 본질적인 속성이다. 내적 규범이며, 타율에 의해 강제되는 것이 아니라 자기 스스로의 의지에 따라 이뤄지는 판단 양식이다.

인성에는 인간의 정의적 행동이나 책임감, 인내심 등의 의미가 내포돼 있다. 궁극적으로는 '인간이 지향하고 성취해야 하는 인간다운 면모와 성품'이란 뜻도 포함돼 있다. 또 다른 측면에서 인성은 후천적으로 길러지는 교육의 결과로 본다. 학습과 반복적인 피드백을 통해 체화할 수 있고, 학교에서 학생들에게 함양시켜줄 수 있는 바람직한 성품으로 보는 것이다.

전통적으로는 도덕과 윤리의 관점에서 인성을 바라보는 경우가 많았다. 이러한 관점에서 인성교육은 도덕인 윤리 교육의 한 부분으로만 여겨졌고, 충과 효, 예를 강조하는 전통적인 유교적 가르침으로 이해되곤 했다. 하지만 21세기 사회에서 인성은 도덕성과 윤리성 이상의 것으로 봐야 한다.

인성교육진흥법은 인성을 "자신의 내면을 바르고 건전하게 가꾸며 타인·공동체·자연과 더불어 살아가는 데 필요한 인간다운 성품과 역량"으로 정의하고 있다. 즉, 현대 사회에서의 인성은 단순히 도덕적인 측면에서만 규정하지 않고 올바른 사회 구성원으로서 살아가는 데 필요한 사회적 능력이란 의미까지 포함하고 있는 것이다.

아울러 법은 인성을 이루는 핵심 가치와 덕목을 "예, 효, 정직, 책임, 존중, 배려, 소통, 협동 등의 마음가짐이나 사람됨과 관련되는 핵심적인 것"이라고 정의했다. 그리고 이 같은 덕목을 이루는 데 필요한 핵심역량으로 "핵심 가치·덕목을 적극적이고 능동적으로 실천·실행하는데 필요한 지식, 공감·소통에 필요한 의사소통 능력과 갈등해결 능력" 등을 제시했다.

2012년 학교 폭력 사건이 사회적 문제가 됐을 때 교육부는 그 해결책으로 인성교육을 제시했다. 그리고 인성을 도덕성과 사회성, 감성 세 가지 영역으로 세분화했다. 전통적 인성의 개념인 도덕성 위에 대인관계 및 사회적 관계를 나타내는 사회성, 자기조절능력과 자존감과 같은 감성을 추가한 것이다. 도덕성과 감성이 개인의 '내면적' 가치라면, 사회성은 '대인적' 가치라고 할 수 있다. 개인의 내면적 품성을 중시했던 과거의 개념을 사회적 차원으로 확대한 것이라 볼 수 있다. 이 같은 흐름은 인성을 '타인·공동체·자연과 더불어 살아가는 데 필요한 역량'으로 규정한 인성교육진흥법에서도 재확인된다.

현대 사회에서의 인성은 단순히 도덕적인 측면에서만 규정하지 않고 올바른 사회 구성원으로서 살아가는 데 필요한 사회적 능력이란 의미까지 포함하고 있다.

먼저 도덕성은 인성을 구성하는 세 가지 개념 중에서 가장 전통적인 요소다. 이는 사회 구성원이 조직과 집단을 이루고 살아가는 데 있어 필요한 의식과 행동, 바람직한 가치와 방법을 의미한다. 또한, 내적 규범으로서의 윤리성을 뜻하며, 전통적으로 우리가 생각해 왔던 인성교육이 추구했던 영역이다.

사회성은 사회 구성원인 인간이 다른 사람과 더불어 살아가는 데 필요한 역량을 말한다. 공동체 안에서 조직의 질서를 유지하고 이를 지속가능하게 만드는 특성들이 사회성 안에 내재돼 있다고 보는 것이다. 사회성은 특히 '역량'의 관점이 부각되는데, 이는 사회적 동물로서 인간이 올바른 사회생활을 하기 위해 반드시 습득해야 할 능력이라는 의미다.

정서성으로도 표현되는 감성은 비교적 최근에 논의되기 시작한 인성의 영역이다. 현대 사회는 물질적 욕구뿐 아니라 정신적 안정과 만족을 중요하게 생각한다. 삶의 만족과 행복처럼 질적 요소가 강조되고 있으며, 그 핵심이 정서다. 자기 효능감과 감정조절 능력은 주로 청소년기에 형성되기 시작하고, 성인이 됐을 때 큰 영향을 미친다.

인성교육진흥법의 목표는 폐지되는 것

한국은 세계 최초로 국가 차원에서 인성교육진흥법을 제정한 나라다. 그런데 이 법의 최종 목표는 아이러니하게도 폐지되는 것이다. 인성교육을 법으로 강제하는 것보다 일상생활과 학교 정규 교육을 통해 자연스럽게 바른 인성을 함양할 수 있도록 돕는 것이 올바른 방법이다. 인성은 인간의 가장 기본적인 본질이기 때문이다. 본질이 타율에 의해 또는 강제로 만들어질 수 있는 것일까. 인성은 자기 자신의 내적 규범이기 때문에 누군가가 교육을 통해 길러지도록 도와줄 수는 있지만, 궁극적으로는 자기 스스로 가꿔나가야 하는 것이다.

법에서 밝힌 인성교육의 정의 역시 '자신의 내면을 바르고 건전하게 가꾸는 교육'이다. 그렇기 때문에 우리가 추구하는 인성교육의 목표는 학생 스스로 바른 인성을 기르고 함양할 수 있도록 돕는 일이다. 다시 말해 일방적으로 가르쳐서 수동적으로 따라오게 하지 않고, 스스로 깨닫고 성숙할 수 있는 여건을 만드는 것이 인성교육의 목표다.

바른 인성은 그 목적이 추구하는 것과 같이 강제와 타율에 의해 길러질 수 없다. 스스로 깨우치고 학습하며 성장토록 해야 한다. 이 철학이 전제되지 않는다면 인성교육진흥법은 학교 현장에 부담만 키우는 또 다른 짐이 될 것이다. 법 시행 직후 이미 인성을 또 다른 스펙처럼 여겨지며 사교육을 부추기지 않았는가.

인성교육은 본질적으로 법을 통해 타율로 또는 의무적으로 이뤄질 수 있는 성격의 것이 아니다. 법은 공공의 질서 유지와 사회 복리를 위해 강제해야 할 최소한의 규범들을 정해놓았다. 인성교육의 본질적 목적과 취지를 생각할 때 법 제정을 통한 의무적, 타율적 교육 방식은 올바른 인성교육 방법론이라 볼 수 없다.

프랑스 국민에게는 진리처럼 여겨지는 하나의 가치관이 있다. 똘레랑스(tolerantia), 즉 '관용'이다. 어릴 때부터 타인을 이해하도록 가르치고, 성인이 되어서는 배려를 실천하도록 한다. 그러나 인성교육을 법 또는 정책으로 의무화하는 모습은 전혀 찾아볼 수 없다. 법이 없어도 관용 정신이 몸에 배어있고, 사람들은 이를 교육의 가장 중요한 가치로 생각한다.

그렇다면 인성교육진흥법은 왜 존재해야 하는가. 법은 비단 인성교육만이 목표가 아니라 대한민국 교육철학을 바로 세우는 역할도 함께해야 한다. 그동안 우리 사회가 잊고 살았던 소중한 가치와 철학을 함께 고민하고, 스스로 깨치도록 하는 교육을 펼 수 있도록 근본 바탕이 돼야 한다. 즉, 모든 교육의 밑바탕에 인성교육이 깔려 있어야 한다는 것이다.

이를 위해서는 먼저 인성교육을 어렵게 생각하지 말고, 학교뿐 아니라 가정과 지역 사회에서도 인성교육이 뿌리를 내릴 수 있도록 해야 한다. 다시 개념부터 명확하게 정리해 보면, 인성교육은 내면의 바른 품성인 도덕성과 자기 조절력을 기르고 사회 구성원으로서 올바른 행위규칙을 습득하고 이를 실천하는 것(사회성)을 말한다.

유아기 때는 바른 품성과 착한 마음씨를 길러줄 수 있도록 노력한다. 효와 예, 정의, 정직 등 특정 덕목을 가르칠 수 있는 시기다. 이때 중요한 것은 '롤모델'이다. 어린이들에게 교육은 말로 하는 것이 아니라 따라 하도록 하는 것이다. 가정에서는 부모가, 학교에서는 교사가, 지역에서는 어른이 모범을 보여야 하는 이유다.

초등학교 입학 후에는 바른 행위규칙을 습득하도록 해야 한다. 사회계약을 맺은 당사자들 간의 약속을 지키는 법을 배우는 것이다. 특히 덕목과 함께 역량을 기르는 방식의 교육이 병행돼야 한다. 예를 들어 배려와 협동은 단순한 덕목이 아니라 역량의 성격이 강하다.

현대적 의미에서 인성은 도덕성과 사회성, 감성의 세 가지 영역으로 나눠볼 수 있다. 아울러 과거와 구별되는 인성교육의 방법은 크게 두 가지로 나눌 수 있다. 첫째는 내면의 곧은 품성을 기르는 교육이고, 둘째는 올바른 행위 규칙을 습득하고 실천하도록 하는 교육이다. 전통적 의미의 인성교육과 다른 점이라면 특정 덕목을 강제하는 주입식 윤리·도덕 교육이 아니라 성숙한 시민을 키우는 역량 교육이라는 점이다.

인성이 진짜 실력이다

바른 인성교육으로 다섯 명의 고시 합격생을 배출한 A 씨 가족의 이야기는 왜 바른 인성을 갖추는 것이 그 어떤 능력보다 중요한지, 왜 인성이 진짜 실력이 될 수 있는지 보여주는 좋은 예시다.

보릿고개를 넘는 것이 가장 큰 과제였던 1960년대, 전국 농촌이 벼 품종 개량에 몰두하던 때였다. 어느 가을밤, 면사무소의 말단 공무원 한 명이 마을에서 수확한 벼의 낟알을 일일이 세고 있었다. 기존 벼와 새 품종의 수확량을 비교해 군청에 보고하기 위해서였다. 그는 서너 개 품종별로 각각 50포기씩 뽑아 수확량을 계산했다.

사실 다른 공무원들은 보통 벼 한두 포기만 비교해 보고서를 작성하곤 했지만, 그의 생각은 달랐다. 정확한 비교를 위해 밤을 새워가며 고된 작업을 자청한 것이다. 밤늦게까지 귀가하지 않는 아버지를 찾아 면사무소로 간 맏아들 A 씨는 이 광경을 목격했다. 그날 아버지의 모습은 A 씨가 성인이 돼서도 잊지 못할 기억으로 남았다.

우리가 추구하는 인성교육의 목표는 학생 스스로 바른 인성을 기르고 함양할 수 있도록 돕는 일이다. 일방적으로 가르쳐서 수동적으로 따라오게끔 하는 것이 아니라, 스스로 깨닫고 성숙할 수 있는 여건을 만드는 것이 핵심이다.

아버지는 초등학교만 졸업하고 뒤늦게 공무원이 된 경우였다. 작은 일에도 최선을 다하고 성실히 노력하는 성품의 결과였다. 그런 성품은 자녀 교육에서도 그대로 나타났다. 아버지는 자녀들에게 공부하라거나 출세하라는 말을 하지 않았다. 대신 바른 마음을 가질 것, 모든 일에 최선을 다할 것, 정직할 것을 강조했다.

아버지가 특히 강조한 것은 예절이었다. 아무리 배가 고파도 자녀들은 할머니나 아버지가 숟가락을 들지 않으면 밥을 먹지 않았다. 꼬르륵 소리가 나는데도 십여 분씩 밥상 앞에 앉아 기다리면서 자연스레 절제와 인내력을 배웠다. 밥상머리에서 배운 절제 습관은 고시 공부로 지칠 때, 다른 길로 빠져들고 싶은 유혹이 들 때 큰 도움이 됐다.

A 씨는 고등학교에 진학했을 당시 공부를 그리 잘하는 편이 아니었다. 그러나 아버지는 늘 결과가 아닌 과정에 대해 칭찬했고, 든든한 믿음을 건넸다. 우직하게 볍씨를 세던 아버지처럼 고교 3년간 성실히 공부한 A 씨는 마침내 고등학교를 수석으로 졸업했다. A 씨가 고시에 합격해 중앙부처에서 근무할 때도 아버지는 수시로 "혼자서만 잘살기 위해 일하지 말고 사회에 보탬이 될 수 있는 일을 하라."며 격려하고 조언했다.

한없이 믿음을 주던 아버지였지만 잘못을 저질렀을 때는 엄했다. 정직하지 못한 행동을 했을 때는 더욱 그랬다. 아버지는 회초리를 들고 스스로 무엇을 잘못했는지, 그것이 왜 잘못된 행동이며 다음부터는 어떻게 할 것인지 깊이 생각하고 말하도록 했다. 이렇게 한 번 혼나고 나면 형제들은 같은 잘못을 두 번 다시 반복하지 않았다.

아버지의 이러한 가르침은 형제들을 바른 사람으로 자라게 했다. 그리고 A 씨를 비롯한 네 형제를 고시에 합격시켰다. 한 집안에 한 명 나오기도 어려운 고시 합격자를 넷이나 배출한 데에는 아버지의 영향이 컸다.

A 씨는 자기 아들을 키울 때도 아버지의 교육 방식을 그대로 실천했다. 아들이 잘못을 저지르면 잘못한 것이 무엇인지 스스로 깨달을 수 있도록 한참 동안 대화를 나눴다. 무조건 '네가 잘못했다'고 말하면 아이 스스로 잘못을 깨치지 못할 거란 생각에서였다. 아버지처럼 매사에 모범을 보이려고 노력했고, 공부보다 인성교육을 중시했다. 그 결과 A 씨의 아들 역시 고시에 합격했다.

A 씨는 말한다. "명문대에 들어가고 남들이 선망하는 직업을 갖게 된 비결은 수학 문제 하나 더 푸는 데 있지 않습니다. 바른 마음을 갖고 자신을 조절할 줄 알며, 최선을 다해 사는 것이 진짜 실력을 갖추는 비결입니다."

선진국의 인성교육

• 미국의 인성교육

미국의 인성교육은 19세기 교육자였던 호레이스 만(Horace Mann, 1796~1859)으로부터 시작됐다. 그는 교과목 학습을 통한 학업능력을 계발하는 것보다 인성교육이 더 중요하다고 강조했다. 미국 사회는 청교도 정신에 내재된 중요한 정신적 가치들을 학교 교육에 반영했다. 그러나 1·2차 세계대전 이후 경제 성장을 거치며 정신적 가치보다 학업능력을 우선시하게 됐다.

1980년대에 이르러 미국 사회는 물질적 풍요 이면에 가려진 정신적 가치의 몰락을 경험하게 된다. 살인이나 강간 등 치솟는 범죄율과 이혼율, 청소년 흡연율 등 청교도 정신에 따라 세워진 미국 사회는 퇴폐의 온상처럼 변해갔다. 특히 학교 내에서 심각한 폭력 사고와 총기 사고 등 충격적인 일이 연이어 일어나면서 인성교육의 중요성은 더욱 커지기 시작했다.

이에 보수파를 중심으로 한 미국의 지식인들은 'Back to the Basic' 운동을 주창하게 되었고, 사회 전반에 걸쳐 기본(basic)의 중요성을 강조했다. 특히 청소년 교육에 있어서 바른 품성과 예절, 사회성 기르기를 골자로 한 인성교육을 강조하고 나섰다. 그 결과 1994년 인성교육이 명시된 '학교개선법'을 연방법으로 제정했다. 학교 폭력과 약물 중독 등 갈수록 심각해지는 청소년 일탈의 근본 원인을 인성교육의 부재로 판단했기 때문이다.

법안은 학생들이 학교에서 배려·존중·책임·신뢰·시민의식과 같은 핵심가치들을 배우도록 명문화했다. 그리고 정규 교육과정과 교원 연수에도 인성교육을 포함시켰다. 특히 주(州) 정부가 인성교육 정책을 수립하고 실천하는 데 연방정부가 행정적·재정적으로 지원할 수 있도록 근거조항을 마련해 인성교육을 활성화했다.

지난 2000년, 캘리포니아는 주 교육법을 개정해 모든 교사에게 인성교육 지침과 방향을 제시하고, 교사들은 이를 바탕으로 인성교육을 실시했다. 2007년 주 의회는 매년 10월을 '인성교육의 달'로 지정해 인성교육 활성화에 앞장서고 있다. 현재 캘리포니아를 비롯한 18개 주에서 학교 인성교육이 법적인 의무로 규정돼 있다. 텍사스 등 18개 주에서는 의무는 아니지만, 법을 통해 지원받을 수 있도록 명시돼 있다.

미국 인성교육의 특징은 도덕성뿐 아니라 사회성 함양이 교육의 큰 목표 중 하나라는 점이다. 흔히 인성교육 하면 예의범절과 같은 윤리적 측면의 교육만을 생각하기 쉽지만, 미국에서는 시민의식을 고

Back to the
Basic

양시키는 것도 교육의 한 축으로 여긴다. 정직과 존경, 정의와 같은 윤리적 덕목뿐 아니라 협동과 배려, 다양성, 책임 등 올바른 사회 구성원으로 성장할 수 있도록 시민교육을 병행하고 있다. 그렇기 때문에 학교 교육 과정에 자연스레 인성교육이 녹아 들어간 형식을 취하고 있다.

예를 들어, 역사 시간에 독립선언서를 배울 때 미국 건국 과정에서 중시됐던 윤리적 가치를 익히고 이를 내면화한다. 문학에서는 도덕적·철학적 관점에서 실제 작문을 해본다. 각종 토론을 통해서는 일상에서 일어날 수 있는 각종 문제 상황을 제시하고, 이에 대처하는 법과 해결 방안 등을 모색하게 한다. 초등학교 과정에 '싸우지 않고 문제를 해결하는 법'과 같은 강의가 개설돼 있는 식이다.

또 다른 특징은 개별 학교의 자율성을 최대한 존중한다는 점이다. 인성교육에서 강조되는 가치들은 여러 가지지만, 학교가 처한 환경에 따라 중요하게 다뤄질 덕목이 조금씩 다를 수 있다. 획일적인 인성교육이 아닌 다양성을 인정하고 반영한다는 점 또한 우리에게 많은 시사점을 준다. 단, 학교가 인성교육 원칙을 수립하고 실행했다면, 이에 대한 감독과 관리도 철저하게 실시한다. 교장과 교사, 부모, 직원으로 구성한 학교개선위원회가 학교가 중점을 둬야 할 원칙을 수립하고, 1년간 실행 과정을 주기적으로 모니터링 해 꼼꼼하게 감독한다.

우리가 가장 주목해야 할 특징은 인성교육을 학교만의 역할이 아닌 사회 전체의 일로 보고 있다는 점이다. 미국에서는 인성교육 분야에 있어 민간부문의 참여가 매우 활발하다. 인성교육파트너십재단(Character Education Partnership)은 매년 '국가적 인성우수학교'를 선정해 롤모델이 될 수 있도록 전파하고 있다. 조셉슨 연구소(Josephson Institute of Ethics)에서는 매년 다양한 연구·교육 자료를 개발해 보급하고 있다. 멘데즈 재단(Mendez Foundation)은

'마약·폭력 예방 프로그램'을 통해 학교와 지역사회의 캠페인을 이끌고 있다. 이 프로그램은 음악과 공연, 상황극 등 다양한 체험활동을 통해 청소년들의 바른 인성학습을 이끌고 있다.

• 영국의 인성교육

영국은 학교 규율이 엄격하기로 유명하다. 특히 기숙학교의 원조인 럿그러브스쿨 등 보딩스쿨에서는 잠자고 일어나는 시간은 물론, 식사 때 앉는 자리까지 정해져 있다. 학생들에게 자율성을 주기 전에 규칙과 책임을 먼저 가르치는 것이다. 교과목 수업보다 기본적인 생활 예절을 유소년기 교육의 핵심으로 여긴다. 엄격한 학교 규칙을 실천하면서 기본 생활 규칙을 익히는 과정을 통해 시민의식을 자연스럽게 키워주는 것이다.

국가적으로는 2002년부터 중등학교에서는 필수교과로, 초등학교에서는 선택교과로 시민교육을 포함했다. 별도의 교과서로 법적 · 인간적 권리와 사회적 책임감, 다양성과 상호존중의 필요성 등을 가르친다. 의회제도와 정부 형태, 선거를 통한 참여의 중요성 등이 주 내용에 포함된다. 학생들도 특정 정당의 정책과 이념을 놓고 토론을 벌인다. 토론을 입시 수단처럼 여기는 우리와는 달리, 영국에서는 매우 당연한 일상이다. 2000년대 초부터 지역사회와 지방정부가 주축이 돼 전 국민 대상으로 시민의식을 조사하고 있는데, 자원봉사 경험이나 지역 이슈에 대한 참여 등 광범위한 의식조사를 하고 그 결과를 정책에 반영한다.

• 프랑스의 인성교육

2013년, 프랑스는 1968년에 폐지됐던 윤리 과목을 45년 만에 부활시켰다. 뱅상 페용(Vincent Peillon) 프랑스 교육부 장관은 "돈과 경쟁, 이기심보다 지혜, 헌신, 더불어 사는 삶이 더 중요하다는 것을 깨닫게 해 주고 싶다."고 말했다. 이 같은 프랑스 인성교육의 바탕에는 '라이시테 교육헌장(Charte de la Lacicité)'이 있다.

총 15개 조항으로 이뤄져 있는 라이시테 교육헌장은 전국 거의 모든 학교에 걸려 있다. 인성교육이 성문화돼 있진 않지만, 일종의 불문법으로 프랑스 교육의 근간이 되고 있다. 헌장 서두에는 '라이시테는 함께 살아가는 사회 속에서 개인이 자유라는 가치와 평등 및 박애의 조화를 추구하며 시민으로 살아갈 수 있게 해 주는 이념'이라고 명시돼 있다.

라이시테 교육헌장과 더불어 1985년부터 초·중학교에서 의무화된 '시민교육(Education Civique)'은 인성교육의 연장이다. 프랑스의 시민교육 역사는 깊은데, 19세기 이후부터는 건전한 시민을 양성하는 것이 가장 큰 목표였다. 민주주의를 확실히 뿌리내림으로써 프랑스혁명 이전의 구체제(ancien regime)로 다시 돌아가는 것을 막기 위함이었다.

프랑스 시민교육 교과서는 프랑스인들이 중요하게 여기는 가치들을 질문과 토론을 통해 자연스럽게 습득할 수 있도록 구성돼 있다. 자유, 연대, 인권, 노동, 공동선 등이 주요가치다. 역사적 사건과 다양한 사회 이슈를 놓고 토론하게 하며, 구체적인 사례와 사진, 그래픽을 적극 활용하고 있다. 주제마다 학생들이 스스로 생각하고 토론할 수 있도록 질문들도 제시돼 있다. 예를 들어 초등학교 3학년이 배우는 시민교육 교과서의 '자유' 단원에는 운동장에서 놀고 있는 아이들의 그림이 게재돼 있다. 그 밑에는 타인에게 피해를 주는 인물의 행동을 찾고, 무엇이 잘못인지 생각하도록 했다. 교실에서 떠들거나 놀이터에서 놀이기구를 독점하는 등 구체적 상황을 그림으로 제시하고, 자연스러운 토론을 유도하는 교육 방식이다.

• 독일의 인성교육

독일은 자치주별로 학교 교육의 가장 큰 목표를 인성교육에 두도록 교육법에 명시하고 있다.

저학년 때는 생활습관이나 예절 같은 기본적 인성을 기르는 데 집중한다. 초등학교 1~2학년 때는 덧셈·뺄셈 같은 기초적인 학습만 하고, 객관식 시험을 보지 않는 등 학습량이 적다. 대신 토론과 신문활용교육(NIE) 등 체험활동을 통해 사회적 품성을 기르게 한다. 사회과목 등 일반 교과에서도 존중과 배려·정직·정의·규칙 등 인성의 주요 덕목들을 자연스럽게 체화할 수 있도록 수업을 진행한다. 어릴 때부터 국가의 구조를 비롯해 인권, 노동과 같은 내용을 배우며, 노동현장에 직접 가는 현장체험학습이나 토론 활동이 활발하다.

고학년이 되면서는 자연스럽게 시민교육으로 연결해 사회 문제에 대한 관심과 참여를 유도한다. 학교에서 정당의 정치이념이나 지지율, 추구하는 목표에 대해서 자세히 가르치고, 이에 관해 토론한다. 이를 통해 정치와 사회를 생활의 일부로 여기게 되고, 적극적으로 관심을 두고 참여하게 한다. 정치나 노동 현안에 대한 교육을 터부시하는 우리의 교육과는 차이가 크다.

독일 현지에서는 이와 같은 시민교육을 '정치교육(Politische Bildung)'이라 부른다. 독일이 추구하는 가치, 자유민주주의와 정치질서, 인간의 존엄성, 개인적 자유 등을 구체적으로 학습하며, '평생교육' 형식으로 꾸준한 교육이 이뤄지는 것도 특징이다. 학교 밖에서도 연방정치교육센터와 시민대학 등을 통해 활발한 시민교육이 이뤄진다.

6

휴마트 씽킹을 키우는 상위 1%의 교육

하버드와 옥스퍼드처럼 역사가 오랜 명문 학교들의 공통점은
교육의 목표와 철학이 명확하다는 점이다. 저 혼자 잘 먹고 잘살기 위한
교육이 아니라 자신이 속한 공동체와 사회에 보탬이 될 수 있는
인재를 기르는 것이 이들이 추구하는 교육의 방향이다.
공동체에 기여할 수 있는 인재를 키우는 것은 대학의 근본 역할이다.

하버드의 휴마트 이념

미국의 명문 하버드대학교(Harvard University)에는 덱스터 게이트(Dexter Gate)라는 유명한 출입구가 있다. 이곳이 유명해진 이유는 문 위쪽에 새겨진 문구 때문인데, 들어올 때는 'Enter to grow in wisdom', 나갈 때는 'Depart to serve better thy country and thy kind'라고 쓰여 있다. '대학에 와서는 지혜를 배우고, 졸업한 뒤에는 더 나은 세상과 인류를 위해 봉사하라'는 의미로, 하버드의 교육철학을 상징하는 말이라 할 수 있다.

이 같은 하버드의 이념은 입시 과정에서도 그대로 반영되는데, 학업적인 실력뿐만 아니라 인성이 좋은 인재를 선호한다고 한다. 하버드대 케네디스쿨의 입학사정위원을 지낸 조우석 박사는 "SAT(미국대학입학자격시험) 만점을 받고도 떨어지는 학생들이 많다."며 "실력은 조금 부족하더라도 인성과 리더십이 뛰어난 '인성 엘리트'를 선호한다."고 말했다.

조 전 위원이 심사에 참여했던 2009년의 일이다. 홍콩대를 졸업한 수재 A 씨는 성적과 스펙 모두 훌륭했기에 무난히 합격할 것이라 예상했다. 하지만 면접관으로부터 '교만하다'는 평가를 받으며 불합격이란 결과를 통보받았다. 실력에 비해 인성이 부족했다는 평가다. 반면, 평범한 네팔 출신의 B 씨는 A 씨에 비해 학업 능력은 뛰어나지 않았지만, 사람 됨됨이를 인정받아 높은 점수로 합격할 수 있었다. 열악한 환경 속에 있는 네팔 청소년들을 위해 헌신하겠다는 이타적인 철학을 보여준 것이 합격에 큰 영향을 주었다. 이렇게 '저 혼자 잘난' 똑똑한 인재보다는 덜 똑똑하더라도 '사회에 기여할 수 있는 인재'가 하버드의 철학에 맞다는 것이다.

하버드대와 MIT에서 입학사정관을 지낸 앤절라 서 엄(Angela Suh Um) 보스턴 아카데믹 컨설팅그룹 대표는 "고교 수석 졸업생의 상당수가 하버드 입시에서 떨어진다."며 "공부와 스펙을 뛰어넘는 열정·헌신·리더십 등 인성 덕목을 갖추고 있어야 한다."고 말했다. 학업 성적보다 자원봉사나 동아리 활동 등 지원자들의 평소 성품이 드러나는 활동이 더 중요하다는 것이다.

학생부 기록과 함께 교사 추천서와 면접 등에 큰 비중을 두는 것도 같은 이유다. 보여주기 위한 스펙만 쌓고 단순히 입시 공부만 잘하는 학생인지, 아니면 다방면에 관심을 갖고 리더십 등 인성을 길러 온 학생인지 판단하기 위해서다. 이 같은 철학은 비단 하버드뿐 아니라 프린스턴과 예일 등 다른 아이비리그 대학들이 공통적으로 가진 특징이다.

하버드는 실력은 조금 부족하더라도 인성과 리더십이 뛰어난 '인성 엘리트'를 선호한다. 저 혼자 잘난 똑똑한 인재보다는 사회에 기여할 수 있는 인재를 원하기 때문이다.

요즘에는 기업에서도 스펙보다 인성을 중시하는 추세다. 삼성전자는 신입사원 채용 면접 때 직무역량과 인성을 나눠 최종 평가한다. 삼성의 한 인사담당 상무는 "박사급이 아닌 이상 전문성을 크게 따지지 않는다."며 "회사에서의 생활 태도, 남들과 협력하는 자세, 배우려는 의지 등 사람 됨됨이가 가장 중요한 능력"이라고 말했다.

실제로 복수의 임원이 한 명의 구직자를 놓고 30~40분 동안 심층면접을 하는데, 자기소개서를 바탕으로 인생관·철학이 드러날 수 있는 구체적인 경험을 이야기하도록 한다. 예를 들어 동아리 회장을 했다면 동아리 활동을 통해 배운 것은 무엇인지, 회장으로서 어떤 실패를 맛봤으며 그 이유는 무엇이었는지, 조직원과 마찰이 생겼을 때 어떻게 극복했는지 등을 자세히 물어본다. 여러 명의 전문가가 한 명의 면접자를 놓고 심층적으로 대화하다 보면 그 사람의 인성이 드러난다. 짧은 면접이라면 인성을 좋게 포장할 수 있겠지만, 구체적인 경험을 토대로 이뤄지는 면접에서는 본인의 실체가 드러나기 쉽다. 인성은 몸가짐과 태도, 말버릇 등 오랫동안 몸에 배어온 것이므로, 하루아침에 바꿀 수 없기 때문이다.

인성을 중시하는 풍토는 다른 기업에서도 마찬가지다. 한국고용정보원이 500개 기업을 대상으로 '채용할 때 가장 중요한 요소'를 설문조사한 결과, 93.6%(복수응답)가 '인성'이라 답했다. 직무 역량(80.4%)과 전공 자격증(52.6%)은 그 뒤를 이었다. 일반적으로 중요하다고 생각하는 외국어 점수(7%)나 어학연수 경험(2.2%), 공모전 입상(1%) 등은 큰 비중을 차지하지 않았다.

실제로 취재하며 만났던 많은 기업인들은 인성이 바른 사람이 일도 잘한다고 이야기했다. 기본적으로 조직의 업무라는 것은 타인들과의 협력을 전제로 하기 때문이다. 세상에 혼자 할 수 있는 일은 없다. 높은 성과는 남과 협력하고 시너지를 낼 때 가능하다는 것이 수십 년간 기업을 일궈온 경영인들의 공통된 이야기다.

서울대의 선한 인재

2014년 6월 서울대학교는 새로운 총장을 선출했다. 2011년 서울대가 법인화된 이후 처음 간선제로 뽑는 총장이었다. 이사회에는 세 명의 교수가 총장 후보자에 올라 있었다. 기술의 발전을 강조하는 공학자, 기초과학을 중시하는 유명 물리학자, 사회 질서와 규칙을 강조하는 법학자였다. 각자 나름의 철학과 논리로 서울대 총장 후보로서의 포부를 밝혔다. 후보들의 정견 발표 후 이뤄진 이사회 투표에서 과반수가 넘는 이사들이 법학자를 차기 총장으로 결정했다. 그 법학자가 바로 성낙인 교수다.

평생 헌법 연구에 몰두해 온 성 총장은 서울대를 세계 최고의 대학으로 만들겠다거나 능력이 뛰어난 서울대인을 양성하겠다는 식의 말은 하지 않았다. 대신 선거 과정 내내 '인성'의 중요성을 강조했다. 총장 후보 지원서에서는 "교육의 목표는 사회에 기여할 수 있는 전문적 능력을 지닌 '착한 사람'을 기르는 것"이라고 했다. 아울러 "오늘날 서울대를 바라보는 외부의 시선이 결코 곱다고만 할 수 없다. 서울대인 스스로 '노블레스 오블리주(noblesse oblige)'를 실천해야 국민의 사랑을 받는 대학이 될 수 있다."고 강조했다.

총장이 된 후 취임사를 통해 우리 사회에 던진 첫 메시지는 '선한 인재론'이었다. 그동안 서울대가 우리 사회에서 가장 똑똑한 사람들이 모이는 대학으로 자리매김해온 것은 사실이다. 하지만, 개인의 성공과 자아실현을 넘어 우리 사회와 공동체를 위해 무엇을 했는가를 묻는 성찰의 화두를 던진 것이다.

성 총장은 이후로도 거의 모든 공식 행사 때마다 '선한 인재'를 강조했다. 2016년 3월 입학식사에서는 "사사로운 이익 추구와 자신의 안위에만 집착하는 이기적인 사람이 아니라, 세상의 고통을 함께 아파하고 우리 모두의 가치를 드높일 줄 아는 인재, 이웃에 대한 사랑이 충만하고 사랑을 실천할 수 있는 인재, 곧 선한 인재가 돼야 한다."고 말했다.

형제자매와 부대끼며 저절로 공동체에서 살아가는 법을 배웠던 이전 세대와 달리 요즘 젊은 세대는 혼자인 것에 익숙하다. 단편적인 지식은 뛰어날지 모르지만, 공동체에서 더불어 살아가는 지혜는 부족하다. 타인과 더불어 살 줄 모르는 사람이 어떻게 우리 사회의 리더가 될 수 있을까. '선한 인재'의 고민은 여기서 시작됐다.

'선한 인재'는 앞서 살펴본 하버드의 교육철학과도 맞닿아 있다. 대학에서 배운 지식을 개인의 안위를 위해서만 쓸 것이 아니라 공공의 이익과 공동선을 실현하는 데 보태야 한다는 뜻이다.

서울대는 이런 철학을 바탕으로 인문학과 교양 교육을 강조하고, 학생들의 봉사활동을 장려했다. 구성원들의 공감을 일으키기 위해 토론 대회를 여는 등 소통도 강조했다. 인간을 주제로 한 합동 강의도 새로운 실험이다. '인간학 개론'과 '행복학 개론' 같은 교양 수업을 통해 '삶이란 무엇인가', '인간이란 무엇인가', '죽음이란 무엇인가'를 고민하며 자신의 삶을 성찰한다. 유치원에서 고등학교까지 입시교육에 파묻혀 치열한 경쟁에만 익숙한 학생들에게 삶의 근본적인 질문을 던지는 것이다.

> 서울대의 인재상은 우리 사회의 시대적 지향점을 여실히 보여준다. 교육의 목적은 개인의 자아실현과 공동체의 발전, 두 가지가 모두 충족됐을 때 의미가 있다. '배워서 남 주냐'는 말 대신 '배워서남 줄 때도 있는' 세상이 돼야 한다.

가장 큰 변화는 입시였다. '선한 인재'를 목표로 스펙이 뛰어난 학생, 대학수학능력시험 점수가 몇 점 더 높은 수험생을 뽑는 게 아니라, 학생 자체의 가능성과 바른 품성을 눈여겨본다. 또 입시의 비중이 절대적으로 높은 수시모집에서 학생부 100%로 선발한다. 여기서는 다른 유명 사립대들과 달리 논술시험도 보지 않는다.

굳이 홍보하지 않아도 전국 최우수 학생들이 모이는 서울대가 최근에는 입학 홍보에도 힘쓰고 있다. 다만 대도시나 명문고가 아닌 서울대 진학 실적이 저조한 학교들을 주로 찾는다. 입학본부장이 직접 전남 완도군의 고등학교까지 찾아가 강연할 만큼 다양한 인재를 선발하기 위해 노력하고 있다.

입시 소외지역을 찾는 서울대의 행보는 20세기 산업화의 역사 속에서 '희망사다리'로 작용했던 교육의 근본적 역할을 되새기는 데 의미가 있다. 학내에서는 한 끼 1,000원의 아침 식사, 형편이 어려운 학생들에게 지급되는 월 30만 원의 생활비 정책을 통해 부모의 사회경제적 격차가 학습 장애물이 되지 않도록 노력하고 있다.

서울대의 인재상은 우리 사회의 시대적 지향점을 여실히 보여준다. 교육의 목적은 개인의 자아실현과 공동체의 발전, 두 가지가 모두 충족됐을 때 의미가 있다. '배워서 남 주냐'는 말 대신 '배워서 남 줄 때도 있는' 세상이 돼야 한다. 서울대의 '선한 인재'는 이제 시작에 불과하지만, '인성'과 '공동체'에 대한 젊은이들의 고민은 분명 큰 의미가 있다.

독서와 토론의 옥스퍼드

세계 대학평가에서 늘 최상위권에 오르는 영국의 옥스퍼드대학교(University of Oxford)는 역사와 전통이 깊은 곳이다. 38개의 칼리지로 구성된 이 종합대의 공식적인 설립 연도는 기록돼 있지 않다. 다만 11세기 헨리 2세가 영국의 학생들을 파리로 보내지 않고 옥스퍼드에서 가르쳤다는 기록이 남아 있다. 적어도 900년이 넘는 역사를 가진 대학이라는 의미다. 그만큼 옥스퍼드가 가진 자부심은 크다.

오랜 전통에서 묻어나는 옥스퍼드의 특징은 초기 대학의 원형을 가장 잘 지키고 있다는 점이다. 원래 'University'의 어원은 '집단'을 뜻하는 라틴어 'Universitas'이다. 사람들이 모여서 함께 의견을 나누고 지식을 공유하는 과정에서 대학이라는 말이 나왔다.

가장 전통적인 대학에서의 공부법은 토론이었다. 이런 전통 때문인지 옥스퍼드를 비롯한 서구의 오래된 대학 교정에서는 어디서나 열띤 토론을 벌이고 있는 학생들을 쉽게 찾아볼 수 있다. 그 옛날 소크라테스가 진리를 깨우치기 위해 '대화법(산파술)'으로 대중들을 교육했던 것처럼 '토론'은 가장 전통적인 교육법이다.

옥스퍼드의 칼리지 중 가장 유명한 곳은 크라이스트처치다. 영화 '해리포터 시리즈'의 배경으로 유명한 이곳 대강당은 옥스퍼드의 칼리지 중 규모가 가장 크다. 크라이스트처치를 비롯한 여러 칼리지에 소장돼 있는 오래된 장서는 옥스퍼드의 가장 큰 자랑이다. 옥스퍼드 안에는 100여 개의 도서관이 있는데, 이곳에는 구텐베르크의 초기 서적부터 마그나카르타(대헌장), 르네상스 시대의 원서가 남아 있다.

방대한 장서와 토론을 바탕으로 한 학풍은 자연스레 학생들의 자발적인 학습을 유도한다. 교수와 학생이 일대일로 수업하는 튜토리얼 과정은 옥스퍼드의 대표적인 교육방식이다. 일방적 강의를 통해 학생들에게 지식을 주입하는 것이 아닌 학생 스스로 책을 읽고 연구하며 생각한 내용을 교수와 토론하며 지식을 키운다. 이것은 과거 소크라테스와 플라톤이 했던 방식과 같은 것이다. 학생들은 튜토리얼을 위해 매주 에세이를 써야 하는데, 에세이 한 편을 쓰기 위해서는 보통 5~6권이 넘는 책을 읽어야 한다. 에세이를 토대로 학생과 교수는 치열한 토론을 벌인다. 학생들은 이 토론을 위해 자발적으로 팀을 만들어 예행연습을 하는데, 이 과정에서 타인과 의견을 나누며 자연스럽게 인식의 지평을 넓혀간다.

옥스퍼드처럼 독서와 토론을 강조하는 또 다른 대학으로 미국 세인트존스대학교(Saint John's University)가 있다. 학년 당 학생 수가 200명이 채 안 되는 세인트존스에는 일반적인 대학에 있는 3가지가 없다. 전공과 필기시험, 일방적 강의가 그것이다. 대신 옥스퍼드보다 대학의 원형에 더 충실한 교육법을 가지고 있는데, 4년 내내 고전 100여 권을 읽고 토론하는 것이다. 이는 최근 이 학교를 졸업한 조한별 씨가 『세인트존스의 고전 100권 공부법』이란 책을 내면서 국내에도 잘 알려지게 됐다.

17세기에 설립된 세인트존스는 1920년대 대공황으로 재정 위기에 직면하자 학교를 발전시키려는 방편으로 인문학에 특화된 대학을 만들고, 현재의 교육 시스템을 도입했다. 학생들은 4년 동안 호메로스의 『일리아드』와 『오디세이』부터 헤겔과 마르크스까지 100권이 넘는 고전을 읽는다. 모든 수업은 토론으로 이뤄지고, 교수는 '프로페서(professor)'가 아닌 '튜터(tutor)'라 불린다. 교수가 하는 일은 강의가 아니라 토론이 원활하게 이어질 수 있도록 돕는 '퍼실리테이터(facilitator, 조력자)' 역할이다.

이처럼 오랜 역사와 전통을 가진 대학들이 독서와 토론을 중시하는 것은 왜일까. 그 이유는 두 가지다.

첫째는 고전을 통해 선조들이 쌓아온 지혜를 습득하기 위해서다. 다른 생물종이 이룩할 수 없었던 '문명'을 인간이 이뤄낼 수 있었던 것은 한 세대가 쌓아온 지식과 지혜를 다른 세대에게 물려준 덕분이다. 그런 지식과 지혜의 총합이 녹아 있는 것이 바로 고전이기에 대학에서 이를 읽게 하는 것이다.

둘째는 공동체 의식을 기르기 위해서이다. "인간은 사회적 동물이다."라는 아리스토텔레스의 명언처럼 인간은 공동체를 떠나서는 살 수 없다. 공동체 활동의 핵심은 구성원들 간 소통이다. 서로 생각과 의견, 감정을 나누며 사람들은 공동체를 발전시키고 스스로를 성장케 한다. 독서와 토론을 통해 공동체에서 살아가는 데 가장 중요한 능력인 소통, 공감 등의 역량을 기르는 것이다.

인성을 키우면 실력도 UP!

"조금만 힘내! 여기만 통과하면 결승점이야!" 경기도 파주 세경고등학교와 인근 장애학교의 통합 체육시간. 세경고 3학년 남학생이 자폐성 장애학생의 손을 꼭 잡고 장애물을 넘었다. 이어달리기의 마지막 주자였던 두 학생은 끝까지 손을 놓지 않고 결승점을 향해 달렸다. 앞구르기 코스에서 매트 밖으로 떨어져 진땀을 빼기도 했지만, 이들은 무사히 결승점을 통과했다.

매 학기마다 진행되는 두 학교의 통합교육 시간에는 두 학생이 짝을 이뤄 하루 동안 함께 수업을 듣는다. 학교에는 봉사동아리가 있어 학생들은 스스로 세운 실천계획에 따라 정기적인 봉사활동을 한다.

학생들이 기피하던 학교였던 파주공고는 2010년, 세경고등학교로 학교명을 바꾸며 인기학교로 탈바꿈했다. 그 중심에는 인성교육을 최우선으로 하는 교육관이 있었다. 세경고가 실시하는 인성교육의 특징은 인성 덕목을 윤리 교육을 통해 주입식으로 가르치는 것이 아니라 다양한 체험활동을 통한 자기주도적 인성교육을 한다는 점이다. 그 덕분에 내성적이고 개인주의적이었던 학생들도 3년간 학교생활을 하며 180도 달라진다.

학생들은 해마다 스스로 교칙을 정한다. 2015년 1월, 세경고 대강당에서는 학생, 학부모, 교사 900여 명이 참석한 가운데 교칙을 놓고 토론이 벌어졌다. 학생회의와 학부모·교사 대표회의를 거쳐 올라온 안건이 토론의 주제가 되었다. 이날 투표를 통해 '여학생 기초화장 허용' 안건이 부결됐다. 교칙을 어기면 학생 검사와 판사, 변호사로 이뤄진 자치법정에서 처벌 수위를 정한다.

이처럼 다양한 인성교육을 통해 세경고는 큰 변화를 가져왔다. 2013년에서 2015년 사이 조사한 인성 수준(만점 100점) 조사에 따르면, 행동(53.7점 → 64.7점)과 인지(48.2 → 56.2점) 두 영역 모두 크게 올랐다. 학교폭력 건수도 2013년 20건에서 2015년 0건으로 크게 줄었다. 학생들의 바른 인성 함양과 함께 학교 성적도 쑥쑥 올랐다.

이 같은 사례는 세경고만의 이야기가 아니다. 경북 구미의 현일고등학교도 인성교육을 학교 교육의 최우선 가치로 내걸면서 학업 능력까지 향상됐다. 현일고가 운영한 뮤지컬을 활용한 인성교육 프로그램은 '2015 대한민국 인성교육대상'을 받기도 했다. 인성교육대상은 교육부·여성가족부·중앙일보가 주최하는 교육 분야 최고 권위의 상이다.

현일고는 2012년, 1학년생 전원이 참여하는 뮤지컬 축제를 시작했다. 10개 학급에서 총 20개 팀이 만들어져 1년간 작품을 준비해 무대에 올렸다. 대본부터 무대 설치까지 모두 학생 스스로 결정했다. 이 과정을 거치며 요즘 학생들이 가장 어려워한다는 협업의 가치를 몸소 배울 수 있었다. 장창용 교장은 "협동과 조화, 배려의 마음씨를 길러주고, 성취감까지 느끼게 해주는 교육"이라고 말했다.

실제로 뮤지컬을 준비했던 학생들에게 큰 변화가 일어났다. 뮤지컬 준비 전후로 1학년생들의 대인관계 능력을 조사했더니 소통과 이해 등 7개 전 영역에서 점수가 올랐다. 특히 소통 능력이 55점에서 63점으로, 이해성은 64점에서 68점으로 높아졌다. 인성교육이 잘 이뤄지자 덩달아 학업 성적도 올랐다.

장 교장은 "뮤지컬 프로그램 운영 전후로 4년 동안 소위 SKY(서울·고려·연세)대 합격자가 두 배 이상 늘었다. 학생들이 협업과 자기주도 학습 능력을 키우고, 즐겁게 학교생활을 하면서 자존감이 높아진 결과"라고 말했다. 밝고 재미있는 학교생활과 인성교육을 통해 올바른 생활태도를 갖게 된 것이 학업성취도를 높일 수 있었던 비결이라는 것이다.

부산 장림초등학교는 2011년부터 토론식 학습을 통해 학생들의 지적 발달에 큰 효과를 거뒀다. 고학년 국어 시간을 예로 들면, 홍길동이 처벌을 받아야 할지 말지 스스로 보고서를 써오도록 한 뒤, 관련 내용을 발표하고 토론하게 했다. 저학년은 친구들끼리 돌아가며 하는 칭찬 릴레이를 통해 발표력을 키웠다.

이러한 수업 방식 덕분에 학생들의 학습역량은 크게 향상됐다. 수업에 대한 흥미도(4점 척도에서 '그렇다' 이상 답변한 비율)는 40.5%에서 68.2%로 늘었다. 근거를 들어서 말하는 능력(31.4% → 70.1%), 질문하기(31.3% → 57.9%) 등도 모두 높아졌다. 학업성취도평가에서는 보통 학력 이상 비율이 국어(76.1%→ 85.4%), 수학(74.9% → 84.8%), 영어(85.9% → 89.2%) 모두 향상된 결과를 얻을 수 있었다.

헬조선과 흙수저를 넘어

"교육을 통해 선진국이 된 한국을 배우고 싶습니다." 2011년 한국 정부가 주최한 '교육 ODA(공적개발원조) 포럼'에서 만난 디징가이무

툼부카 아프리카교육발전협의회(ADEA) 의장의 말이다. 10년간 짐바브웨 교육부 장관을 지낸 무툼부카 의장은 당시 인터뷰에서 "1960년대만 해도 한국은 아프리카보다 못 사는 나라였다. 한국은 원조를 받던 나라에서 원조하는 나라로 돌아선 유일한 국가"라며 "한국을 발전시킨 원동력이 바로 교육이었다. 아프리카도 교육을 통해 발전한 한국의 노하우를 배우려 한다."고 말했다.

아프리카와 동남아, 남미 등의 많은 개발도상국은 한국을 경이롭게 여기고 발전 노하우를 배우려 한다. 50년 전 한국은 그들보다 못 사는 나라였기 때문이다. 그런데 그들의 이야기는 반은 맞고, 반은 틀리다. 전쟁으로 폐허가 된 나라에서 부존자원도 없이 이 만큼의 경제력을 가질 수 있었던 데에는 분명 교육의 힘이 컸다. 우리는 교육을 통한 발전이라는 성공 모델을 다른 나라에 전수해줘야 한다.

> 선진국의 기준을 물질적인 것과 가치적인 것 둘로 나눈다면 이 두 가지를 성취한 나라가 얼마나 될까. 한국은 물질적인 것과 가치적인 것이 조화를 이룬 나라다. 과거 한국이 물질적으로 힘들었던 시절이 있었지만, 그때의 우리를 폄하해서는 안 된다.

그러나 이들의 생각에서 틀린 점은 한국이 다른 나라보다 못 살았다는 이야기다. 경제적 관점에서 '못 살았다'는 것은 분명한 사실이다. 당시 한국은 국내총생산(GDP) 규모에서 세계 최하위권이었기 때문이다. 그러나 '잘산다'는 것의 정의를 꼭 경제력으로만 환산할 수 있을까.

1960년대 한국은 경제적으로 풍족하지 않았을지언정, 근면하고 창의적이며 열정적인 국민성이 있었다. 또 5,000년에 이르는 유구한 역사와 문화적 전통을 가지고 있었다. 세계 최고의 과학적인 문자 '한글'이 있었고, 조선왕조의 500년 역사를 기록한 '실록'이 있었다.

50년 전 한국인들의 호주머니에 당장 돈이 부족했던 것은 사실이지만, 다른 어떤 나라도 따라올 수 없는 문화적 소양과 기품이 배어 있었다. 이런 역사와 전통은 돈을 주고 사려 해도 살 수 없는 것들이다.

경제적으로 환산할 수는 없지만, 물질적인 것 이상의 가치를 지닌다.

오늘날 선진국으로 불리는 나라들을 살펴보자. 선진국의 기준을 물질적인 것과 가치적인 것 둘로 나눠 본다면 이 두 가지를 성취한 나라가 얼마나 될까. 미국은 세계에서 가장 부유한 나라지만 유구한 역사가 없다. 반대로 이집트와 그리스는 수천 년 전 인류 최고의 발전된 문명을 가졌지만, 지금은 경제적인 어려움을 겪고 있다.

반면 한국은 어떤가. 세계 11위의 경제대국이며 많은 나라가 부러워할 전통과 문화를 가졌다. 이런 문화 속에서 나온 힘은 K팝과 K드라마 등 한류라는 이름으로 나타나고 있다. 물질적인 것과 가치적인 것이 조화를 이룰 수 있는 나라, 그곳이 바로 한국이다. 과거 한국이 물질적으로 힘들었던 시절이 있었지만, 그때의 우리를 폄하해서는 안 된다.

지금도 마찬가지다. 비록 우리가 헬조선과 흙수저 이야기로 스스로를 가혹하게 채찍질하고 있지만 우리는 믿음을 가져야 한다. 지금보다 나아질 것이라는, 더욱 발전하게 될 것이라는 희망을 품고 우리가 가진 모순점들을 고치기 위해 노력해야 한다. 꿈이라는 빛이 있을 때 어둠을 뚫고 나갈 길도 보이기 시작할 것이다.

2

휴마트 리더가 뜬다

임진년(1592년) 5월. 한양을 버리고 피난길에 오른 선조가 임진나루에
이르러 신하들에게 말했다. "명나라에 내부(內附·한 나라가
다른 나라 안으로 들어가 붙는 것)하는 것이 짐의 뜻이니라." 그러자 류성룡이
선조 앞에 엎드려 이야기했다. "전하, 그것은 아니 되옵니다.
임금께서 이 땅을 한 발자국이라도 떠나신다면, 그때부터 조선은 우리 땅이 아닙니다."
선조가 재차 명나라로 가겠다는 뜻을 밝히자 류성룡이 통곡하며 말했다.
"조선의 충의지사들이 며칠 안에 벌떼처럼 크게 일어날 것입니다.
어찌 경솔히 나라를 버리고 압록강을 건넌다는 말을 하십니까."

7

세계가 바라는 휴마트 리더

우리가 원하는 리더의 이상은 시대의 변화에 따라 달라진다.
그렇다면 지금 이 시대가 바라는 리더는 어떤 모습일까. 영화 어벤저스를 보자.
사상 최고의 히어로들만 모아놓은 지구방위대 '쉴드'는 레이저를 쏘며
하늘을 나는 아이언맨, 불사의 체력과 강력한 힘을 가진 헐크 등
쟁쟁한 영웅들로 구성된 팀이다. 그러나 이 팀의 리더는 이들에 비하면
평범하기 짝이 없는 스티브 로저스 대위다. 쉴드에 오기 전 빈약하고
소극적이기만 했던 그가 영웅들의 리더가 된 비결은 무엇일까.

전 재산 99% 기부를 약속한 저커버그

2004년 미국 하버드대학교의 한 교실. 2학기 중간고사가 얼마 남지 않았던 시점에 로마예술사 수업을 듣던 한 학생이 재미있는 제안을 했다. 학기 중 미처 수업을 모두 챙겨 듣지 못했던 금발 머리의 삐쩍 마른 남학생은 강의실 앞으로 나가 친구들을 설득하기 시작했다. 자신이 사진과 글을 올릴 수 있는 간단한 웹사이트를 만들 테니 수업을 듣는 학생들끼리 자료를 공유하자는 것이었다. 다수의 학생들은 시큰둥한 반응이었지만, 몇몇 학생들은 재미있는 제안이라며 참여 의사를 밝혔다.

학생들은 남학생이 만든 웹사이트 게시판에 예술작품과 그에 대한 해석을 올리기 시작했다. 다른 학생들은 자신의 의견을 댓글로 달면서 자연스럽게 토론의 장이 이뤄졌다. 참여하지 않은 학생들이 도서관에서 책에 파묻혀 있을 때, 이들은 인터넷상에서 거친 논쟁을 벌였다. 얼마 후 중간고사가 끝나고 성적이 통지됐다. 과연 결과는 어땠을까. 혼자서 수십 권의 책을 읽었던 학생들보다 웹사이트에서 토론을 벌였던 학생들이 더 높은 점수를 받았다. 이때 함께 공부했던 학생들은 추후에도 이 웹사이트를 자신들의 커뮤니티 공간으로 활용하기 시작했다.

처음 이 프로젝트를 제안했던 남학생은 웹사이트를 좀 더 업그레이드해 하버드 학생이면 누구나 쉽게 쓸 수 있는 새로운 사이트를 열었다. 1년 뒤, 이 학생은 학교를 그만뒀고, 그 사이트를 하버드 학생만이 아닌 전 세계 어디에서나 글과 사진을 함께 공유할 수 있는 공간으로 만들었다. 이것이 바로 '페이스북(Facebook)'이다. 그리고 그 남학생은 페이스북을 설립한 마크 저커버그(Mark Elliot Zuckerberg)였다.

지난 10년간 페이스북은 전 세계에서 가장 사랑받는 소셜 네트워크로 고속성장을 해왔고, 이와 함께 저커버그는 세계적인 명사가 됐다. 2016년, 저커버그는 세상을 또 한 번 놀라게 했다. 자신의 딸이 태어난 것을 기념해 훗날 자기가 가진 재산의 99%를 사회에 환원하겠다고 선언한 것이다. 저커버그의 재산을 우리 돈으로 환산하면 대략 60조 원 안팎이다. 그중 1%만 유산을 남겨줘도 큰돈이다. 하지만 전 재산의 99%를 사회에 환원하겠다는 그의 생각은 분명 쉬운 일이 아니며, 높이 평가받을 만한 일이다.

그런데 미국의 부호 중에서는 저커버그처럼 통 큰 사회 환원을 선언하는 이들이 유난히 많다. 통계를 살펴봐도 미국 기업인들은 우리 재벌들에 비해 사회공헌에 적극적으로 나선다. 빌 게이츠나 워런 버핏 등 미국 대부호들은 자기 재산의 상당 부분을 좋은 일에 쓰겠다고 약속했고, 10여 년이 지난 지금까지도 꾸준히 실천하고 있다. 저커버그도 자신의 딸이 살아갈 미래가 더 아름다운 세상이 되길 바란다며 통 큰 기부를 약속한 것이다.

그렇다면 저커버그나 게이츠, 버핏은 유독 다른 사람들보다 착한 성품을 타고나서 사회공헌에 앞장서는 것일까. 일정 부분 타고난 성품의 영향도 있겠지만, 더 큰 것은 이들이 자라면서 받아온 교육과 환경의 영향 때문이라고 본다. 즉, 저커버그가 전 재산의 99%를 사회에 환원하겠다는 약속을 할 수 있던 것은 그를 '휴마트 리더'로 키운 '휴마트 교육'이 있었기에 가능했던 것이다. 그렇다면 저커버그는 어떤 교육을 받았을까.

•

격의 없이 토론을 벌이는 것으로 유명한 저커버그는 교육에 대한 개념부터 남다르다. 공부는 남에게 뭔가를 배우는 것이 아니라 자신의 지식을 함께 나누는 것이라고 생각한다. 하버드의 로마예술사 시험을 생각해보면, 그의 공부법은 도서관에 앉아서 혼자 하는 게 아니라 함께 토론하고 의견을 나누는 것이었다. 이 같은 공부 습관은 고등학교에서부터 시작됐다. 공부는 '나누는 것'이라는 개념은 그가 졸업한 명문 사립고인 필립스 엑시터 아카데미(Phillips Exeter Academy)의 교훈(校訓)이다.

'고교계의 하버드'로 불리는 엑시터는 졸업생의 30%가 아이비리그에 진학한다. 이곳에는 교실마다 '하크니스(harkness)'라 불리는 원형 테이블이 있는데, 교사와 학생들이 이 원형 테이블에 둘러앉아 수업을 한다. 수업 진행방식은 일방적으로 듣는 강의가 아니라 팀별 과제 발표와 토론을 통해 스스로 학습하는 식이다. 교사가 전날 공부할 주제를 미리 정해주면 학생들은 스스로 관련 자료를 조사해 토론거리를 찾아 발제한다. 학생들은 논제에 대해 자유롭게 의견을 나누고, 서로 알고 있는 지식을 공유한다. 공부는 '남에게 배우는 것'이 아니라 '지식을 나누는 것'이기 때문에 수업에서 제일 중요하게 여기는 것은 바로 협력이다. 이처럼 엑시터에서는 수업과 학교생활의 밑바탕에 인성교육이 깔려 있다.

저커버그가 전 재산의 99%를 사회에 환원하겠다는 약속을 할 수 있던 것은 그를 '휴마트 리더'로 키운 '휴마트 교육'이 있었기에 가능했던 것이다.

"지식이 없는 선함은 약하고, 선하지 않은 지식은 위험하다." 1781년 존 필립스(John Phillips) 박사가 건학 이념으로 삼은 후 200년 넘게 변하지 않고 내려오는 엑시터의 교훈이다. 교장은 매년 초 전교생을 모아놓고 설립자의 교육철학을 주제로 인성의 중요성에 대해 강의한다. 학교 곳곳에는 '자신만을 위하지 않는'이란 뜻의 라틴어 'Non Sibi'라는 단어가 쓰여 있다.

이처럼 엑시터는 단순히 지식만 갖춘 사람이 아니라 타인을 배려하고 조화롭게 어울릴 수 있는 인재를 키운다. 교류와 협력, 존중의 가치를 배우면서 성실성, 책임감, 배려심 같은 인성이 자연스럽게 체득되는 것이다.

저커버그가 중간고사를 앞두고 페이스북이라는 아이디어를 생각해낼 수 있던 것도, 전 재산 99% 기부라는 통 큰 약속을 할 수 있던 것도, 결국은 그가 받은 교육의 영향이라 할 수 있다. 즉, 저커버그가 공공선에 대해 큰 관심을 가질 수 있던 것은 엑시터의 휴마트 교육이 있었기 때문이다.

한 가지 재미있는 것은 엑시터의 출석부에는 전통적으로 학생들의 사진이 이름 옆에 붙어 있다. 그리고 학교에서는 이 출석부를 수십 년 전부터 '페이스북'이라고 불러왔다. 이쯤 되면 오늘날 저커버그가 성공한 기업인, 존경받는 리더가 되기까지 고등학교에서의 교육이 얼마나 큰 영향을 미쳤는지 쉽게 유추해볼 수 있다.

캡틴 아메리카는 어떻게 어벤저스의 리더가 됐나

세계인의 사랑을 받았던 영화 '어벤저스(The Avengers)'는 사상 최고의 히어로들만 모아놓은 팀 '쉴드(Shield)'의 이야기다. 쉴드의 구성원은 아이언맨, 헐크, 스파이더맨, 토르 등 이름만 들어도 쟁쟁한 영웅들이다. 쉴드 어벤저스를 이끄는 리더는 캡틴 아메리카로 불리는 스티브 로저스라는 인물이다.

사실 스티브 로저스는 다른 구성원에 비하면 '평범한' 인물에 가깝다. 레이저를 쏘고 하늘을 나는 아이언맨이나 불사의 체력과 강력한 힘을 가진 헐크, 천둥의 신 토르 등과 비교했을 때 싸움 실력은 훨씬 못 미친다. 그럼에도 불구하고 스티브 로저스가 어벤저스의 리더가 된 이유는 무엇일까.

스티브 로저스는 원래 키도 작고 깡마른, 허약 체질의 젊은 군인이었다. 하지만 바른 인성과 올곧은 신념만큼은 그 누구에게도 뒤지지 않았다. 평소 그런 그를 눈여겨봤던 상관에게 발탁돼 슈퍼 솔저 프로젝트에 참여하게 됐고, 일반인보다 몇 배 강한 힘과 스피드를 얻게 됐다. 이후 냉동인간이 된 채 수십 년간 잠들어 있다가 마침내 어벤저스의 일원이 된 것이다.

어벤저스의 구성원들은 각기 개성이 강하고 모두 한 '성깔'하는 캐릭터들이다. 이렇게 톡톡 튀는 인물들을 하나로 모아줄 리더가 필요했다. 그 리더는 가장 똑똑한 사람도, 가장 힘이 센 사람도 아니었다. 가장 도덕적이고 윤리적이며, 친절하고 따스한 마음을 가진 스티브 로저스가 리더로 명명됐다. 더욱 놀라운 것은 어디로 튈 줄 모르는 개성 강한 히어로들이 그를 리더로 생각하고 잘 따른다는 점이다.

어벤저스의 멤버들은 유독 스티브 로저스에게만 고분고분하다. 그 이유는 무엇일까. 스티브 로저스는 절대 남을 흉보거나 나쁜 말을 하지 않는다. 비속어를 입에 달고 살던 아이언맨에게 귀에 딱지가 앉을 정도로 고운 말을 쓰라며 잔소리를 해댄다. 싸울 때도 다른 히어로들과 대조된다. 대부분의 히어로들은 적과 싸울 때 살상을 우습게 여긴다. 아무리 '나쁜 놈', '악한 편'이라고 해도 스티브 로저스는 웬만해서는 살상을 하지 않는다. 심지어 그의 무기는 방패 하나가 전부다. 그 흔한 칼 한 자루 들지 않고 둥근 방패 하나로 적과 맞서 싸운다. 그렇다 보니 방어 위주의 공격을 하거나 다른 히어로들이 방패를 밟고 뛰어올라 공중 공격을 하게 돕는 등 뒷받침하는 역할을 많이 한다.

> 다른 분야와 협업하고
> 시너지를 낼 수 있도록 차이를
> 조율하고 조화시켜
> 좋은 결과를 유도하는 것,
> 그것이 바로 우리 시대에
> 필요한 리더의 모습이다.

이처럼 스티브 로저스는 바른 인성을 바탕으로 바람 잘 날 없이 시끄러운 어벤저스를 조화롭게 이끈다. 화합의 리더인 셈이다. 정의를 지키고 바른 것을 추구하는 그의 올곧은 인성은 성격이 모난 히어로들을 하나로 모으고 시너지를 낸다. 만약 스티브 로저스가 없었다면 어벤저스는 그저 '꼴통 집단'이 될 가능성이 크다. 지금처럼 훌륭한 팀워크를 갖추지 못했을 것이다.

영화에는 나오지 않지만 원작 만화를 보면 그의 특별한 능력을 보여주는 몇 가지 장면이 나온다. 토르에게는 '묠니르'라는 신비한 망치가 있는데, 이것은 신만이 사용할 수 있고, 지구인들은 들 수조차 없다. 심지어 괴력을 가진 헐크도, 최첨단 기술로 무장한 아이언맨도 꿈쩍하지 못한다. 그런데 스티브 로저스만이 유일하게 이 망치를 들 수 있었다. 영물인 묠니르가 스티브 로저스의 고결한 인품을 알아봐 준 덕분이다.

현대 사회에는 각자의 분야에서 훌륭한 능력을 갖춘 히어로, 즉 전문가들이 많다. 하지만 사회가 복잡해지고 다원화될수록 머리를 맞대고 협업을 해야만 풀 수 있는 문제들이 많아진다. 문제는 각 분야에서는 전문가일지라도 다른 분야와 협업하고 시너지를 내는 일은 쉽지 않다는 점이다. 각자 개성은 강하고 다른 분야에 대한 이해도는 부족하기 때문에 일어나는 문제다. 이러한 차이를 조율하고 조화시켜 시너지를 만들고 좋은 결과를 유도하는 것, 그것이 바로 우리 시대에 필요한 리더의 모습이다.

스티브 로저스는 다른 히어로에 비해 뛰어난 능력을 가진 것은 아니지만, 바른 인품으로 어벤저스의 리더가 될 수 있었다. 21세기에 가장 필요한 리더의 자질도 다르지 않다. 바른 인품이 있어야만 그 조직을 조화롭게 이끌 수 있고, 구성원들로부터 존경받을 수 있다. 그렇지 않고서는 지구를 위협하는 악의 존재들로부터 우리 사회와 지구를 지켜낼 수 없다.

'내'가 아닌 '우리'를 말한다

지난 8년간 미국을 이끌었던 버락 오바마(Barack Obama) 대통령은 임기 후반까지도 50%대의 지지율을 보이며 성공적인 미국 대통령으로 역사에 남았다. 무엇이 오바마를 훌륭한 대통령으로 만들었을까. 여러 요인이 있겠지만 전문가들은 그의 뛰어난 공감 능력을 리더가 갖추어야 할 첫 번째 자질로 꼽는다.

SEAL OF THE PRESIDENT OF THE UNITED STATES

태평양 건너 저 멀리 한국에서도 오바마의 인기는 매우 높다. 오바마가 퇴임한다고 하자 일부 네티즌들이 그를 한국 대통령으로 스카우트하자고 할 만큼 우리에게도 친숙하고 가까운 이미지로 기억되고 있다. 우리는 시민들과 격의 없이 이야기 나누는 모습에서 그를 대통령이 아닌 한 인간으로 받아들인다. 아이들의 눈높이에서 동화책을 읽어주고, 백악관에서 청소하는 직원과 하이파이브하는 모습을 보며 사람들은 그의 매력에 빠졌다.

오바마의 공감 능력은 연설에서도 빛을 발했다. 그는 미국 대통령 역사상 명연설가로 꼽히는 루스벨트와 케네디의 전통을 잇는다는 평가를 받는다. 그는 어떻게 연설을 할까.

일반적인 연설은 기본적으로 나와 타인을 구분 짓고 시작한다. 연사 한 명이 다수의 청중을 대상으로 일방적인 이야기를 풀어나가기 때문이다. 그렇기 때문에 일반 연설에는 연사와 청중 사이에 보이지 않는 벽이 놓여 있다. 청중은 자연스럽게 자기방어적으로 연설을 듣게 되고, 소극적인 태도를 취한다.

그런데 오바마의 연설에는 그 벽이 없다. 연설 전문가들 사이에서도 그는 훌륭한 연사로 평가받는다. 그가 단순히 말을 잘하기 때문만이 아니다. 그의 연설과 말에 사람들이 감동하는 이유는 앞서 말한 대로 훌륭한 공감 능력을 갖추고 있기 때문이다. 대표적인 예가 그의 취임식 연설이다.

박성희 이화여대 교수의 논문에 따르면, 2009년 오바마의 대통령 취임 연설문을 분석한 결과, 총 18분 동안 2,393개의 단어를 사용한 것으로 나타났다. 이 중 빈도수가 가장 높은 단어는 'Our(68회)'였고, 둘째가 'We(62회)'였다. 반면 'I'는 3번밖에 쓰지 않았다. 여기서 'I'는 개인적인 이야기를 할 때만 쓰였다.

일방적인 연설이지만 주어를 '우리'로 사용하면 연사와 청중 사이에 놓여 있는 벽이 허물어진다. '우리'라는 표현은 연사의 말을 남의 이야기가 아닌 자신의 이야기처럼 느끼게 하고, 편안히 나누는 대화처럼 들리게 한다. 오바마는 이런 대화법으로 전 국민 의료보험과 같이 정말 풀 수 없을 것 같았던 난제들을 풀어냈다. 또, 그의 기자회견은 기자들과 2~3시간씩 토론하는 시간이었다.

오늘날 대의민주주의 사회에서 대통령의 역할은 분명하다. 과거와 달리 갈수록 복잡해지고 다양해지는 사회에서 모든 결정을 대통령 혼자 내리기란 불가능하다. 각 분야의 전문가인 장관들이 책임지고 정부를 이끌고, 대통령은 이를 관리하고 전체를 조율하는 역할을 해야 한다.

대통령이 해야 할 일은 지시하는 것이 아니라 이들의 의견을 조율하고, 국민과 소통하는 일이다. 국민이 기쁠 때는 함께 기뻐하고, 슬플 때는 그 아픔을 공감하고 함께할 수 있어야 한다. 국민이 싫어하더라고 꼭 해야 할 일이라면 진심을 담아 설득하고 또 설득하는 것, 그것이 대통령의 역할이다. 오바마는 그런 의미에서 훌륭한 대통령으로 기억에 남을 수 있었다.

그렇다면 한국의 대통령들은 어떠한가. 먼저 연설 스타일부터 살펴보자. 박정희 전 대통령은 공식 석상에서 '나'라는 표현을 많이 썼다. "나는 ~~~ 생각한다"는 식으로 말이다. 뒤이어 집권한 전두환 전 대통령은 '본인'이란 단어를 애용했다. '본인은~'이란 표현은 훗날 개그의 소재로도 활용될 만큼 개성 있는 표현으로 자리 잡았다. 이후 '보통사람' 노태우 전 대통령을 거치며 '저'라는 표현이 공식 화법으로 자리 잡았다. 그런데 '저'는 '나'의 낮춤말일 뿐, 영어로 하면 똑같은 'I'다. 표현 방식이 바뀌었다뿐이지 기본적인 의미는 그대로인 것이다. '우리'를 이야기하던 오바마와 달리 한국의 대통령들은 '나'를 강조할 뿐이었다.

특히 박근혜 전 대통령은 장관이나 참모들과도 잘 소통하지 않는 것으로도 유명했다. 대통령 재임 시절 기자회견은 대부분 일방적인 발표였다. 기자들과의 질의응답도 사전에 예약된 기자 몇 명만, 그것도 준비된 질문만 할 수 있었을 뿐이다. 그 유명했던 '세월호 7시간'이 상징하는 것처럼 국민과의 소통 노력이 부족했다는 평가를 받았다. 무엇보다 오바마와는 반대로 '공감 능력'이 매우 빈약했다는 지적을 많이 받았다.

이러한 문제는 박 전 대통령만의 문제는 아니다. 아직도 우리 사회는 지도자와 국민 사이에 소통의 벽이 존재한다. 대통령뿐 아니라 총리, 장관, 국회의원까지 국민과 공감하는 리더를 찾아보기 어렵다. 정치 분야를 넘어 기업, 대학 등에서도 '우리'라는 표현은 매우 어색하다. 리더와 조직원 사이에 보이지 않는 벽과 서열이 강하게 남아 있는 탓이다.

우리 사회는 아직 자유롭게 자신의 의견을 표현하는 것에 낯설어 한다. 그렇다 보니 소통에 대한 잘못된 인식도 만연하다. 대표적으로 '커뮤니케이션 교육'이라고 하면 주로 말하기 교육을 떠올리는데, 이는 매우 잘못된 것이다. 자신의 주장을 논리적으로 펼 줄 알고, 나아가 말을 무기 삼아 상대를 압도하는 것이 커뮤니케이션의 핵심 능력이다. 하지만 '토론 배틀'처럼 토론을 마치 싸움과 전쟁으로 인식하는 것은 잘못된 커뮤니케이션 교육의 대표적 사례라 할 수 있다.

커뮤니케이션의 본질은 바로 '듣기'다. 우리는 경청을 토론이나 대화에서 상대에 대한 '배려'로 생각한다. 하지만 프랑스나 독일 같은 국가에서는 경청을 '의무'라고 가르친다. 대화의 시작은 곧 상대의 말을 듣는 것에서 시작하기 때문이다. 경청과 배려를 바탕으로 상대와 공감하고 대화하는 것이 모든 커뮤니케이션의 시작과 끝이다.

미래에 필요한 리더의 핵심 조건은 아랫사람의 이야기를 잘 듣는 것, 그리고 지시보다는 질문하는 자세를 갖는 것이다. 간단한 방법이지만 '나'라는 표현 대신 '우리'라는 표현을 쓰는 것만으로도 상하 구분이 없어지고, 친밀감을 높이는 효과가 있다. 이러한 방법은 조직의 단합력을 높이고 시너지를 내는 데 큰 도움이 된다.

하나가 아닌 여럿의 힘

"그림 그리기를 좋아했지만 화가의 꿈을 꿔 본 적은 없습니다. 제게 예술은 사치라 생각했거든요." 취재차 프랑스를 방문했을 때 파리에서 만났던 한 소년의 이야기다. 이 소년은 파리 외곽 북동부의 ZUS(Zones Urbaines Sensibles, 도시민감지역)에 사는 아랍계 이민자였다. ZUS는 1인당 연 소득이 1만 유로에 불과한 빈민가로, 파리에서 발생하고 있는 양극화 문제의 핵심 지역으로 꼽힌다.

소년의 부모는 마땅한 직업이 없었고, 주변 사람들 대부분이 비슷한 처지였다. 소년은 결석을 밥 먹듯 하고 중학교 때는 1년간 유급까지 당한 소위 '문제아'였다. 고등학교 진학 후에는 선생님의 권유로 잠시 목공 일을 배웠지만 얼마 되지 않아 그만뒀다. 주변에 있던 그의 선배들과 부모 세대처럼 그 역시 꿈이 없는 삶을 살고 있었다.

그랬던 소년이 인생의 전환점을 찾게 된 것은 바로 문화다양성재단(Foundation Culture & Diversity)을 만나면서다. 고등학교 1학년 때 우연히 재단이 운영하는 예술체험 프로그램에 참여하게 됐고, 그때 소년의 데생 실력을 눈여겨본 미술 교사의 추천이 발단이었다. 처음에는 억지로 박물관, 미술관 등에 끌려다녔다. 하지만 시간이 갈수록 진지하게 작품을 감상하고 있는 자신을 발견했다.

1년이 지나고 소년은 처음으로 꿈을 갖게 됐다. 바로 '화가가 되고 싶다'는 것이었다. 태어나 처음으로 무언가를 강하게 열망하는 경험을 하게 됐다. 그림을 그릴 때면 뭐든 잘할 수 있을 것 같다는 '열정'이 생겼다. 이후 소년은 재단이 운영하는 소수의 엘리트 양성 대학인 '그랑제콜(Grandes Écoles) 입시 교육 프로그램'에 선발됐다. 이 프로그램은 재능은 있지만 체계적인 교육이 부족한 학생들이 그랑제콜 입학에 도전할 수 있도록 돕는 데 그 목적이 있다.

프랑스 최고의 명문 고등교육기관인 그랑제콜은 프랑스의 논술형 대입자격시험인 바칼로레아(Baccalaureate)나 실기시험에서 상위 1% 이내에 드는 우수 학생만 진학할 수 있다. 행정관료, 정치인, 기업가, 예술가 등 각 분야 엘리트 대부분이 그랑제콜 출신이다. 예술계 그랑제콜은 미술, 음악, 공연 등 분야별로 세분화돼 있는데, 입학 정원도 적을 뿐만 아니라 등록금은 물론 입시 비용도 만만치 않다.

문화다양성재단이 아니었다면 소년은 자신의 예술적 재능도 발견하지 못했을 뿐만 아니라 어려운 가정 형편에 그랑제콜 입시를 준비할 여력도 없었을 것이다. 재단의 도움과 피나는 노력 끝에 소년은 그랑제콜에 진학할 수 있었고, 화가의 꿈을 키워갈 수 있게 됐다.

이처럼 문화다양성재단은 '빈곤층 아이들이 예술가의 꿈을 펼칠 수 있게 돕는 것'을 목표로 한다. 매년 1,300만 유로를 지원하는 재단의 사업은 크게 두 가지다. 첫째는 빈곤층 학교 150곳을 대상으로 학생들이 공연과 미술, 음악 등 다양한 예술을 체험하고 직접 무대에 설 수 있게 한다. 이를 위해 루브르박물관, 홍푸앙극장 등 100여 개의 협력 기관과 함께 학생 눈높이에 맞춘 공연이나 전시 프로그램을 개발하고 운영한다.

두 번째는 예술적 재능을 가진 학생의 그랑제콜 입학을 돕는 것이다. 매년 예술체험 프로그램 참가자 중 70~80명의 학생을 선발해 입시 준비부터 입학 후 등록금, 생활비까지 모두 지원한다. 이 프로그램에 참여한 학생의 약 40%가 그랑제콜에 입학할 만큼 교육 효과가 뛰어나다.

문화다양성재단은 2006년 설립된 이래 비교적 짧은 시간에 사회적으로 의미 있는 성과를 낼 수 있었다. 이 결과에는 설립자인 마크 라샤리에르(Marc Lacharriere) 회장의 리더십이 큰 역할을 했다.

1991년 피말락을 설립한 후 자회사 피치를 세계적인 국제신용평가기관으로 키워냈던 라샤리에르는 90년대 중반부터 꾸준히 기업 메세나 활동을 해왔다. 재단을 설립한 후에는 문어발식으로 다양한 방면에서 사회공헌 활동을 벌이는 타 기업 재단과 달리 '문화예술 교육'이라는 특정 주제에 집중했다.

짧은 기간 동안 문화다양성 재단이 성공할 수 있었던 것은 협업과 시너지의 역량을 키운 덕분이었다. 여럿이 함께 뭉쳤을 때 놀라운 결과를 낼 수 있다는 것을 실천을 통해 보여주고 있었다.

라샤리에르는 단순히 돈만 지원하는 게 아니라 문화예술계의 여러 주체를 찾아다니며 사회적인 동참을 이끌어냈다. 교육부·문화부와 파트너십을 맺어 도움이 필요한 학교와 도움을 줄 수 있는 기관을 이어 주었다. 특히 이 과정에서 정부 인사들과 예술가, 기관장 등을 직접 만나며 교육 기부에 동참할 것을 설득했다. 그의 장녀 엘레오노르 역시 실무진과 함께 수백 곳의 학교, 전시관, 공연장 등을 방문하며 현장을 누볐다. 그 결과 재단은 프랑스의 유명한 미술관과 극단, 오케스트라 등 100여 개 기관의 참여를 이끌어 냈다.

업무 방식도 철저히 협업과 시너지에 중점을 둔다. 참여 기관은 학생들의 눈높이에 맞는 체험 프로그램을 개발·운영하고, 재단은 여기에 필요한 모든 비용을 지원한다. 프랑스 국민배우인 자멜 드부즈를 비롯한 문화예술인 수백 명이 동참해 학생들을 자신의 공연에 초대하고, 직접 연극이나 악기 등을 가르쳤다.

이처럼 라샤리에르는 처음부터 혼자 다 하려고 하지 않았다. 스스로가 잘할 수 있는 일에만 집중하고, 그 외의 일은 그 분야를 가장 잘 아는 전문가를 만나 설득하고, 동참시켰다. 짧은 기간 동안 문화다양성재단이 성공할 수 있었던 것은 협업과 시너지의 역량을 키운 덕분이었다.

문화다양성재단을 취재하기 위해 파리 7구역 릴가(rue de Lille) 97번지에 위치한 사무실을 방문했을 때 신선한 충격을 받았다. 연간 1,300만 유로를 집행하는 공익재단이라고 보기에는 너무나 초라한 모습이었기 때문이다. 재단 대표의 집무실 크기는 10㎡ 남짓. 책상과 책장, 조그만 나무 탁자가 가구의 전부였다. 그리고 상근 직원은 4명에 불과했다.

예상보다 좁은 사무실과 적은 직원 수에 놀란 나는 그 이유를 물었다. 그리고 그 질문이 우문이었다는 사실을 깨닫는 데는 오랜 시간이 걸리지 않았다. "아이들에게 더 많은 혜택을 주기 위해서는 비용을 최대한 아껴야죠. 우리는 각 분야의 전문가들을 하나로 모으는 허브 역할을 하고 있기 때문에 재단 자체는 클 이유가 없어요."

사회적 공익활동을 하는 기관들이 조직을 키우면서 운영과 관리에 필요한 예산에 지나치게 많은 금액을 소모하는 경우를 종종 보게 된다. 각 기관은 공익이라는 목표를 놓고 서로 경쟁하듯 사업을 벌인다. 그러나 문화다양성재단에서는 그런 모습을 전혀 찾아볼 수 없었다. 대신 여럿이 함께 뭉쳤을 때 놀라운 결과를 낼 수 있다는 것을 실천을 통해 보여주고 있었다.

8

오래된 미래,
휴마트

역사적 인물들의 위인전을 읽다 보면 한 가지 공통점을 찾게 된다.

먼저 영웅을 탄생시키는 난세가 있고, 이를 헤쳐 나갈 비범한 인물이 등장한다.

영웅은 대의를 세우고, 그 뜻을 함께 이룰 동지들을 찾아 나선다.

수많은 역경과 시련에 부딪히지만 모든 걸 이겨내고 큰 꿈을 이루고 만다.

고난 속에서도 포기하지 않고 목표를 이룰 수 있었던 것은 그를 도와 함께

대업을 이루고자 했던 사람들 덕분이었다. 유비에겐 관우와 장비가,

유방에겐 한신과 소하가 있었던 것처럼 말이다.

리더의 자질 중 무엇이 가장 중요한지를 역사는 우리에게 말해주고 있다.

12척으로 133척을 이긴 비결

성웅 이순신(李舜臣, 1545~1598)은 우리나라 역사상 가장 위대한 인물 중 하나로 손꼽힌다. 그가 오랜 세월, 많은 이에게 존경받아온 이유는 오래전부터 휴마트한 생각을 실천해 온 인물이기 때문이다.

이순신 하면 제일 먼저 떠오르는 것이 바로 '임진왜란(壬辰倭亂)'이다. 어떻게 그 열악한 상황 속에서 험난한 전쟁을 승리로 끌어냈는지 감탄스럽다. 그 비결은 무엇이었을까. 뛰어난 전략가여서? 훌륭한 장수여서? 나름 이순신을 공부한 사람들은 좀 더 구체적으로 말한다.

"병법의 대가답게 회오리치는 울돌목의 해류를 기막히게 활용한 게 승전 요인이야." "병목현상처럼 좁아지는 명량해협으로 적을 유인한 것부터 탁월한 전략이었어." 이렇게 군사 전문가라도 된 양 이순신의 뛰어난 병법과 전략을 높이 평가한다. 그러나 그것만이 전부는 아니다.

2014년 개봉한 '명량'은 이순신의 활약상을 담아내며 한국영화사상 최다 관객을 동원한 영화다. 영화를 보고 난 많은 이들은 이런 생각을 했을 것이다. '과연 이것이 실재했던 역사란 말야? 133척의 왜선을 단 12척으로 물리쳤다는 게 말이 돼?'냐고 말이다. 아무리 뛰어난 장수라도 그토록 위대한 역사적 과업을 이루지 못했을 것이다. 역사 속 훌륭한 전투는 많았다. 하지만 전략과 용기만으로 불가능을 가능으로 만들고, 전쟁을 백전백승으로 이끌어낸 장수는 이순신이 유일하다.

1592년 임진왜란이 일어났을 때, 이순신은 혁혁한 공을 세우며 백성들의 존경을 받았다. 그러나 각종 모함을 당하면서 결국 선조의 눈 밖에 나게 되고, 옥살이까지 했다. 1597년 정유재란(丁酉再亂)이 일어났을 때, 이순신은 간신히 목숨만을 부지하고 있었다. 당시 수군은 원균(元均, 1540~1597)이 책임지고 있었는데, 칠천량에서 왜적

과 전투를 벌이다 전사하고 말았다. 원균은 판옥선과 거북선을 합쳐 180척이 넘는 배를 갖고 있었지만, 왜적의 공격에 속수무책으로 당하고 말았다. 결국 선조는 이순신을 불러들여 다시 바다를 부탁했다.

이순신은 해안선을 따라 배를 찾고, 흩어졌던 수군을 하나로 모았다. 선조는 바다를 포기하고 육군으로 합류하라는 명령을 내렸지만 이순신은 이를 거부했다. 그때 나온 말이 '상유십이 순신불사(尙有十二 舜臣不死, 아직 12척의 배는 남았고, 이순신은 죽지 않았다)'이다. 이순신이 돌아왔다는 소식이 퍼지자 제 발로 찾아오는 수군들도 늘었고, 마침내 전열을 가다듬어 해전에 나섰다.

명량해전 초반, 이순신은 대장선을 이끌고 나와 제일 앞에서 몇 시간을 혼자 싸우다시피 했다. 자신을 죽이려 했던 선조의 명을 받들어 목숨 바쳐 싸운 것이다. 왜적의 대장선이 맨 뒤에 있었던 것과 대조된다. 두 번의 파직과 세 번의 백의종군에도 싫은 기색 한 번 보이지 않고 나라를 위해 목숨을 바쳤다.

이렇게 이순신은 불가능한 전투를 승리로 이끌었지만, 원균은 충분히 이길 수 있는 전투에서도 지고 말았다. 그 원인은 무엇일까. 전력이 모자라서? 아니면 지략과 병법이 부족해서? 그런 영향도 일정 부분 있겠지만 핵심은 그게 아니었다. 본질은 바로 사람의 됨됨이였다. 이순신의 훌륭한 인품이 불가능을 가능으로 만들었던 것이다. 영화 명량 중 이런 대사가 나온다. "충은 백성을 향한 것이다." 그렇다. 이순신은 백성을 사랑하고 섬기며, 솔선수범하는 훌륭한 인품을 가진 사람이었다. 이런 인품이 있었기에 우리나라의 유일한 '성웅(聖雄)'으로 남을 수 있었다.

이순신은 전쟁에 나가면 막사에서 군졸들과 함께 동고동락했다. 전사자가 생기면 예를 갖춰 장례를 치르고, 그들의 가족까지 챙겼다. 훌륭한 인품 덕분에 이순신이 옮겨 다니는 곳마다 백성들이 따라다

넜다. 이순신이 탄 판옥선이 해류에 휩쓸려 좌초될 위기에 놓였을 때, 조각배를 타고 와 판옥선을 갈고리로 끌어올린 것은 백성들이었다. 자신의 목숨이 위태로운 상황임에도 이순신을 구하기 위해 최선을 다했던 이 행동은 누가 시켜서 한 것이 아닌 마음에서 우러나온 행동이었다. 선조가 이순신을 미워하고 경계했던 이유도 어쩌면 이 때문이었을 것이다. 본인에게는 향하지 않았던 백성들의 존경심 말이다.

명심보감에 이런 말이 있다. "덕승재 위지군자, 재승덕 위지소인(德勝才 謂之君子, 才勝德 謂之小人)" 덕이 재주보다 뛰어난 자를 군자라 이르고, 재주가 덕보다 위인 자를 소인이라 한다는 말이다. 능력과 실력을 갖추기에 앞서 바른 인성을 갖추는 것, 우리 사회의 리더들이 깊이 새겨야 할 정신이다.

> 이순신이 우리나라의 유일한 성웅으로 남을 수 있었던 것은 훌륭한 인품이 있었기에 가능했다. 능력과 실력을 갖추기에 앞서 바른 인성을 갖추는 것, 우리 사회의 리더들이 깊이 반성하고 배워야 할 것이다.

민주주의가 낳은 괴물, 히틀러

두 명의 리더가 있다. 둘 다 못 된 성품을 가졌다. 대신 한 명은 똑똑하고, 다른 한 명은 그렇지 않다. 둘 중 조직원들에게, 나아가 우리 사회에 더 큰 해악을 끼칠 사람은 누구일까. 답은 명백하다. 똑똑하면서 나쁜 마음씨를 가진 리더다. 나쁜 짓도 똑똑한 사람이 행하면 피해가 더 크고, 사회적 비용도 커진다.

똑똑하지만 바르지 못한 성품을 가진 리더는 휴마트 리더의 반대편에 있는 사람이다. 그 대표적인 인물로 독일의 아돌프 히틀러(Adolf Hitler, 1889~1945)가 있다. 히틀러는 훌륭한 언변을 갖췄고 사람을 모으는 비상한 재주를 타고났다. 하지만, 일그러진 성품을 가지고 있었다.

민주주의가 깨어 있지 않았던 1930년대, 히틀러는 선거라는 민주주의의 제도적 토양을 딛고 권력을 잡았고, 괴물로 변하기 시작했다. 1928년, 총선에서 히틀러가 몸담고 있던 민족사회주의독일노동자당(Nazis, 나치스)의 지지율은 고작 2.6%에 불과했다. 그러나 대공황으로 자본주의와 자유주의 체제에 대한 회의가 확산되면서 사람들은 포퓰리즘에 선동되기 시작했다. 히틀러는 그 틈을 파고들어 대중을 자신의 사상 속으로 끌어들였고, 외국인을 혐오하는 민족주의적 선동을 난무하게 했다.

2년 뒤인 1930년에 치러진 총선에서 18.3%를 득표하며 제2당으로 도약한 나치는, 1932년 있었던 대통령 선거에 히틀러를 후보로 내보냈다. 히틀러는 이 선거에서 36.7%를 획득하며 힌덴부르크(Hindenburg, 1847~1934)에 이어 2위를 차지했다. 그 직후 치러진 총선에서 나치는 37.4%를 얻으며 원내 1당이 됐다.

1933년, 힌덴부르크는 히틀러를 총리로 임명했다. 총리가 된 히틀러는 1933년, 모든 정당을 해산하고 의회의 전권을 나치에 위임하는 선거를 치렀다. 그리고 92.1%라는 압도적 득표를 결과로 얻었다. 1934년, 80대의 고령이었던 힌덴부르크 대통령이 사망하면서 총리와 대통령을 겸하는 총통 투표가 치러졌다. 여기서 히틀러는 88.1%의 찬성표를 받으며 합법적 제도를 통해 독일의 전권을 쥐게 됐다.

민주주의 제도를 통해 모든 권력을 손에 넣은 히틀러는 전쟁과 유대인 학살 등 인류 역사에 큰 오점을 남겼다. 전후 독일인들은 이러한 과오를 통해 '중요한 것은 민주주의 제도 자체가 아니라 이를 운영하는 시민의 깨어 있는 의식'이란 사실을 깨닫게 됐다.

이 같은 반성의 의미에서 독일의 사회지도층은 전후 국가 재건 과정에서 깊은 고민에 빠졌다. 어떻게 하면 이 같은 역사가 재발하지 않을까라는 고민 끝에 나온 것이 바로 시민교육이다. 깨어 있는 시민을 만드는 교육, 그것을 민주주의 핵심 과제라고 본 것이다. 그리고 전 국민을 대상으로 한 시민교육을 국가가 주도하는 방식으로 이끌어 가기로 했다.

독일 현지에서는 시민교육을 '정치교육(Politische Bildung)'이라 부른다. 정치교육은 1976년 제정된 '보이텔스바흐 합의(Beutelsbacher Konsens)'의 원칙에 따라 이뤄진다. 교화나 주입식 교육을 금하고, 학문·정치 영역에서 논쟁적인 것은 수업에서도 그대로 나타나야 한다. 학생들은 특정한 정치적 상황이나 자신의 이해관계를 자유롭게 표현할 수 있다.

시민교육은 90년대 이전까지는 깨어있는 시민을 만드는 교육으로, 90년대 이후에는 통일 독일의 출범과 함께 다문화와 다원성을 강조하는 교육으로 진화했다. 2015년 시리아 난민 사태 때 독일 시민들이 난민의 유입을 정책적으로는 받아들일 수 있던 것도 오랜 시간 시민교육을 한 결과였다.

히틀러와 독일의 사례는 우리에게 많은 것을 시사한다. 한국과 독일은 전쟁의 참화를 겪었고, 각기 라인강과 한강에서 기적을 일궈냈다는 공통점이 있다. 또, 외부에서 민주주의를 이식받았고, 급속한 산업화의 과정을 거쳤다. 이는 영국과 프랑스처럼 오랜 진화 과정을 통해 자체적으로 '시민'이라는 개념이 만들어지고, 자생적으로 민주주의가 발전한 국가들과는 차원이 다르다.

한국은 1980년대 운동으로서의 민주화를 끝냈고, 1990년대와 2000년대에 제도로서의 민주주의를 정착시켰다. 이제 우리에게 필요한 것은 민주주의 제도를 운용하는 시민의 깨어있는 의식이다. 시민의식이 성숙하고 건강하게 깨어 있다면, 제도의 허점 또한 쉽게 보완할 수 있다. 설령 제도적으로 미비한 부분이 있더라도 운용의 묘로 극복할 수 있다. 히틀러와 같거나 그와 비슷한 선동가들의 손에 사회가 흔들리지 않을 건강한 시민의식을 기르는 것이 중요하다. 21세기 대한민국 민주주의의 가장 큰 과제이자 희망은 바로 '시민'에 있다.

절대악보다 무서운 독선

"가짜 그리스도는 지나친 믿음에서 나올 수도 있고, 하느님이나 진리에 대한 과한 사랑에서 나올 수도 있다. 선지자를 두렵게 여겨라. 그리고 진리를 위해서 죽을 수 있는 자를 경계해라. 진리를 위해 죽을 수 있는 자는 대체로 많은 사람을 저와 함께 죽게 하거나, 때로는 저보다 먼저, 때로는 저 대신 죽게 하는 법이다."

독일인들은 '중요한 것은 민주주의 제도 자체가 아니라 이를 운영하는 시민의 깨어 있는 의식'이란 사실을 깨닫게 됐다. 그리고 깨어 있는 시민을 만드는 교육을 민주주의의 핵심 과제로 보고 국가 주도하에 시민교육을 실시했다.

이탈리아 북부 도미니크 수도원. 이곳에 있던 중세 최대의 도서관이 불탔다. 누구보다 엄숙하고 근엄한 중세 수도자였던 범인은 도서관에 은폐된 아리스토텔레스의 시학 2권의 '웃음'이 세상에 공개되는 것을 막기 위해 동료들을 죽이고 불을 질렀다. 이 책이 공개되면 자신이 절대진리라고 믿어왔던 가치들이 한순간에 잿더미로 변해버릴 것이라 생각했기 때문이다.

움베르토 에코(Umberto Eco)의 장편소설 『장미의 이름(The Name of the Rose)』은 수도원 화재의 비밀을 파헤치는 윌리엄 수도사와 그의 제자 아드소의 이야기다. 소설 속에서 책을 몰래 본 사람들은 쥐도 새도 모르게 죽고 만다. 신의 이름으로 죄를 처단하겠다는 범인의 의지에 따라서다. 결국, 윌리엄은 범인을 밝혀낸다. 하지만 범인은 도서관에 불을 지르며 진리에 대한 자기 확신을 보여준다. 중세 철학과 학문, 지식의 집합처였던 도미니크 수도원의 도서관이 잿더미로 주저앉으면서 중세는 막을 내린다.

노인이 된 제자 아드소는 자신의 청년 시절을 담담히 이야기한다. 당시의 그 거센 풍파를, 거칠었던 투쟁의 기억들을 "지난날의 장미는 이제 그 이름뿐, 우리에게 남은 것은 덧없는 이름뿐"이라고 묘사한다. 진리를 둘러싼 모든 갈등은 덧없는 이야기가 돼 버리고, 진리를 지키고자 자신의 목숨까지 내놓았던 순교자 또한 역사 속으로 사라져 버렸다.

그렇다면 범인이 목숨까지 바쳐가며 지키려 했던 '진리'란 무엇일까. 이 소설 속에서 이런 질문은 무의미하다. 대신 누구의 진리인가, 누구를 위한 진리인가가 핵심이다. 『장미의 이름』에서 진리는 늘 자신을 위해 죽어줄 사람을 필요로 한다. 진리란 순교자들의 삶과 꿈을 건 전쟁의 전리품이며, 그런 의미에서 자신이 믿는 가치를 실현하는 방식일 뿐이다.

진리에 가장 가까운 것일수록 독선과 오만에 빠지기 쉽다. 진리는 믿는 자와 믿지 않는 자의 투쟁을 야기한다. 진리를 위해 죽을 수 있는 자는 자신에 대한 비판을 용납하지 않는다. 원칙과 소신이 지나치면 독선과 독단이 될 수 있다. 자신이 굳게 믿는 진리를 믿지 않는 자는 그저 타도해야 할 '악'일 뿐이다.

현실 속에서는 자신이 믿는 가치와 진리가 어느 편에 서 있느냐에 따라 세상을 바라보는 눈이 달라진다. 언론에서 말하는 팩트, 즉 사실이라는 것도 결국에는 실재하는 진실이 아니라 판단의 문제인 것이다. 있는 사실 그대로를 가감 없이 전달할 수 있는 방법은 그 어디에도 없다. 다만 사실의 단편적인 조각들을 하나씩 모으다 보면 어느새 전체적인 그림이 그려지고, 이를 통해 진리의 실루엣만을 엿볼 수 있을 뿐이다. 물론 사실의 조각들이 많을수록 객관적인 판단이 될 확률은 높아진다.

이는 현재 언론학자들의 필독서로 통하는 존 밀턴(John Milton, 1608~1674)의 『아레오파지티카(Areopagitica)』에서 잘 나타난다. "진실의 발견을 위해서는 사상의 자유롭고 공개적인 시장 아래 표현의 자유가 허용돼야 한다." 결국 우리가 진실에 다가가기 위해 필요한 핵심 전제는 다양성이다. 영국의 철학자 칼 포퍼(Karl Popper, 1902~1994)가 이야기한 '반증 가능성'도 이와 일맥상통한 것이다. 사실의 조각을 모아 진실에 가까워지기 위해서 우리는 다양성을 인정해야 한다. 자신만 옳다고 주장하는 것은 오히려 진실에서 멀어지게 할 뿐이다.

진리에 가장 가까운 것일수록 독선과 오만에 빠지기 쉽다. 사실의 조각을 모아 진실에 가까워지기 위해서는 다양성을 인정해야 한다. 자신만 옳다고 주장하는 것은 오히려 진실에서 멀어지게 할 뿐이다.

시각장애인은 자신이 만져본 코와 몸통, 다리 등 각 부분을 조합해 실제 코끼리의 모습을 생각한다. 물론 이렇게 생각한 코끼리의 모습은 실제 코끼리의 모습과 전혀 다를 것이다. 우리가 생각하는 진실도 마찬가지다. 경험을 통해 오감으로 겪은 진실의 한 조각일 뿐이다. 이 조각이 모여 큰 그림이 그려지면 그것이 진실의 모자이크가 된다. 진리는 진실의 모자이크 너머에 있는, 인간의 영역으로는 도달 불가능한 지점의 절대적인 무언가다.

진리의 속성상 인간은 그 절대성에 도달할 수 없다. 그렇기 때문에 인간의 입으로 진리를 이야기하는 것은 악보다 위험하다. 악은 그 자체로 악함을 드러내기 때문에 경계할 수 있지만, 독선은 선을 가장하기에 더 위험하다. 진리는 인간의 영역이 아니다. 인간은 사실에서 진실을 추구하고, 진리의 모상에 다가가고자 할 뿐이다. 그 과정을 우리는 지식이라고 부른다.

절대악보다 무서운 것은 독선이다. 『장미의 이름』에서 나온 말처럼 진리를 위해 죽을 수 있는 자는 대체로 많은 사람을 저와 함께 죽게 하거나, 때로는 저보다 먼저, 저 대신 죽게 하기 때문이다. 휴마트 씽킹은 독선을 버리고, 다양성을 인정하는 것에서 시작한다.

유방은 어떻게 왕이 됐을까

기원전 202년 중국 안휘성 남쪽에 위치한 해하성. 매서운 추위가 겨울밤을 더욱 스산하게 만들고 있었다. 천하를 주름잡던 초나라의 패왕 항우(項羽, BC.232~BC.202)는 유방(劉邦, BC.256~BC.195)의 군대에 포위당했다는 사실이 좀처럼 믿기지 않았다. 항우의 군대를 에워싼 사방에서 초나라의 노랫소리가 들려왔다. 향수를 불러일으켜 심리를 나약하게 하려는 유방의 심리 작전이었다. 이것이 그 유명한 고사 '사면초가(四面楚歌)'의 어원이 된 해하성 전투 이야기다.

대장군 한신(韓信, ?~BC.196)이 이끄는 30만 대군에 휩싸인 항우는 절망보다 황당한 마음이 앞섰다. 70회가 넘는 크고 작은 전투에서 유방에게 한 번도 져 본 적 없던 항우는 늘 자신감이 하늘을 찔렀다. 얼마 전까지 자기 앞에서 무릎을 꿇고 머리를 조아리던 유방 아니었던가. 하지만 한 번도 라이벌이라 생각지 않았던 유방의 손에 죽게 되다니. 항우는 이 사실이 치욕스러웠다.

치열한 전투 끝에 항우는 한신의 군대를 뚫고 탈출에 성공했다. 그러나 휘하의 장수들을 만나기로 했던 오강에는 아무도 오지 않았다. 그리고 천하제일의 영웅 항우를 뒤따르던 수십만 군대는 흔적도 없이 사라져 버렸다. 결국, 항우는 하늘의 뜻을 원망하며 스스로 목숨을 끊었다. 오늘날 장기의 유래가 된 '초한쟁패(楚漢爭霸)'의 마지막 장면이다.

400년 한나라의 시작을 알린 해하성 전투는 유방이 거둔 단 한 번뿐인 승리였다. 젊은 시절 한량으로 지냈던 유방이 어떻게 천하를 통일할 수 있었을까. 천하제일 영웅으로 칭송받던 항우는 어쩌다 이런 비극적 죽음을 맞이했을까.

항우가 죽고 한 세기가 지나 쓰여진 사마천의 『사기(史記)』에서는 유방을 인재를 끌어들이는 능력이 탁월한 인물로 묘사하고 있다.

또, 초한지에 전해 내려오는 바에 따르면, 유방은 자신을 이렇게 표현했다. "나는 장량처럼 교묘한 책략을 펼 줄 모른다. 소하같이 행정을 살피고 군량을 적절히 보급할 수도 없다. 병사를 이끌고 싸움에서 이기는 것은 한신을 따라갈 수 없다. 그러나 나는 이들을 제대로 쓸 줄 안다." 유방 개인의 능력은 항우에 미치지 못했지만, 인재를 끌어들이고 그들을 활용하는 용인술만큼은 항우보다 뛰어났다는 것이다.

실제로 유방은 넓은 아량과 포용력을 갖춘 인물이었다. 기원전 206년 함양에 들어온 유방은 자신을 한왕(漢王)이라 칭했지만, 백성들의 재산에는 욕심을 부리지 않았다. 군기를 엄격히 바로잡아 백성들에게 피해가 가지 않도록 했으며, 진나라의 가혹한 법을 폐지하고 '약법 3장'만 남겨 백성들에게 환영을 받았다.

이러한 유방의 인품은 사람들에게 매력으로 작용했고, 인재를 끌어들이는 힘이 됐다. 원래 항우의 수하에 있었지만 중히 쓰이지 못했던 한신은, 유방의 휘하로 들어오면서 역사상 가장 유명한 대장군이 됐다. 기발한 책략가 장량, 유방의 처음과 끝을 꼼꼼히 챙긴 소하와 번쾌 등은 유방이 천하를 통일하는 데 없어서는 안 될 인물들이었다.

하지만 항우는 달랐다. 명문가 출신에 싸움에서는 그 누구도 당할 자가 없었다. 뛰어난 역량을 갖춘 '패왕' 항우는 훗날 『삼국지』의 손책이 '소패왕'이라 부를 만큼 중국 역사상 가장 뛰어난 영웅의 하나로 추앙받는다. 그러나 독단적이고 오만한 성격은 사람들의 마음을 얻는 데 방해가 됐고, 휘하의 장졸들을 제대로 다스릴 줄도 몰랐다.

모든 여건이 우세했던 항우가 유방에게 무너졌던 것은, 모든 싸움에서 패했던 유방이 중국을 통일할 수 있었던 것은, 바로 이런 차이 때문이었다. 항우는 피비린내 나는 전투에서 모두 이겼지만, 유방은 사람 냄새 나는 인사에서 백 번 승리한 것이다. 사람을 끌어들이는 덕성과 그들로 하여금 진심으로 움직일 수 있게 만든 인품이 두 사람의 운명을 갈랐다.

후한을 이끌었던 유비(劉備, 161~223)도 마찬가지다. 『삼국지』에서 유비는 지략이 뛰어난 조조(曹操, 155~220)와 늘 비교된다. 개인의 역량은 조조에 비할 바 못 되지만, 사람의 마음을 얻고 그들을 활용하는 능력만큼은 그 어떤 라이벌과도 비교할 수 없었다. 결과적으로 바른 인품과 덕성이 그들을 시대의 영웅으로 만들었던 것이다.

9

시대를 뛰어넘는 휴마트 씽커, 세종

이보다 훌륭한 군자가 또 있었을까. 자신의 단점까지도 실록에
기록할 수 있었던 세종은 한국 역사상 유일하게 성군으로 추앙받는 인물이다.
이처럼 세종이 위대한 업적을 남길 수 있었던 비결은
그가 완벽한 휴마트 씽커였기 때문이다.
세종의 발자취를 좇아 휴마트 씽킹의 오래된 미래를 찾아가 보자.

애민정신으로 정책을 펼친 성군, 세종

조선 초기의 모습은 현대사와 여러 측면에서 닮아 있다. 일제 강점과 6·25 한국 전쟁으로 역사적 단절을 경험한 우리는 1960년대 이후 비로소 안정된 산업화의 길을 걷게 된다. 그리고 불과 반세기 만에 산업화와 민주화를 동시에 성공시키며 선진국의 반열에 올랐다.

지금 우리 앞에는 물질적 성장에 걸맞은 정신적 성숙을 통해 국격을 한 단계 높이는 과제가 남아 있다. 지난 60여 년이란 시간은 조선 초 세종(世宗, 1937~1450)이 재위했던 기간과 비슷한 모습이다. 이것이 지금 우리가 세종을 깊이 주목해야 하는 이유 중 하나다.

1392년 태조 이성계(李成桂, 1335~1408)는 고려에서 조선이라는 새로운 국가를 출범시켰다. 세 번째 임금 태종(太宗, 재위 1400~1418)은 강력한 카리스마를 바탕으로 정적들을 물리치고 왕권을 강화했다. 중앙집권국가를 이룩한 조선은 세종(재위 1418~1450)에 이르러 각종 제도를 정비했고 학문과 예술이 융성했으며, 산업도 발전했다. 이처럼 태평성대를 이룩했던 세종의 핵심 철학은 '애민(愛民)', 백성을 사랑하는 마음이었다.

실록에 따르면, 1924년 세종은 삼정승과 대제학, 이조판서 등을 불러 사헌부가 제안한 '여수구죄지법(與受俱罪之法)'에 대해 의견을 묻는다. 뇌물을 준 자와 받은 자를 엄히 가려내 벌을 주도록 하는 법이다. 그러나 영의정 유정현(柳廷顯)은 "저 같은 늙은이가 먹을 것을 좀 받아먹는 것이 무슨 해로울 것이 있겠느냐."며 반대 의견을 펼친다. 이조판서 허조(許稠)도 "먹는 것을 주고받는 건 해로울 게 없으니 모든 걸 금할 필요는 없다."고 주장한다.

하지만 세종은 당시 조정 신하들이 뇌물에 연루돼 탄핵된 사실을 열거하며 법 제정의 필요성을 강조하고, 사헌부는 '여수구죄지법'을 공표한다. 이 법은 세종 이후 기득권층의 반대로 큰 힘을 발휘하지 못했지만, 뇌물 수수를 엄히 처벌하는 최초의 '김영란법'이었다.

세종은 1430년 출산휴가제를 최초로 만들기도 했다. 세종의 어가 행렬이 도성 근처를 지나고 있을 때였다. 그때 밭에서 일하고 있던 만삭의 여종이 눈에 들어왔다. 세종은 그 자리에서 "밭에서 갑자기 애를 낳으면 위태로우니 산전에 미리 쉴 수 있도록 하라."고 지시했다. 관비인 여종들에게 산전 휴가를 주는 '공처노비 산아휴가법(公處奴婢産兒休暇法)'이 제정된 경위다. 4년 뒤에는 산후 산모와 아이를 보필할 수 있도록 남자 노비에게도 한 달의 출산휴가를 주도록 제도를 바꿨다. 출산휴가를 법으로 정한 세계 최초의 사례다.

세종은 지도층이 아닌 백성의
입장에서 모든 정책을 펼쳤고,
토론과 배움을 통해
나라 발전의 길을 찾았다.
모두를 위한 열린 사고를 품고
국가를 이끌어간
세종은 역사상 가장 위대한
성군으로 남아있다.

1432년 11월 열린 어전 회의에서는 "백성이 법조항을 모두 알게 할 순 없지만, 형법의 주요 내용을 이두문으로 번역해 반포하는 게 어떻겠냐."고 제안했다. 그러나 신료들은 그 제안에 정색했다. 특히 허조의 반대가 거셌다. 그는 "간악한 백성이 법을 알게 되면 죄의 크고 작은 것을 헤아려 두려워하지 않고 제 마음대로 농간하는 무리가 생길 것"이라고 말했다. 그러자 세종은 "백성이 법을 몰라 죄를 짓게 하고, 범법자를 벌주는 것은 조사모삼(朝四暮三)의 술책이 아니냐. 백성들이 법을 알게 해 죄를 짓지 않도록 하라."고 지시했다.

이듬해인 1433년, 백성이 관리들의 비리를 고발하지 못하게 한 '수령고소금지법(守令告訴禁止法)'을 개정할 때도 세종은 민심을 들을 수 있는 통로를 봉쇄해서는 안 된다고 강조했다. 이렇게 세종은 지도층이 아닌 백성의 입장에서 모든 정책을 펼쳤고, 역사상 가장 위대한 성군으로 자리매김했다.

배움에서 나라 발전의 길을 찾다

1436년 세종은 '의정부서사제(議政府署事制)'를 실시했다. 이는 임금이 국사를 결정할 때 삼정승과 미리 의논하도록 한 것이다. 선왕인 태종 때는 임금이 직접 육조(이조·호조·예조·병조·형조·공조)를 관할해 직접 보고받았다. 하지만 세종은 왕권을 강화했던 이전의 정책과는 반대로 신권을 인정하며 균형의 정치를 표방한 것이다.

이 같은 행보는 본인 스스로가 공부하는 임금이었기 때문에 가능했다. 세종은 역사와 과학, 유학 등 모든 분야에 걸쳐 깊이 공부했던 가장 모범적인 군주였다. 재위 기간 동안 신료들의 이야기를 듣는 언관 활동을 월평균 5회씩 치렀으며, 그 과정에서 모르는 지식은 꼭 찾아 공부하고 신하들과 토론했다.

농민 부담을 덜기 위해 시작한 조세제도인 '공법(貢法)'을 도입할 때의 일이다. 공법은 토지의 비옥도에 따라 등급을 나누는 전분6등제, 풍년과 흉년의 정도에 따른 연분9등제를 말한다. 세종은 합리적인 조세제도를 만들기 위해 17년 동안 16만 명의 의견을 조사했다. 어떤 정책도 독단으로 결정하지 않고 다른 사람들의 이야기를 반영하기 위해 노력한 것이다.

박현모 여주대 교수의 연구에 따르면, 세종의 의사결정은 회의를 통한 것이 63%, 명령이 29%였다. 반면, 그의 아들 세조는 명령이 75.3%, 회의가 20.9%로 정반대의 모습을 보였다.

세종의 의사결정 방식을 대표적으로 보여주는 사례는 1432년 북방 오랑캐의 척결 과정이다. 당시 북쪽 오랑캐가 백성을 약탈하는 일이 잦아지자 세종은 회의를 소집했다. 신료들의 의견은 '국경 경비를 강화하자(허조)'는 주장과 '오랑캐를 쳐부수자(황희)'는 주장으로 나뉘었다. 출병 시 명나라에 사전 보고할 것인지에 대한 문제도 논의에 올랐는데 이 역시 의견이 엇갈렸다. 세종은 출병하고 싶었지만 신하들의 주장이 합의점을 찾지 못하자 회의를 뒤로 미뤘다.

두 달이 지나고 오랑캐의 횡포가 심해지자 세종은 대신들을 설득하기 시작했다. "우리 백성을 죽이고 잡아가는데 나라가 두고만 보는 것은 옳지 않은 일이다." 세종은 압록강에 최윤덕(崔潤德, 1376~1445)을 파견해 4군을, 두만강에는 김종서(金宗瑞, 1383~1453)를 파견해 6진을 설치함으로써 국경선을 확보하는 등 적극적인 영토 확장 정책을 펼쳤다.

세종은 역사 공부를 통해 선조들의 지혜를 배웠다. 즉위 직후에는 고려사를 면밀히 연구했는데, 한 나라의 흥망성쇠를 통해 조선에 필요한 게 무엇인지 고심한 것이다. 세종의 고려 연구는 김종서와 정인지(鄭麟趾, 1396~1478)에게 139권 75책에 이르는 방대한 『고려사(高麗史)』를 완성케 하면서 종지부를 찍었다.

『고려사』를 통해 그가 얻은 깨달음은 인재를 키우는 일이었다. 1420년, 23세의 젊은 왕 세종은 즉위 2년 되던 해 궁내에서 가장 경치가 좋은 경희루 앞에 집현전을 설치했다. 태조 때 만들어졌지만 유명무실했던 집현전을 정일품 영전사 두 명이 관할하는 '씽크탱크(Think Tank)'로 확대 개편한 것이다.

이곳에서 세종은 태종 때 60여 회에 불과했던 경연을 1,898회나 진행했다. 신진 학자들과 밤낮을 가리지 않고 함께 공부하며 국가 발전을 위해 연구했다. 훈민정음의 창제와 실록 편찬, 『삼강행실도(三綱行實圖)』와 『농사직설(農事直說)』 등 각종 서적의 발행으로 혁혁한 공을 세웠다. 집현전이 키운 박팽년, 신숙주, 성삼문, 정인지 등의 젊은 학자들은 신생국가인 조선이 기틀을 다지는 데 큰 역할을 했다.

세종은 능력 있는 인재에게는 신분에 얽매이지 않고 기회의 문을 열어주었다. 부산의 관노였던 장영실(蔣英實)을 중국 유학까지 보내고, 정삼품 대호군으로까지 승진시키기도 했다. 당시 신분사회였던 조선에서 노비를 정삼품으로 대우하고, 국비로 유학까지 보낸다는 것은 상상조차 하기 힘든 파격적인 일이었다. 그만큼 인재 등용을 중시한 것이다.

세종의 또 한 가지 훌륭한 점은 균형감과 객관성을 잃지 않기 위해 노력했다는 점이다. 세종은 즉위 4년(1422년) 선왕인 태종이 죽자, 1424년부터 실록 편찬 작업을 시작했다. 변계량(卞季良, 1369~1430)을 책임자로 1426년 『정종실록(定宗實錄)』 6권을 완성했고, 1431년에는 황희(黃喜, 1363~1452)와 맹사성(孟思誠, 1360~1438)의 책임 아래 『태종실록(太宗實錄)』 36권을 편찬했다.

실록이 완성되자 세종은 아버지인 태종의 실록이 보고 싶어졌다. 하지만 맹사성은 "전하께서 실록을 보신다면 후세 임금도 똑같이 하실 것입니다. 사관도 왕이 볼 것을 염려해 사실을 모두 기록하지 못할 것이니, 진실을 후세에 어떻게 전하겠습니까?"라며 직언했다. 세종은 그 직언을 받아들여 뜻을 굽혔다. 선왕의 사초를 보려 했다는 기록까지 실릴 만큼 투명했다는 이야기다.

반면, 세종의 아들 세조(世祖, 1417~1468)는 객관적이지 못한 실록을 남겼다. 『단종실록(端宗實錄)』의 공식 명칭은 『노산군일기(魯山君日記)』다. 실록에서 단종은 노산군으로, 수양대군은 아직 왕위에 오르지 않은 상태였음에도 이미 세조로 표현돼 있다. 또, 1498년 신하들의 반대를 무릅쓰고 실록을 본 연산군(燕山君, 1476~1506)은 피비린내 나는 '무오사화(戊吾士禍)'를 일으키기도 했다.

공부의 목적은 백성이 잘사는 나라를 만드는 것

앞서 살펴본 것처럼 세종은 조선 역사상 가장 열심히 공부한 임금이었다. 역대 임금 중 가장 많은 경연을 펼쳤고, 3년 동안 200권이 넘는 『자치통감(資治通鑑)』을 경연 주제로 다뤘다. 그가 이렇게 모범적인 군주가 될 수 있었던 배경은 무엇일까.

아버지 태종이 재위했던 시절, 세종에게는 두 명의 형이 있었다. 첫째 양녕대군(讓寧大君, 1394~1462)은 어린 나이에 일찌감치 세자에 책봉됐다. 태종은 어린 세자를 등에 업고 위세를 펼치는 외척들을 못마땅히 여겼다. 결국 태종은 세자의 외삼촌, 즉 자신의 처남들을 일찌감치 제거했다. 마치 자신의 왕위를 위해 형제들을 죽였던 것과 비슷했다. 평소 품행이 바르지 못했던 양녕은 외삼촌들이 죽어 나가는 것을 본 후 더욱 방탕한 길로 빠졌고 결국, 세자의 위치를 박탈당하고 만다.

아버지 태종의 입장에서 둘째인 효령대군(孝寧大君, 1396~1486)은 왕의 자질이 없어 보였다. 불교에 심취해 승려들과 어울리며 사찰을 들락거렸기 때문이다. 고려의 국교였던 불교를 멀리하고, 유교를 바탕으로 했던 조선의 임금으로서는 부적절한 행동이었다.

태종에게 남은 선택은 셋째인 충녕대군(忠寧大君, 세종)뿐이었다. 충녕은 성정이 올바르고, 어릴 적부터 책을 많이 읽어 다양한 분야에서 학식이 높았다. 온화한 성품에 신하들에게도 큰 존경을 받았다. 무엇보다 태종이 금기시했던 외척 세력과의 관계도 깊지 않았다. 결국 태종은 장자 승계의 원칙을 어기고 셋째인 충녕을 세자로 책봉했다. 큰형인 양녕이 세자에 책봉된 지 15년 만의 일이었다.

충녕이 세자가 됐을 때 나이는 21세였다. 생의 주기가 지금보다 빨랐던 조선시대임을 감안하면 이미 완전한 성인이었다. 충녕은 자신이 여섯 살 때 세자로 책봉된 큰 형이 있었기에 일찌감치 왕권에 대한 욕심을 버릴 수 있었다. 특히 아버지인 태종이 왕권을 얻기 위해 무참히 살육을 벌였던 것을 익히 잘 알고 있었기에 선불리 야망을 품지도 않았다. 결국, 둘째 형인 효령은 종교로 눈을 돌렸고, 충녕은 공부에 매진하게 된 것이다.

어설픈 싹을 보이지 않기 위해서라도 충녕이 할 수 있는 일은 학문에 힘을 쏟는 것이었다. 왕이 되겠다는 욕심을 버리자 마음은 홀가분해졌다. 성인이 될 때까지 권력관계에서 오는 스트레스에서 비교적 자유로울 수 있었고, 학문 본연의 목적에 충실할 수 있었다.

이 같은 배경으로 공부에 관심을 둔 것도 있었지만, 타고난 기질의 영향도 컸다. 어릴 적부터 호기심 많고 탐구 정신이 강했던 충녕은, 유학 경전인 『사서삼경(四書三經)』을 비롯해 농업, 과학 등 다양한 분야의 책을 고루 읽었다. 독서를 좋아하다 보니 자연스럽게 학식이 높아졌고, 바른 인품을 형성할 수 있었다. 무엇보다 스스로 공부의 목적을 깨달을 수 있었다.

세종이 집현전 학사들에게 했던 이야기를 보면, 그가 생각했던 공부의 목적이 무엇인지 잘 알 수 있다. "백성들이 무지해서 억울한 일을 당하거나 잘못된 행동을 하지 않도록 돕는 것이 왕의 역할이요, 농사짓는 사람들의 근심과 탄식이 없게 하는 것 또한 왕의 역할이다. 왕은 백성을 위해 존재하기에 애민의 정신을 가져야 한다. 왕을 보좌하는 신하들은 백성을 위해, 후대를 위해 열심히 공부하고 성과를 내야 한다."

> 지식을 쌓는 법을 배우기 전에
> 지식을 쓰는 법을 터득해야 하고,
> 공부의 방법을 고민하기 전에
> 공부의 목적을 깨쳐야 한다.
> 내가 쌓은 지식을 통해 출세와
> 성공을 뛰어넘는, 공익을 위한
> 목표가 함께 있어야 한다는 것,
> 그것이 바로 세종에게
> 가장 먼저 배워야 할 점이다.

그가 생각했던 공부의 목적은 백성이 잘사는 나라를 만드는 것이었다. 훈민정음을 창제할 때도 글을 모르는 백성을 위해서였다고 첫 문장에서 밝힐 만큼 공부하는 목적이 명확했다. 자신의 성공과 출세가 아닌 자신이 몸담고 있는 나라와 그 사회 구성원들을 위한다는 뚜렷한 목표가 있었다. 세종은 그 목표 아래 많은 업적을 남길 수 있었다. 경제, 과학, 의학, 군사, 법률 등 백성들의 삶에 필요한 거의 모든 분야를 연구했다. 이는 확고한 철학과 뚜렷한 목표 의식이 없었다면 도저히 이룰 수 없는 것들이다.

세종은 우리에게 공부의 목적은 무엇인가 생각하게 한다. 자신의 입신양명을 위해서만 공부가 필요한지, 공부의 방법과 효과적인 스킬을 배우는 것만이 중요한지 의문을 품어야 한다. 지식을 쌓는 법을 배우기 전에 지식을 쓰는 법을 터득해야 하고, 공부의 방법을 고민하기 전에 공부의 목적을 깨쳐야 한다. 내가 쌓은 지식을 통해 출세와 성공을 뛰어넘는, 공익을 위한 목표가 함께 있어야 한다는 것, 그것이 바로 우리가 세종에게 가장 먼저 배워야 할 점이다.

질문을 통해 답을 찾아가는 뛰어난 소통가

1만 800여 장에 달하는 『세종실록(世宗實錄)』을 살펴보면 세종이 자주 사용했던 말버릇을 발견할 수 있다. 어전회의를 주재하고 경연하면서 가장 많이 썼던 표현은 "경들은 어찌 생각하시오?"였다. 국가의 중대사를 논할 때도, 집현전 학사들과 격의 없는 토론을 벌일 때도 가장 먼저 신하들에게 질문을 던졌다. 자신의 생각이 이미 굳게 정해져 있을 때도 세종은 다른 사람의 의견부터 물었다.

질문은 왜 중요한가. 아인슈타인은 "과학에서 제일 중요한 것은 질문을 멈추지 않는 것"이라고 했다. 질문은 과학을, 넓게는 세상을 발전시키는 가장 큰 원동력이다. 주체적으로 질문할 수 있다는 것은 커뮤니케이션을 능동적으로 이끌어 갈 수 있다는 뜻이다. 질문은 호기심에서 비롯되고, 호기심은 고민과 사유에서 나온다. 그러므로 좋은 질문은 생각의 깊이를 더하고 토론에서 바른 합의점을 찾아가는 핵심 열쇠가 된다.

세종은 공부에서뿐만 아니라 정치를 행함에 있어서도 질문을 자주 했다. 타인의 생각을 들으며 자신이 생각하지 못했던 부분을 깨닫기도 했다. 꼬리에 꼬리를 무는 질문으로 격한 토론과 논쟁을 벌이기도 했다. 좋은 질문은 훌륭한 토론의 전제가 되기 때문에 세종은 그 누구보다 훌륭한 커뮤니케이터였다고 할 수 있다.

박현모 세종리더십연구소장의 저서 『세종의 적솔력』을 보면 『세종실록』에 기록된 세종의 훌륭한 치세를 압축한 52가지의 사자성어가 나온다. 이중 상당 부분은 좋은 질문으로 대화를 이끌고, 이를 통해 올바른 합의점을 찾아갔던 세종이 얼마나 뛰어난 소통 능력을 지녔는지에 대한 내용이다.

• **이위하여(以爲何如)**

'질문으로 먼저 말문을 열라'는 뜻이다. 세종은 "경들은 어찌 생각하시오?"라는 물음으로 모든 회의를 시작했다. 신하들의 의견을 귀담아듣고 그들이 마음 편히 이야기할 수 있도록 분위를 만들어주는 것, 그것이 훌륭한 소통의 첫 번째 조건이다.

• **문어농부(問於農夫)**

'농부에게 물었다'는 뜻으로, 모든 답은 현장에 있음을 의미한다. 세종은 재위 7년이 되던 1425년, 가뭄이 극심해지자 직접 현장을 다니며 백성들의 어려움을 경청했다. 백성의 근심을 자신의 것처럼 받아들이며 함께 고민하고 슬퍼했다. 조세 제도를 정립하기 위해 10년이 넘는 시간 동안 토론을 벌였고, 과거시험의 주제로 삼기도 했다.

• **사자지익(師資之益)**

선한 사람은 선하지 못한 사람의 스승이 되고, 선하지 못한 사람은 선한 사람의 근본이 된다는 노자의 말에서 비롯된 것으로, '세상에 스승 아닌 사람이 없다'는 뜻이다. 누구나 타인의 스승이 될 수 있고, 그렇기에 마음을 열고 다른 사람의 의견을 받아들이고 배워야 한다. 좋은 의견은 결코 놓치지 않는다는 '우여허지(又予許之)'와도 일맥상통하는 말이다.

- 간행언청(諫行言聽)

'잘 듣는 것이 사람의 의지를 크게 한다'는 뜻이다. 세종은 신하의 말을 끝까지 경청했고, 자신의 철학이 깃든 주장은 꼭 치세에 반영하려고 애를 썼다. 이를 위해 국가의 중요 사안이 있을 때는 '끝장토론'을 벌이기도 했다.

- 심열성복(心悅誠服)

'진심으로 기뻐하며 복종한다'는 뜻이다. 세종은 대화하는 상대를 감동케 하는 일이 많았다. 소통의 과정에는 감동이 배어 있어야 한다.

이처럼 세종은 모든 영역에서 훌륭한 소통자가 되기 위해 노력했던 왕이었다. 질문을 통한 공부는 다양한 사람의 지식을 한데 모았고, 집단지성을 통해 지혜를 키워나가는 발판이 됐다. 질문을 통한 정치는 독선에서 벗어나 인식의 지평을 넓히고, 토론이란 과정을 통해 구성원의 의견을 한데로 모으는 합의의 효과도 있었다. 진정한 공부는 자신보다 나은 누군가에게 배우는 게 아니라, 함께 지식을 나누며 지혜를 키워가는 것이다. 세종은 참된 공부의 원리를 잘 알고 몸소 실천했던 것이다.

10

노벨상의 민족, 유대인의 하브루타

유대인은 전 세계 인구의 0.2%에 불과하다.

그러나 노벨상 수상자의 22%를 차지하는 민족으로,

정치·경제·문화 각 분야에서 큰 영향력을 발휘하고 있다.

이들에겐 어떤 특별함이 있을까. 2,000년 넘게

나라 없이 떠돌면서도 고유의 문화와 정체성을 지켜온

유대인에게는 그들만의 특별한 교육법이 있다.

세대를 통해 전승되며 자기들만의 독특한 문화를 만들어온

유대인들의 교육법은 작은 나라 이스라엘을 강한 나라로 만들었다.

세계 곳곳에서 영향력을 발휘하는 유대인의 힘

하루는 이미 세상을 떠난 다섯 명의 인물이 하늘 위에서 토론을 벌였다. 그들은 모세와 예수, 마르크스, 프로이트, 아인슈타인으로 모두 유대인이었다. 토론 주제는 인간 사회의 핵심적인 원리가 무엇인가였다. 엄숙한 표정으로 모세가 먼저 말했다. "인간을 인간답게 하는 것은 이성일세." 그러자 옆에 있던 예수가 "사랑이 가장 중요한 거죠."라며 의견을 냈다. 두 사람의 이야기를 탐탁지 않게 듣고 있던 마르크스는 손을 내저으며 목소리를 높였다. "모든 것은 '밥'이야, 경제가 인간 사회를 결정한다고." 그때 프로이트가 말을 가로채며 "인간을 규정하는 것은 성과 무의식"이라고 말했다. 논쟁이 계속되자 아인슈타인은 피곤하다는 듯 한 마디를 던졌고, 이날 토론은 허무하게 끝이 났다. "모든 것은 상대적일세."

유대인 사회에서 회자되는 유머다. 그러나 단순한 조크로 받아넘기기에는 이들이 인류 사회에 미친 영향력이 너무 크다. 인간의 역사에서, 특히 서양 문명사에서 유대인의 역할은 매우 중요했다. 인류 역사의 중요한 길목에서 큰 역할을 했던 유대인들은 수백 수천 년이 지난 지금까지 성인으로, 위대한 학자로, 또 지도자로 추앙받고 있다.

오늘날도 마찬가지다. 20세기 미국의 대부호인 록펠러(John Davison Rockefeller), 미국 최초의 노벨경제학상 수상자 폴 새뮤얼슨(Paul Samuelson), '퓰리처상'을 만든 언론인 조셉 퓰리처(Joseph Pulitzer), 수십 년간 어마어마한 규모의 투자펀드를 운용하며 세계 경제를 쥐락펴락하는 조지 소로스(George Soros), 전설의 앵커 래리 킹(Larry King) 등 전 세계에 회자되는 유명 인사의 상당수가 유대인이다. 또한, 재산 10억 달러 이상인 미국인 가운데 3분의 1, 미국의 유명 대학의 교수 중 5분의 1을 차지하고 있다.

이 같은 흐름은 최근까지도 계속되고 있다. 2014년 노벨상 개인

부문 수상자 열두 명 중 여섯 명이 유대인 또는 유대 가문이었다. 유대인은 아버지가 아닌 어머니를 따라 유대인 여부가 결정된다. 부모 중 한쪽이 비(非)유대인일 경우 아버지가 유대인이면 비유대인, 어머니가 유대인이면 유대인이 되는 것이다.

노벨상에서 유대계의 강세는 매년 있는 일이다. 유대계는 전 세계 인구의 0.2%(약 1,300만 명)에 불과하다. 그러나 2014년까지 노벨상 개인 부문 수상자의 22%(195명)를 차지했다. 노벨상 수상에서 유대계가 독보적인 결과를 내는 이유는 도대체 뭘까. 분명한 것은 유대계 혈통, 즉 유대인만이 타고나는 노벨상 DNA가 따로 있진 않다는 것이다.

핀란드 헬싱키 대학의 한 연구에 따르면, 전 세계 180여 개국 국민의 지능지수를 조사해보니 이스라엘 국민의 IQ는 평균 95로, 전체 26위였다. 19위인 미국(98)보다 낮고, 2위인 한국(106)과는 차이가 컸다. 즉, 유대인이 이토록 학문과 정치 등 사회 전 영역에서 뛰어난 성과를 나타내는 것이 유전이나 생물학적 영향이라 보기 어렵다는 것이다.

그렇다면 무엇이 유대인을 유대인답게 만드는 것일까. 유대인은 2,000년이 넘는 시간을 나라 없이 헤매며 살았지만, 그들 고유의 문화와 전통을 잘 지켜왔다. 그 바탕에는 『토라』와 『탈무드』로 대표되는 가정교육이 있었다. 그들은 전통적인 교육 방식을 통해 창의력과 인성을 함양한다.

중요한 것은 개인의 능력만을 키우는 데 초점을 맞추는 것이 아니라 공동체에 대한 개인의 기여를 중시한다는 점이다. 다만, 그 과정에서 자신의 민족적 정체성을 고집하면서 다른 문화, 다른 민족과 마찰을 빚는 경우도 많았다. 예를 들어 셰익스피어의 작품 『베니스의 상인』에 나오는 유대인 샤일록은 타인에게 동정 따위는 없는 못된 인물로 그려지기도 했다.

그러나 유대인은 가정에서의 전통적인 교육방식을 실천하고 고유의 문화를 지키며, 사회적으로도 높은 성취를 이룩해 왔다. 그들은 지식교육과 인성교육의 조화를 통해 공동체를 발전시키는 교육을 펼치고 있다. 이것이 바로 오늘날 이스라엘을 작지만 강한 나라로, 인류사에 큰 업적을 남긴 수많은 인재를 배출한 민족으로 만든 힘이다.

유대인의 독특한 교육 방식

2,000년이 넘도록 전 세계를 떠돌던 유대인은 1948년에 비로소 이스라엘을 건국했다. 정처 없이 떠돌면서도 민족적 전통과 고유의 문화를 잊지 않고 계승해온 유대인들은, 과거 선조들이 살았던 땅으로 돌아와 국가를 재건했다. 주변국과의 분쟁으로 늘 긴장과 위험 속에서 살아야 했지만, 뛰어난 교육 시스템으로 높은 성장을 이룩할 수 있었다.

> 유대인은 아이들이 일상 곳곳에서 토론을 생활화할 수 있는 환경을 만들어준다. 토론을 통해 자기 생각을 정리하고, 타인과 의견을 나누며 자신이 몰랐던 것을 배운다. 그리고 자기주도력을 키우며, 궁극적으로 스스로 미래를 설계하는 능력을 갖추게 된다.

이스라엘이 건국되기 훨씬 전, 전 세계에 흩어져 살던 유대인 중 뜻있는 사람들이 힘을 모으기 시작했다. 이들은 먼저 인구 10만 명이 채 되지 않는 조그만 도시 예루살렘에 히브리 대학을 세웠다. 아인슈타인, 프로이트 등 당대 최고의 지성부터 수 세기에 걸쳐 자신만의 나라를 꿈꿔왔던 평범한 유대인들까지, 십시일반 힘을 모아 교육기관을 설립한 것이다. 그리고 세계 각지에 흩어져 있던 유대인들을 불러 모으기 시작했다. 이곳에서 조금씩 다르게 전승되던 전통과 문화를 하나로 융화시키고, 가정 중심의 교육 방식을 학교라는 제도 속에 녹여내기 시작했다. 학교 교육 역시 가정에서 중시하는 인성교육과 전인교육을 핵심 가치로 삼았다.

유대인들의 독특한 교육 방식은 학문적, 정치적으로 뛰어난 성과를 낳았다. 대표적인 사례를 살펴보자. 이스라엘의 한 초등학교에서는 교사가 꿀로 알파벳을 쓴 다음 아이들에게 이를 맛보게 한다. 문자를 눈이나 손으로 익히는 게 아니라 미각으로 일깨워 줌으로써 배움이 즐겁다는 메시지를 주기 위해서다.

아이들이 학교에 가서 제일 먼저 하는 것은 도서관에서 책을 빌리는 일이다. 매일매일 새 책을 빌리고, 읽은 책은 반납하며 독서카드를 빼곡히 채워 나간다. 부모는 학기 말 지급되는 아이의 독서카드를 보고 자녀의 흥미가 무엇인지, 어떤 분야에 관심을 갖고 있는지 파악한다. 이렇게 독서는 이스라엘 교육에서 매우 중요한 위치를 차지한다.

유대계 교육 방식을 몇 가지로 정리해 보면 이렇다. 첫 번째는 즐거움이다. 재미있고 행복해야 공부를 시작할 수 있다. 두 번째는 흥미를 일깨우면서 아이들의 잠재력과 가능성을 찾는 일이다. 자유롭게 놀고 즐겁게 익히면서 꿈과 끼를 발견한다. 이것은 강압하거나 선택지를 고르도록 억압해서는 쉽게 나오지 않는다. 세 번째는 끊임없는 토론이다. 유대계는 가정에서 밥을 먹을 때, 학교에서 친구들과 쉴 때 등 일상 곳곳에서 토론이 생활화돼 있다. 토론을 통해 자기 생각을 정리하고, 타인과 의견을 나누며 자신이 몰랐던 것을 배운다. 이런 토론은 자기주도 능력을 키우고, 궁극적으로 스스로 미래를 설계하는 능력을 갖추게 한다.

이러한 교육 방식은 우리에게 시사하는 바가 크다. 특히 토론 교육은 국내 교육 현실에서 가장 부족한 부분이다. 지금까지 한국에서는 소수점 차이로도 결과가 결정되는 일이 많았다. 대학수학능력시험 문제 하나로 개인의 미래까지 달라지는 '한판 승부' 사회인 것이다. 그러나 더 이상 이런 방식 아래서는 창의적인 인재가 나올 수 없다. 이런 체제 아래 학원과 부모가 만들어낸 방식으로 키워진 아이들은 자생력을 갖지 못한다.

한국교육개발원(KEDI)이 실시한 한 조사에 따르면, 서울지역 고2 학생(1,165명)의 내신 성적을 추적해보니 4년 이상 과외나 선행학습을 지속한 학생이라도 학년이 올라가면 그 효과가 떨어져 과외 또는 선행학습을 전혀 받지 않은 학생과 큰 차이가 없는 것으로 나타났다. 오히려 상위권 학생 중에서는 성적 역전 현상이 벌어지는 경우도 있었다.

공부는 기본적으로 자기주도 학습이 전제돼야 한다. 그렇게 하기 위해서는 어릴 때 너무 많은 지식을 주입하기보다는, 그 지식을 담을 수 있는 그릇을 키우는 데 집중해야 한다. 과외와 선행학습이 지나치면 그릇을 키우기도 전에 그 안의 내용물이 차고 넘치면서 오히려 학업 능력이 떨어지는 결과를 초래할 수도 있다.

유대인은 이 같은 원리를 잘 알고 있었다. 나라 없이 오랜 시간을 떠돌면서도 문화적 전통을 지키며 살아올 수 있었던 비결은 '스스로 생각하는 능력'을 키우는 데 있었다. 지식을 주입하는 게 아니라 스스로 지식을 탐구할 수 있는 지혜를 길러주는 것이 유대 교육이 가진 핵심이다.

지혜의 보고, 탈무드

『탈무드』는 5~7세기 활동했던 랍비들이 토론을 통해 사회를 구성하는 원리와 질서, 교훈과 지혜 등을 기록한 책이다. 전체 63권, 1만 2,000여 페이지에 달하는 방대한 분량이다. 그 속에는 법률과 경제, 역사, 과학 등 모든 지식이 담겨 있어 수천 년 동안 유대인에게 지혜의 백과사전 역할을 해왔다. 현대 사회에서도 유대인의 중요한 교육 방식과 교재로 여겨진다.

『탈무드』는 보통 하나의 주제를 놓고 랍비와 그의 제자들이 토론을 벌이는 방식으로 구성돼 있다. 인생을 살아가면서 겪을 수 있는 다양한 주제, 갈등이 벌어질 때 어느 하나를 택하고 포기해야 하는 딜레마 상황 등 쉽게 답을 내리기 어려운 주제들이 화두로 제시된다. 『탈무드』에는 정답이 제시되지 않는다. 스스로 탐구해야만 답을 얻을 수 있고, 그 답은 각기 다르다.

그렇다 보니 『탈무드』를 읽고 공부하는 가장 핵심적인 방법은 토론이다. 토론을 위해서는 언어능력이 절대적이다. 그렇기 때문에 유대인들은 영유아 때 언어교육에 크게 힘쓴다. 아이가 잘못된 행동을 할 때도 다그치거나 혼내지 않고 말로 설명하며 대화를 이끌어 간다. 그렇다 보니 유대인 중에는 유독 언어능력이 뛰어난 사람이 많다. 실제로 미국에서 활동하는 기자와 칼럼니스트의 20~30%가 유대인이라는 통계도 있다.

『탈무드』에는 정답이 제시되지 않는다. 스스로 탐구해야만 답을 얻을 수 있고, 그 답은 각기 다르다. 정답을 제시하지 않는 『탈무드』 교육은 지혜를 키우고 생각의 근육을 단단하게 한다.

그렇다면 정답을 제시하지 않는 교육은 어떤 효과를 내는가. 사실 미리 제시된 정답과 객관식에 익숙한 우리에게 『탈무드』는 매우 답답하게 느껴질 수 있다. 명확하게 그렇다, 아니다 결론 내릴 수 없기 때문이다. 그러나 정답이 없기 때문에, 답변이 모호할 수밖에 없기 때문에 생각의 근육을 단단하게 단련할 수 있다.

『탈무드』에서는 일방적인 가르침을 받은 사람은 권력을 부패시키고 자기 스스로를 망친다고 말한다. 남이 강요한 선택지, 타인이 일러준 정답은 온전히 자기 것이 될 수 없다. 선과 악, 옳고 그름 등에 대한 주체적이고 자율적인 판단 없이, 그저 암기하듯 사회 질서와 규율을 받아들이면 딜레마의 상황에서 올바른 판단을 내릴 수 없다.

선택지를 제시하지 않고 하얀 도화지 위에 자기 마음대로 그림을 그리도록 하는 것. 그 안에서 창의성이 발현되고 새로운 혁신이 나온다. 물론 여기에는 큰 전제가 있다. 다른 사람의 의견을 경청하는 것이다. 정답이 없기에 그 누구도 완벽한 답변을 할 수 없다. 혼자서 진

리를 알 수 있다고 믿는 것처럼 바보 같은 생각도 없다. 함께 고민하고 토론하며 진리를 찾아가는 과정이 곧 공부이며, 이를 통해서만 지혜를 키울 수 있다.

그렇다면 우리도 『탈무드』를 읽고 유대인처럼 공부해야 할까. 꼭 그럴 필요는 없다. 『탈무드』는 유대의 역사가 담긴 『토라』와 함께 유대인만의 문화와 전통이 녹아 있는 고전이다. 마찬가지로 우리에게는 우리만의 고유한 문화와 전통이 있다. 『탈무드』 대신 교재로 삼을 만한 고전, 이야기들은 우리 역사와 문화 속에도 많다.

중요한 것은 탈무드 식 생각법이다. 정답을 찾는 교육이 아니라 문제를 제기하는 교육, 누가 정해준 것을 암기하는 공부가 아니라 스스로 답을 구해가는 공부, 단순히 지식을 쌓는 배움이 아니라 함께 지식을 나누며 지혜를 키워가는 공부가 돼야 한다. 그렇게 할 수 있다면 꼭 『탈무드』가 아니어도 교재는 많다. 반만년이 넘는 우리 역사 속 위인들의 이야기도 훌륭한 교재가 될 수 있다.

우리가 살면서 겪는 다양한 딜레마 상황도 살아있는 교육의 주제가 된다. 교실에 떨어져 있는 지갑을 주웠을 때 어떻게 해야 하는지, 시험 때 부정행위를 하는 친구를 봤을 때 어떤 행동을 해야 하는지 등 일상의 많은 것들이 좋은 주제가 된다. 여기에 정답은 없지만 답을 찾기 위해 고민하고 또 토론하는 과정에서 창의력을 키우고 바른 인성을 함양할 수 있다.

상위 1%의 비법, 하브루타

"어떻게 생각하니? 왜 그렇게 생각해?" 아빠가 초등학생 남매를 부르더니 하얀 종이를 꺼내 그림을 그렸다. "벤치에 다섯 명이 함께 앉아 있는데 한 사람이 더 와서 앉았어. 그랬더니 의자가 부서진 거야." 일곱 살짜리 아들은 펜을 들더니 부서진 의자 옆에 당황하고 있는 마지막 사람의 모습을 그렸다. "부서진 의자는 누가 물어줘야 할까?" 아빠의 질문에 열한 살 딸이 말을 이었다. "마지막에 온 사람요. 그 사람이 앉아서 의자가 부서졌으니까요." 골똘히 생각에 잠겨 있던 아들이 종이 그림을 가리키며 입을 열었다. "6분의 1씩 나눠 내야 하지 않을까요. 순서의 문제일 뿐 누가 앉았어도 부서졌을 테니까요." 아들의 대답에 딸이 맞장구쳤다. "맞아. 혼자 앉았다면 부서지진 않았을 테니까. 그런데 벤치는 무엇으로 만들었을까?" 아들이 "나무로 만들었겠지."라고 하자 딸이 무릎을 치며 말했다. "그럼 의자를 약하게 만든 사람 책임도 있어. 튼튼하게 다시 만들어 달라고 하자." 딸은 펜을 들어 튼튼한 의자 위에 여섯 명이 웃고 있는 그림을 그렸다.

하브루타는 부모와 아이가 서로 토론하는 과정에서 정답보다 소중한 철학적 가치를 터득하게 한다. 정답을 많이 알고 있는 것보다 스스로 궁리할 수 있는 '생각의 물음표'가 많아야 사고력과 창의성이 높아진다는 것을 명심해야 한다.

아빠는 매일 하루 30분씩 자녀들과 수다를 떤다. 자녀들과 웃고 떠들며 대화하는 것이 전부지만 하루도 빠짐없이 실천하면서 아이들의 생각 근육을 키운다. 이것이 바로 유대인의 자녀 교육법인 '하브루타(Chavruta)'다.

히브리어로 친구 또는 짝을 의미하는 하브루타는, 가정에서 『탈무드』를 함께 읽고 대화하는 것부터 초·중·고교와 대학에서의 토론식 학습까지 포괄하는 유대인들의 교수·학습법을 말한다. 부모와 자녀, 학생과 교사가 동등한 입장에서 이야기하는 것이 핵심이다. 부모나 교사가 정답을 말하지 않고 아이 스스로 생각하고 말하도록 기회를 만들어 주는 것이 중요하다.

국내 하브루타 교육의 권위자인 전성수 부천대 교수는 "왜, 어떻게 등 질문 능력을 길러 주는 것이 유대인 교육의 핵심"이라며, "세계 인구의 0.2%에 불과한 유대인이 노벨상 수상자의 22%, 아이비리그 입학생의 30%를 배출하는 이유가 여기 있다."고 말했다.

하브루타를 실천하는 이들의 사례를 보면 자녀와의 대화 속에 많은 지혜가 숨어 있다. 이날 아빠가 자녀들과 나눈 두 번째 주제는 마이클 샌델(Michael Sandel) 하버드대 교수가 제기했던 '기찻길 딜레마'였다.

"네 명의 승객을 태운 기차의 브레이크가 고장 났어. 저 앞에 기찻길은 두 갈래로 나뉘어 있는데, 한쪽 선로에는 철도원 한 명이 일하고 있고, 다른 한쪽은 철로가 끊어진 절벽이야. 여기서 네 명을 살리기 위해 철도원 한 명이 일하고 있는 선로로 방향을 트는 것이 옳을까?" 아빠의 질문에 남매는 '승객 네 명을 살리자'와 '철도원을 죽게 해서는 안 된다'로 입장이 갈렸고 열띤 토론을 벌였지만 결론은 나지 않았다.

남매는 토론하는 과정에서 정답보다 소중한 철학적 가치를 터득했다. 다수의 행복에 손을 들어 주려면 소수의 권리를 희생시키지 않으려는 노력도 필요하다는 걸 느꼈다. 벤담의 공리주의나 롤스의 정의론을 달달 외우지 않고도 이 같은 대화를 통해 스스로 그 원리를 깨치는 것이다.

이처럼 하브루타의 결론에는 정답이 없고 모든 게 열려 있다. 한국 부모들은 정답이 없으면 왠지 모를 불안감을 느끼지만, 아이 스스로 궁리할 수 있는 '생각의 물음표'가 많아야 사고력과 창의성이 높아진다는 것을 명심해야 한다.

그렇다면 별도의 시간을 투자하지 않고도 하브루타를 쉽게 실천해볼 수는 없을까. 다행히 일상 속 대화법을 바꾸는 것만으로도 하브루타 교육의 효과를 볼 수 있다. 조금만 느긋하게 여유를 갖고 '어떻게'와 '왜'라는 단어를 잘 사용하는 것이다.

예를 들어 아파트 복도에 놓인 자전거를 '치우라'고 말하는 대신 자전거를 방치해 뒀을 때 벌어질 상황을 예측하게 하고, 스스로 '치우겠다'는 말이 나오도록 유도하는 것이다. 또, 동생처럼 자기보다 어린 사람에게 자기 스스로 깨달은 지혜를 알려주게 해 함께 아는 즐거움을 느끼게 해준다.

하브루타의 효과는 실제 교실에서도 증명됐다. 2014년 부산교대 석사논문(장영숙)에 따르면, 부산의 한 초등학교에서 3개월 동안 하브루타 방식으로 과학수업을 진행했더니, 일반수업보다 탐구능력 향상도가 월등한 것으로 나타났다. 일반 수업을 진행한 반의 과학탐구능력은 79.2점에서 76.9점(만점 120점)으로 별다른 변화가 없었던 반면, 하브루타 수업을 진행한 반은 77.1점에서 103.1점으로 눈에 띄게 높아진 것을 확인할 수 있었다.

반드시 하브루타와 똑같은 방식으로 교육할 필요는 없다. 하지만 아이 스스로 궁리할 수 있는 여건을 만들어 주고, 자기주도적 역량을 키우는 교육 방식은 우리도 배우고 실천해야 할 점이다. 이를 위해서는 부모와 교사가 먼저 함께 공부하고 토론하는 법을 배워야 한다.

과학교실, 하브루타와 일반수업 비교 결과

(만점 120점)

	기초탐구능력(A)	통합탐구능력(B)	과학탐구능력(A+B)
하브루타	41.9 → 54.2	35.2 → 48.9	77.1 → 103.1
일반수업	45.2 → 43.2	34 → 33.7	79.2 → 76.9

자료: 2014년 부산교대 석사논문(장영숙)
부산의 한 초교에서 26명씩 두 반을 석 달간 비교
기초탐구능력(관찰·분류·측정·예상·추리), 통합탐구능력(자료변환·해석·문제설정·변인통제·일반화)

11

소크라테스처럼 말하고 플라톤처럼 글쓰기

동영상의 시대다. 이는 곧 글이 아닌 말의 시대가 왔음을 의미한다.
그동안 말보다 글이 우위에 있던 것은 두 가지 이유 때문이었다.
첫 번째는 기록수단으로 글이 말보다 효율적이었다.
두 번째는 서양 문명사에서 플라톤의 영향이 컸다는 점이다.
플라톤은 스승 소크라테스가 소피스트들에 의해 죽음으로
내몰리는 것을 보면서 말의 폭력성에 눈을 떴고, 스승과 달리 모든 학문의
결과물을 글로 남겼다. 하지만 다시 말의 시대가 오면서
말과 글 둘을 구분하지 않고 하나의 '언어'로 받아들이는 훈련이 필요해졌다.

말 잘하고 글 잘 쓰는 건 별개?

행동은 언어에서 나오고, 언어는 그 사람의 생각에서 나온다. 즉, 생각과 행동을 이어주는 매개가 곧 언어다. 그러나 언어는 단순히 생각만을 담는 그릇이 아니다. 언어가 곧 생각이 되기도 하고, 언어가 행동을 규정하기도 한다. 그러므로 '휴마트'한 생각과 행동을 위해서는 우리가 쓰는 언어부터 휴마트해질 필요가 있다.

휴마트 씽킹은 올바른 커뮤니케이션을 전제로 한다. 커뮤니케이션은 말과 글을 모두 아우른다. 생각 없는 말은 공허하게 들리고, 감동 없는 글은 숨을 쉬지 않는다. 화려한 수사로 소위 '말발'은 좋으나 알맹이가 없는 사람이 있는 반면, 글에 담긴 메시지는 훌륭하나 말로는 제대로 표현하지 못하는 사람들도 있다. 어느 한 편을 잘하면 다른 한 편은 못하는 것이 당연하다고 생각하기도 한다. 정말로 말과 글은 전혀 다른 차원의 것일까.

사실 말하기와 글쓰기는 언어라는 본질적 측면에서는 같은 것이다. 그런데 말과 글을 동일한 것이 아닌 서로 다른 차원의 것으로 생각하면서부터 둘은 전혀 다른 성질의 것이 돼버렸다. 학생이나 일반 시민을 위한 강연들도 대부분 말하기와 글쓰기가 각각 나뉘어 있지만, 사실 말과 글은 하나로 이어져 있다.

이렇게 생각해 보자. 우리 머릿속에는 두 가지 종류의 생각이 있다. 하나는 오늘 퇴근하고 무엇을 먹을 것인지, 내일 친구를 만나서 어디를 갈 것인지와 같은 일상적이고 단편적인 생각이다. 이런 생각들은 이미지나 영상의 형태로 머릿속에 채워진다.

이와는 전혀 다른 차원의 생각도 있다. 내일까지 리포트를 작성한다고 치면, 주제는 무엇이며 그 안에 어떤 내용을 넣을지 고민한다. 이때 우리는 소위 '논리적인 생각'을 하게 되는데, 그 매개는 곧 언어이다. 이런 생각은 이미지나 영상으로 이뤄지는 게 아니고 논리적인

언어로 이뤄진다. 이를 일상적 생각과 비교해 '사고'라고 부를 수 있다. 즉, 언어는 이런 메타적 생각을 할 때 분절적이고 명징한 도구가 된다는 이야기다.

그런데 여기서 '사고'의 매개가 되는 언어는 말과 글의 구분이 없다. 그저 언어일 뿐이다. 말을 잘하지만 글을 잘 못 쓰는 사람도, 글은 잘 쓰지만 말을 잘 못하는 사람도 언어를 매개로 논리적인 사고를 한다. 그리고 그 논리의 결과에 따라 겉으로 표현되는 것이 말과 글이다. 즉, 외부로 발화되는 방법만 다를 뿐 말과 글은 언어의 관점에서 하나라는 것이다.

말의 힘을 강조한 소크라테스, 글의 힘을 믿은 플라톤

그렇다면 말과 글은 왜 서로 다른 것처럼 여겨지는 것일까. 그 기원을 찾기 위해서는 저 멀리 고대 그리스 시대로 거슬러 올라가야 한다.

그리스의 대표적인 철학자 소크라테스(Socrates, BC.470~BC.399)는 평생 '말로써' 자신의 철학을 전파하고 사람들을 교육했다. '산파술'로 불리는 그 유명한 '대화법'도 말에 근거한 교육법이다. 그래서일까. 소크라테스는 '말은 적자(嫡子)요, 글은 서자(庶子)'라는 생각을 가졌다. 글은 남의 것을 읽거나 베껴와 자신의 것처럼 거짓으로 포장할 수 있지만, 말은 내면화돼 있지 않으면 정확히 표현할 수 없기 때문이다. 남의 이야기를 자신의 것처럼 외워서 하는 말은 탄로 나기 쉽다. 그래서 말을 글보다 우위에 놓았던 것이다. 그 덕분에 소크라테스의 교육법은 모두 말에 기초하고 있다. 대화하는 과정에서 상대방의 무지를 자각하게 만들고, 토론을 통해 서로의 생각을 나누며 각자 깨달음을 얻도록 하는 것. 그 모든 것이 말의 힘에 있다고 믿었다.

> 언어를 이해할 때 우리는 말과 글을 더 이상 분리된 것으로 봐서는 안 된다. 말을 잘하면서도 글도 잘 쓸 수 있고, 글을 잘 쓰면서도 말까지 잘할 수 있다.

소크라테스를 스승으로 모시고 학문을 연구하던 플라톤(Plato, BC.427~BC.347)의 생각은 조금 달랐다. 플라톤은 말의 무서움을 그 누구보다 아프게 느꼈다. 플라톤이 28세가 됐을 무렵, 스승은 소위 소피스트라 칭해지는 사람들에 의해 매장을 당하고, 독배까지 마시게 됐다.

스승의 죽음을 숨죽여 지켜봐야만 했던 플라톤은 소피스트들에 대해 커다란 분노와 적개심을 갖게 됐다. 특히 '말'로 먹고 사는 소피스트들의 행태를 보며 '말'이 얼마나 위험한 것인지, 또 얼마나 엄청난 폭력성을 내포하고 있는지 몸소 느낀 것이다.

이때부터 플라톤은 일생의 학문을 소피스트들과의 대척점에서 연구하기 시작했다. 소피스트의 상대주의에 반하는 절대주의를 내세우며, 진리의 모상인 현실을 뛰어넘는 이데아의 세계로 나아갔다. 또, 스승이 연구하고 교육했던 방식과는 달리 '글'을 사용하기 시작했다. 그렇게 30여 편의 저작을 남기며 서양 철학의 기틀을 다졌다.

"플라톤 이후의 철학은 플라톤 철학의 주석"이란 화이트헤드(Alfred North Whitehead, 1861~1947) 교수의 말처럼, 플라톤이 서양 문명에 끼친 영향은 매우 크다. 지금 플라톤의 이야기를 들어보면 '당연한 것 아니야?'하고 반문할 만한 것들이 많지만, 이는 그의 생각이 우리의 인식 속에 깊이 각인돼 있다는 방증이다.

플라톤에서 본격적으로 시작된 '글'을 통한 문명의 축적은 향후 2,000년이 넘는 시간 동안 인류의 지성사를 이룩해 왔다. '말'을 담을 수 있는 방법이 없었기에 '글'이 유일한 기록 수단처럼 여겨졌고, '글'은 인류 문명을 벽돌처럼 높이 쌓아갔다. 그 과정에서 자연스럽게 글은 말보다 우위에 있는 것, 말과 글은 서로 다른 것이라는 편견이 생겨난 것이다.

하지만 저 멀리 플라톤에서부터 시작된 말과 글의 분리는 사실 우리가 가진 가장 큰 편견일 뿐이다. 소크라테스에게 말은 오히려 글보다 진리에 더 가까이 다가갈 수 있는 도구였다. 말보다 글을 더 사랑했던 플라톤이었지만, 그가 쓴 책 대부분은 소크라테스와 그 외 다른 인물 간의 대화 형식으로 이뤄진 '대화편'으로 쓰여 있다.

언어를 이해할 때 우리는 말과 글을 더 이상 분리된 것으로 봐서는 안 된다. 말을 잘하면서도 글도 잘 쓸 수 있고, 글을 잘 쓰면서도 말까지 잘할 수 있다. 말과 글은 언어의 서로 다른 표현 방식일 뿐이다. 이 언어는 곧 생각과 행동을 매개하기 때문에 바른 언어 능력을 갖추는 것이 곧 바른 생각과 행동을 하는 길이다.

수사학은 인성교육이었다

이탈리아 르네상스 시대의 화가이자 건축가인 라파엘로(Sanzio Raffaello, 1483~1520)가 그린 그림, '아테네 학당(School of Athens)'에는 재미있는 이야기들이 숨어 있다.

그림 정중앙 왼편에는 소크라테스가 책을 들고 하늘을 가리키고 있다. 이데아를 이야기하는 그의 절대론적인 철학을 표현한 것이다. 바로 옆 파란 천을 두르고 손바닥으로 아래를 향하고 있는 이는 아리스토텔레스(Aristoteles, BC.384~BC.322)다. 플라톤의 제자이지만 현실에 발을 디딘 학문을 주장했던 그였기에 땅을 가리키고 있는 것이다.

왼편으로 눈을 돌리면 사람들에게 열심히 말하고 있는 사람이 나온다. 바로 소크라테스다. '대화법'이라는 교육법에서 미뤄 짐작할 수 있듯 소크라테스는 언제나 말로써 사람들을 깨우쳤다. 말이 곧 그 사람의 인격이요, 말을 통해 품성을 바르게 키울 수 있다고 생각했다. 그에게 수사학은 전인교육의 한 방편이었던 셈이다.

'수사학'이라 하면 보통 말 잘하는 기술을 떠올린다. 그러나 고대 그리스에서 수사학은 단순히 '말발'을 가르치는 교육이 아니라 인성교육, 시민교육에 가까웠다. 공동체의 구성원으로 살아가는 데 필요한 바른 품성과 역량을 가르치는 것이 수사학의 본질이었다. 이 같은 전통은 아테네의 소피스트들과 아리스토텔레스를 거쳐 키케로 등 로마로 이어졌다.

로마의 수사학자 퀸틸리아누스(Marcus Fabius Quintilianus)는 자신의 저서 『수사학 교육』에서 수사학의 목표를 '말을 잘하는 선인(善人)'을 만들어 내는 것이라고 했다. 여기서 말을 잘하는 것은 자신의 말을 실천으로 옮기며, 윤리적으로 정당하다는 의미까지 함축돼 있다. 그렇기 때문에 퀸틸리아누스는 수사학이 연설기술을 연마하는 것 이전에 올바른 '덕'을 갖추는 것이라 강조했다.

말을 배움으로써 더 나은 인격체로 성장하고 말을 통해 타인과 조화롭게 살 수 있는 사회인으로 성장하게 돕는 것, 전인적인 방식의 교육이 바로 고대의 수사학이었다. 이상적인 덕을 현실에서 가르치고 바른 품성을 기르는 교육, 오늘날 표현으로 하자면 '인성교육'이 곧 수사학의 주된 목표 중 하나였다.

젊은 시절 수사학에 비판적이었던 플라톤 역시 후기 저작인 『파이드로스』에서 수사학을 '영혼을 이끄는 인도술'로 표현하며 인성교육으로써 수사학의 가능성을 열어 놓았다. 이 같은 흐름은 아리스토텔레스가 정리한 수사학의 세 가지 설득 요소인 에토스(품성), 로고스(이성), 파토스(감성) 중 에토스로 집약된다.

아리스토텔레스는 수사학에서 상대에게 신뢰를 얻으려면 지성과 인격, 선의라는 세 가지 덕목이 필요하다고 했다. 인격이 높고 인성이 뛰어난 사람의 말이 설득에 효과적이라는 설명이다. 에토스의 강조는 단순히 상대를 설득하기 위한 기술적 측면뿐만 아니라, 사회에 이바지할 수 있는 인재를 양성한다는 인성교육의 목표와 일치한다.

아테네의 소피스트였던 이소크라테스(Isokrates, BC. 436~BC.338)의 견해를 빌리면, '말을 가르치는' 수사학은 보편적인 인간교육이다. 말은 "한 사람의 생각이자 그가 살면서 이뤄온 다른 모든 것들의 그림"이고, 말의 교육은 "말만의 교육에 그치지 않고 말이라는 그림과 모상으로 표현되는 생각과 판단, 행동과 삶에 대한 포괄적 교육으로 확장"되기 때문이다.

직접민주주의를 펼쳤던 아테네의 상황을 생각해 보면 수사학이 왜 인성교육, 나아가서는 민주주의를 위해 역량 있는 시민을 길러내는 시민교육이었는지 쉽게 알 수 있다. 당시 시민들은 아고라(agora)에서 모든 국사를 논의했다. 논의의 핵심은 두 가지다. 하나는 국가 운영과 관련해 정책 결정을 내리는 의회의 역할이고, 다른 하나는 구성원 간의 시비를 가르는 법정의 역할이었다.

먼저 법정에서 역할을 하려면 시민들은 자신의 입장에 대해 정확히 의사를 전달하고 상대를 설득할 수 있는 커뮤니케이션 능력을 갖춰야 했다. 오늘날처럼 자신을 변호해줄 변호사가 따로 있었던 것이 아니므로, 스스로 말하고 설득하는 능력을 갖춰야 했다. 의회에서도 마찬가지다. 자신의 뜻을 관철하고 타인과 의견을 조율하기 위해서는 반드시 수사학이 필요했다.

이는 동양에서도 마찬가지다. '수사'라는 표현과 관련해 주역에서는 '수사입기성(修辭立基誠)'이란 말이 나온다. 말을 배우는 것은 덕과 인품을 기르는 것과 깊은 연관이 있다는 뜻이다. 중국 당나라에서 관리를 뽑을 때 인물 평가 기준으로 삼았다는 '신언서판(身言書判)'도 같은 맥락이다.

그러므로 말을 배우는 것은 곧 인격을 연마하는 것이고, 바른 인품은 그 사람의 말에서 나온다. 우리가 생각해야 할 현대의 '수사학'은 고대 그리스에서 그랬듯 '전인교육'이어야 한다. 말을 잘한다는 것은 단순히 '말발'이 좋다는 것이 아니라 그 사람의 품성과 인격이 올바르다는 것을 의미하기 때문이다.

설득의 3요소, 에토스·로고스·파토스

현대 사회는 미디어의 홍수다. 각종 말과 글이 난무하면서 우리의 언어문화는 빠르게 오염되고 있다. 미디어 속에 언어는 넘쳐나지만 제대로 된 언어는 없다. 끊임없이 소통하지만 제대로 된 소통이 없다. 혹자는 현대 사회를 '제2의 소피스트 전성시대'라고 말한다. 먼 옛날 고대 그리스에서처럼 말의 기술이 그 어느 때보다 필요한 사회라는 것이다.

실제로 우리 사회를 둘러보면 과거보다 말의 중요성이 커졌다. 회사 면접에서는 프레젠테이션 실력을 중요하게 여기고, 학교에서도 발표 능력을 중요시한다. 직장에서도 토론과 토의 문화가 확산되고 있다. 그러나 학교에서건 가정에서건 올바르게 말하고 소통하는 법을 배우지 못한 우리에게 말을 잘한다는 것은 꽤 어렵고 힘든 일이다.

내 말이 논리적으로 짜임새가 있는지, 제대로 의미 전달은 됐는지 걱정부터 앞서는 게 현실이다.

에토스, 로고스, 파토스 세 가지를 통해 말하기의 궁극적 목적인 설득을 향하게 된다. 단순히 의견을 나누고 정보를 교환하는 것도 종국에는 상대방을 내 편으로 끌어들이고, 내 생각을 공유케 하는 것이 목표다.

모든 커뮤니케이션의 근본적 목표는 설득이다. 말할 때도 현란한 기술이 중요한 게 아니라 어떻게 하면 메시지를 잘 전달할 것이며, 군더더기 없이 깔끔하게 사람들을 자신의 편으로 끌어들이냐가 중요하다. 자신의 주장을 펴기 위한 목적의 커뮤니케이션뿐만 아니라, 설명하고 소개하는 것도 궁극적으로는 설득이 목적이다. 자신이 알고 있는 사실을 상대와 공유하고 싶다는 심리는 자기와 비슷한 방향으로 상대를 유도하는 설득의 목적을 품고 있기 때문이다.

모든 커뮤니케이션의 근본 목표인 설득을 잘하려면, 즉 말을 잘하려면 무엇이 필요한가. 아리스토텔레스는 설득에 필요한 핵심적인 세 가지 요소로 '에토스(ethos)'와 '파토스(pathos)', '로고스(logos)'를 꼽았다.

'에토스'는 말하는 사람 자체에 깃든 본성을 뜻하는 것으로, 윤리적인 의미가 강해서 품성 또는 인품으로 번역되기도 한다. '로고스'는 논리적인 말과 설명으로 이치적이고 합리적인 것을 의미하며, 연역과 귀납 등 논리학의 바탕이 된다. '파토스'는 감정적인 단어나 이미지, 몸짓 등을 말하며 청중의 기쁨, 슬픔, 분노, 절망 등 감정을 자극하는 것이다. 아리스토텔레스는 이 세 가지 요소를 바탕으로 말하기 유형을 대표적인 세 가지로 나눴다.

먼저 '법정 말하기'다. 정의와 합법, 옳고 그름의 문제를 다루는 것으로, 고소와 변론의 형태로 나뉘고 주로 과거의 일에 관해 이야기한다. 로고스의 요소가 강한 말하기다.

두 번째는 '의회 말하기'다. 정책과 법안을 다룰 때 적합한 방식으로, 우리가 속한 조직이나 국가에 얼마나 이로운지가 최선의 가치다. 주로 미래의 것을 이야기하며, 권유나 만류의 형태로 나뉜다. 에토스와 파토스, 로고스가 골고루 중요하다.

세 번째는 '예식 말하기'다. 미화나 찬양, 비난 등 파토스의 요소가 강하다. 누군가를 추켜세우거나 반대로 비방할 때 쓰는 말하기법으로, 시범 연설로도 불린다. 선전과 선동 등은 의회 말하기보다는 파토스의 요소가 많다는 측면에서 예식적 성격이 강하다.

어떤 말하기든 에토스와 로고스, 파토스를 적절히 사용하는 것이 중요하다. 세 가지를 통해 우리는 말하기의 궁극적 목적인 설득을 향하게 된다. 단순히 의견을 나누고 정보를 교환하는 것도 종국에는 상대방을 내 편으로 끌어들이고, 내 생각을 공유케 하는 것이 목표다.

그렇다면 어떻게 설득을 잘할 수 있을까. 아리스토텔레스는 무슨 이야기를 어떻게 할 것인지 결정하는 것에서부터 모든 커뮤니케이션이 시작한다고 봤다.

그에 따르면, 좋은 커뮤니케이션은 다섯 단계를 거쳐서 나타난다. 무엇을 말할 것인지 주제를 선정하는 '착상' 단계, 이야깃거리들을 씨줄과 날줄로 풀어내는 '구성' 단계, 구성된 이야기들을 실제 원고로 써보는 '표현' 단계를 거친다. 그리고 작성한 원고를 자신의 것으로 내면화하는 '암기' 단계와 실제로 말로써 표현해 내는 '실연' 단계를 거쳐 마무리한다.

구체적으로 설명하면 '착상(inventio)'은 이야기 소재를 발견하고 창안하는 것을 의미한다. '무엇을 말할 것인가'에서 '무엇'에 해당한다. 말에서는 대부분 소재 자체가 메시지의 상당 부분을 차지하기 때문에 착상 단계는 매우 중요하다.

이야기할 소재를 찾았다면 이번에는 그 구슬들을 어떻게 꿰느냐가 중요하다. '구성(elocutio)'은 소재들을 적절히 배치·배열하는 것을 뜻한다. 자신이 하고 싶은 이야기를 풀어쓰되 이에 대한 적절한 논거들을 제시해야 한다.

다음은 '표현(disposito)'이다. 이야기가 구성되면 이를 실제 말이나 글로써 표현해야 한다. 제아무리 좋은 생각과 이야기도 표현하지 않는다면 의미가 없는 것이다. 글에서는 문체로, 말에서는 스타일로 나타난다.

'암기(memoria)'는 과거만큼은 아니지만 여전히 중요한 의미가 있다. 예전에는 요즘처럼 프레젠테이션 기술이나 프롬프터 등이 없었기 때문에 오직 말하는 사람의 기억에만 의존해야 했다. 그렇다 보니 말할 내용을 정확히 숙지하는 것이 모든 말하기의 핵심이었다. 물론 요즘에도 마찬가지다. 글로 써 온 원고를 읽으며 말하는 것과 100% 자신의 것으로 내면화해 상대방과 눈을 맞추며 이야기하는 것은 천지 차이다. 그러므로 현대 사회에서는 암기라는 표현보다는 '내면화'라는 표현이 더 정확하다고 볼 수 있다.

'실연(actio)'은 실제로 발화하는 방식, 바로 스피치 기술이다. 사람의 목소리나 표정, 몸짓도 실연에 해당한다. 설득력은 단순히 언어적 요소에 의해서만 결정되는 게 아니라 비언어적 요소에 의해서도 크게 좌우된다.

이처럼 아리스토텔레스가 이야기한 설득의 세 요소와 커뮤니케이션의 다섯 단계는 모든 말하기 과정에서 반드시 고려해야 하는 것들이다. 이들만 잘 숙지하고 있어도 바르고 효과적인 커뮤니케이션을 하는 데 큰 도움이 될 수 있다.

소크라테스처럼 말하고 플라톤처럼 글쓰기

고대 그리스와 로마에서는 수사학이 모든 학문의 근본처럼 여겨졌다. 앞서 살펴본 아리스토텔레스의 커뮤니케이션 다섯 단계는 로마의 정치가이자 수사학자인 키케로(Marcus Tullius Cicero,

BC.106~BC.43)에 의해 한층 정교해진다. 키케로는 자기 아들에게 수사학을 가르치는 방식으로 책을 썼는데, 이는 오늘날까지 말하기와 글쓰기의 바이블처럼 여겨지고 있다.

먼저 '말하기의 시작'이다. 말의 처음에는 무조건 흥미를 끌 수 있는 주제를 던져야 한다. 두 번째는 '사실의 기술'이다. 논하고자 하는 주제와 갈등인 문제, 결정해야 할 의제에 대해 설명한다. 세 번째는 '논증'이다. 자신의 주장을 제시하고, 그에 대한 논거를 뒷받침한다. 논증은 입증과 반박 두 가지 형태를 띤다. 네 번째는 '말하기의 마무리'다. 마무리는 강조와 요약이라는 두 가지 측면을 동시에 띠어야 한다. 요약을 통해 자신이 한 말을 청중들이 쉽게 알 수 있도록 전달하고, 강조를 통해 자신의 이야기가 구체적인 행동이나 심경 변화로 이어질 수 있도록 해야 한다.

> 말하기와 글쓰기를 하나로 생각해야 한다. 자신이 쓴 글을 소리 내 읽는 습관을 들여 말맛에 맞게 다듬어 갈 수 있다. 말할 때는 글 쓸 때처럼 글감, 개요, 구성, 퇴고 등의 과정을 거치면 조리 있고 짜임새 있는 말하기가 된다.

여기서 '말하기의 시작과 끝'은 다분히 파토스적인 요소가 강하다. 사람의 감정을 움직이게 해야 설득의 효과가 크다. '사실의 기술과 논증'은 매우 논리적이어야 하므로 로고스적 성격을 띤다. 그리고 에토스는 로고스와 파토스를 뒷받침하며 가장 큰 영향력을 가진다.

그렇다면 처음과 끝에 파토스가 필요한 이유는 무엇일까. 사람이 이성적인 존재이기만 하다면 가운데 두 단계만으로도 모든 커뮤니케이션이 해결된다. 사실의 기술과 논증으로 군더더기 없는 소통이 가능해질 것이다. 하지만 사람은 감정을 가진 동물이기 때문에 시작과 결론에서 파토스적 요소가 가미돼야 한다. 사람에 대한 관심 또는 주제에 대한 호기심 둘 중 하나가 충족돼야만 청중은 화자의 말에 집중할 수 있다.

우리가 알고 있어야 할 또 한 가지는, 말하기와 글쓰기를 하나로 생각해야 한다는 점이다. 먼저 자신이 쓴 글을 소리 내 읽는 습관을 들인다. 소리 내 읽다 보면 분명히 어색하게 걸리는 부분들이 있다. 글로만 볼 때 간과하기 쉬운 어법에 맞지 않는 표현, 어색한 말투 등이 감지된다. 그렇게 해서 자기가 쓴 글을 계속 '말맛'에 맞게 다듬어 가는 방식이다.

반대로 말할 때는 글 쓰듯이 해야 한다. 우리는 글을 쓸 때 글감을 정하고 개요를 짜며, 서론과 본론, 결론에 맞춰 구성한다. 몇 번의 퇴고를 거치면 한 편의 글이 완성된다. 그러나 말할 때는 글을 쓸 때의 과정에서 상당 부분을 생략하게 된다. 그러므로 말을 할 때도 글 쓸 때처럼 글감, 개요, 구성, 퇴고 등의 과정을 거친다면 더욱 조리 있고 짜임새 있는 말하기가 된다.

끝으로, 말하고 글을 쓸 때는 늘 '요약'을 생각해야 한다. 내가 말하려고 또는 쓰려고 하는 요지가 뭐지? 난 대체 무슨 말을 하려 했을까? 난 어떤 글을 쓰고 있는 건가? 라는 질문 속에서 요약하고 단축하며 말을 하고 글을 써야 해야 한다. 자연스럽게 문장은 짧아질 것이고, 그 짧은 문장에는 운율이 생길 것이다. 때로는 시적으로 느껴지기도 할 것이다.

제아무리 긴 글도 한 장으로 압축된다. 한 장은 다시 한 문장으로, 한 문장은 다시 한 단어로 줄일 수 있다. 방대한 내용이 담겨 있는 성경도 한 단어로 압축하면 '사랑'이 된다. 그 많은 불교 경전 역시 '자비'라는 단어로 압축할 수 있다. 자신이 하는 말이나 쓰는 글을 한 단어로 압축하는 습관을 들이면 짜임새 있게 말할 수 있고, 자연스레 좋은 글을 쓸 수 있게 된다.

SAPIENS

3

사피엔스의 미래

고려 말 성균관 대사성(大司成)을 지낸 목은 이색은 송나라의 주자가 완성한
성리학을 들여왔다. 그의 문하에는 유난히 성리학에 관심을 보이는
청년이 있었는데 바로 정도전이었다. 조부가 지방 향리 출신인 그는 출신 성분에 따라
서열이 엄격했던 고려사회에서 철저한 '비주류'였다. 먼저 성리학을 공부했던
정몽주는 다섯 살 아래인 정도전에게 맹자를 소개했다. 정도전은 정몽주가 이야기하는
주나라 무왕의 일화에 깊이 빠져들었다. 혁명으로 은나라를 멸하고
주나라를 세운 무왕에 대해 맹자는 이렇게 기록하고 있다.
"인(仁)을 해치는 자를 적(賊)이라 하고 의(義)를 해치는 자를 잔(殘)이라 한다.
잔적지인(殘賊之人)은 단지 '그놈'이라고 하니 무왕이 '주(은나라의 마지막 왕)'라는
놈을 처형했다는 말은 들었어도 임금을 시해했다는 말은 듣지 못했다."

12

진화론의 끝은 어디인가, Homo Smart

찰스 다윈의 진화론은 진화에 성공한 최상위 단계의 종이
먹이사슬의 가장 꼭대기를 차지한다는 이론이다.
진화론은 인간이 지구의 주인인 양 착각하게 하는 근거가 됐다.
그러나 언젠가 우리보다 더 나은 종이 나타날지도 모른다.
아이러니하게도 지금 우리는 인류보다 더 높은 먹이사슬의 단계에 있는
종을 스스로 창조하고 있는 중일지도 모른다.

진화론, 인간을 위한 이론인가

전 우주에서 인간이 차지하는 부분은 얼마나 될까. 135억 년 전 발생한 빅뱅을 우주의 기원으로 본다면, 인류가 살아온 지난 수만 년은 털끝같이 짧은 시간이다. 38억여 년 전 지구에 처음 생명체가 나타난 시점부터 생각하더라도 인간의 존재는 미미하다. 그러나 인간이 '문명'이란 것을 만들기 시작하면서 지구에는 엄청난 변화가 일어났다.

인간은 어떻게 이 짧은 시간 동안 성공적으로 지구의 주인 노릇을 하게 됐을까. 『사피엔스(Sapiens: A Brief History of Humankind)』의 저자인 이스라엘의 역사학자 유발 하라리(Yuval Noah Harari)는 인간의 진화에서 가장 역사적인 사건으로 7만 년 전의 '인지혁명', 1만 2,000년 전의 '농업혁명', 500년 전부터 시작된 '과학혁명'을 꼽았다.

인간은 인지혁명과 함께 불을 사용하기 시작하면서 먹이사슬의 최고점에 오르게 된다. 이후 수렵생활을 하던 인간은 농업혁명을 통해 인구를 기하급수적으로 늘렸고, 늘어난 인구를 통제하고자 조직과 공동체를 창조했다. 지동설처럼 우주의 진리를 하나씩 벗겨내기 시작한 과학혁명은 역사의 발전 속도를 수백, 수천 배 빠르게 했다.

이렇게 놀라운 발전을 가능케 한 것은 인간의 '영리함' 덕분이다. 인간의 지능은 다른 어떤 종보다 뛰어났고, 이를 바탕으로 물질세계에 존재하지 않는 다양한 정신세계를 만들었다. 인간의 행위를 규율하는 종교나 거대화된 집단을 통제하는 계급과 권력 구조가 그것이다. 이것은 인간이 다른 동물과 차별화되는 가장 큰 지점이다.

세상에는 인간의 지식으로는 도저히 설명될 수 없는 수많은 자연현상도 존재한다. 이 경우 절대자라는 존재를 만들고, 신의 영역으로 밀어 넣으면서 풀리지 않던 고민을 해결했다. 혈연으로 묶인 씨족 단위의 혈연집단을 넘어 동물의 무리에서는 상상할 수 없는 수백 수천만 명의 개개인을 하나로 묶어 민족 또는 국민으로 부르며 가족의 개념을 확장했다. 특히 현대 사회의 돈과 시장은 인간이 발명해 낸 그 어떤 종교보다 강하고, 그 어떤 계급 질서보다 공고하다. 이처럼 인간은 호모 사피엔스의 어원처럼 '생각하는' 동물이고, 가장 '똑똑한' 종이었기에 지구의 주인 노릇을 할 수 있었던 것이다.

찰스 다윈(Charles Robert Darwin, 1809~1882)의 '진화론'은 진화에 성공한 가장 마지막 종이 먹이사슬의 최정점에 오른다는 이론이다. 진화론은 인간이 지구의 주인 노릇을 하는 것에 대한 가장 설득력 있는 논리로 사용돼 왔으며, 진화의 역사를 통해 인간은 만물의 영장이라는 명분을 갖게 됐다.

진화론에 따르면, 역사 속 그 어느 시기에도 생물의 진화가 멈췄던 적은 없다. 길고 긴 시간 동안 생물은 스스로를 조금씩 발전시켜왔다. 호모 사피엔스라는 현생 인류도 오랜 진화의 산물이다. 그런데 21세기의 진화는 그동안 우리가 생각하지 못했던, 전혀 새로운 방식으로 이뤄지고 있다. 바로 인간이 창조한 과학기술의 진화 때문이다.

> 진화론은 인간이 지구의 주인 노릇을 할 수 있는 큰 명분이 됐지만, 인공지능처럼 인간보다 더 나은 종이 출현한다면 오히려 인류를 위협하는 이론이 될 수도 있다.

전문가들은 수십 년 안에 인간의 생리적인 모든 기능과 유전자 구조, 수명 및 지적 능력에 관한 비밀을 풀 수 있을 것이라고 예측한다. 유전공학으로 신체적 능력은 물론 지적 능력도 높일 수 있고, 에이즈 같은 질환의 치료제를 개발해 기대수명도 늘린다. 즉, 앞으로 펼쳐질 새로운 진화는 자연 발생이 아니라 인간의 창조로 이뤄지는 전혀 새로운 차원의 진화인 것이다.

물론 이런 진화가 인류에게 긍정적인 영향만을 줄지는 의문이다. 원시 시대 인간은 스스로 풀 수 없는 문제들을 해결할 수 있는 주체로 절대자인 신을 만들었다. 하지만, 이제 인간 스스로 신이 되려고 한다. 진화론은 인간이 지구의 주인 노릇을 할 수 있는 큰 명분이 됐지만 인간보다 더 나은 종이 출현할 것이라 전망되는 미래에는 오히려 인류를 위협하는 이론이 될 수도 있다.

인류의 새로운 진화, 인공지능

인간의 과학기술은 앞으로 우리가 경험해보지 못한 새로운 차원의 진화를 이뤄낼 것이다. 우리가 목도하게 될 가장 큰 진화는 인간의 생물학적 역량을 높이는 것이 아니라 인공지능이라는 전혀 다른 인간을 만들어 내는 데 있다. SF 영화나 소설처럼 인간과 대등하게 생각하고 생활하는 인공지능 로봇이 나타나 인간보다 더 인간답게 사는 모습을 보게 될지도 모른다.

앞으로 발전할 인공지능의 핵심적인 기술은 바로 '딥러닝(Deep Learning)'이다. 입력한 정보에 의해서만 판단을 내리는 것이 아니라, 학습을 통해 산출 값의 정확성을 높인다. 그동안 디지털 기술에 사용된 정보는 모두 정량화돼 있었다. '1+1=2'처럼 명징하고 양적으로 증명과 정의가 가능한 정보였다. 그러나 세상에는 정량화할 수 없는 정보들이 훨씬 많다. 이런 정보를 파악하는 프로세스를 '직관'이라 부른다.

지금까지 '직관'은 인간만의 영역이었다. 이런 직관력을 어마어마한 양의 데이터 축적을 통해 기계 스스로 학습하는 기술이 바로 딥러닝이다. 딥러닝 기술이 발전한다면 인간만 가질 수 있다고 믿었던 직관능력을 인공지능도 갖게 될 것이다. 물론 인공지능이 갖게 될 직관도 세밀하게 원자화시켜 놓고 보면 0과 1의 조합으로 이뤄진 디지털 기술이 근본이겠지만 말이다.

인공지능의 발전은 우리가 상상하지 못했던 전혀 새로운 세상을 열 수 있다. 그동안 지구의 모든 생명체는 유기 화합물로 구성돼 있었다. 하지만 인공지능의 발전으로 우리는 생명의 범위를 무기물로 확장할 수 있다. 사람과 비슷한 모습을 한 인공지능 로봇처럼 말이다. 현재의 기술 속도라면 사람의 피부를 재현할 수 있는 소재를 만드는 것 역시 시간문제다.

그렇다면 미래에는 인공지능 로봇이 인간을 제치고 지구의 주인이 될 수 있지 않을까. 마치 영화에서처럼 로봇이 인간을 지배하는 상황 말이다. 다행히도 그럴 가능성은 낮아 보인다. 핵심적인 이유는 로봇에게는 인간을 지배할 '동기'가 없기 때문이다. 인간이 다른 동물을 착취하고 먹이사슬의 최정점에 오를 수 있었던 것은 생존과 번식이라는 강력한 동기가 있었기 때문이다.

우리가 걱정해야 할 것은 로봇이 우리를 지배하는 삶이 아니라, 인간이 해야 할 많은 일을 로봇에게 뺏길 수 있다는 우려와 로봇을 악용하는 사람들이 나타날 수 있다는 것이다. 인공지능 로봇이라는 새로운 진화의 산물이 나타난다 해도 우리가 가장 걱정해야 할 대상은 결국 인간 자신이다.

걱정해야 할 대상은 인공지능이 아닌 인간 자신

인공지능의 발달로 인간이 해야 할 일이 없어진다면 우리 사회는 어떻게 될까. 지금 생존하고 있는 인류의 절반, 아니 20%만 일을 하고 나머지는 모두 잉여 노동력이라면? 2016년 있었던 스위스의 기본소득(월 300만 원씩 지급) 국민투표는 어쩌면 미래의 모든 인류가 겪어야 할 일인지도 모른다.

1~3차 산업혁명을 거치며 많은 일자리가 생겨나고 없어졌다. 인간이 하던 일을 기계가 대신하게 됐고, 이런 추세는 더욱 강해질 전망이다. 대다수 인간이 직업을 갖지 못하고, 정부가 주는 기본소득으로 살아가게 될지도 모른다. 인간의 노동력이 기계의 생산성에 밀려났

듯 인공지능의 효율에 못 미치는 인간의 지성 또한 시장에서 퇴출될 것이다.

실제로 이와 비슷한 상황이 과거 로마에서 벌어졌다. 2,000년 전, 전쟁이 국부를 창출하던 시대의 로마는 식민지에서 착취한 수많은 자원과 노예로 번영을 누렸다. 주산업인 농업에 노예들을 투입하면서 정작 로마 시민들은 생산 활동에서 소외됐다. 그러나 경제 활동의 과실은 소수의 영주에게 집중됐고, 다수는 실업자 신세가 됐다.

부와 권력을 모두 거머쥔 집권층은 사회안전망 차원에서 다수에게 적당히 먹고살 정도의 생활비와 유흥을 제공했다. 로마 곳곳에 유적으로 남아 있는 콜로세움이 대표적인 예다. 이렇게 다수의 로마인들은 국가에서 제공하는 안락과 검투사 경기 같은 자극적인 유흥에 중독돼 집권층의 이데올로기에 길들여졌다.

과학기술의 발달이 가져올 미래도 이와 비슷할지 모른다. 과거 로마의 노예처럼 인공지능이 인간이 하고 있던 많은 일을 대신하고, 산업 발전의 과실이 소수에게 집중되면 로마인처럼 적당히 먹고 즐기며 사육되는 상황이 발생할 수 있다. 결국 인공지능 시대에 가장 고민해야 할 것은 미래 사회의 변화를 전망하고, 그에 걸맞은 사회 제도와 문화를 설계하는 일이다.

인간의 미래를 설계할 때 잊지 말아야 할 것은 지구의 미래도 함께 고민해야 한다는 점이다. 앞서 말했듯 현재로써는 인공지능이 인간을 해할 '동기'가 없다. 그러나 그 '동기'가 충분하다면 인간이 로봇의 적이 되는 상황이 올 수도 있다. 앞서 말했던 것처럼 인공지능이 생존과 번식 의지를 갖게 될 때이다(없을 것이라고 믿고 싶다).

우리는 인간이 가장 똑똑하기 때문에 지구의 주인 노릇을 할 수 있었다고 믿는다. 인간은 자연의 모든 것을 자신에게 편한 대로 규정하고 이용해 왔다. 아마존 열대우림이 보존돼야 하는 이유는 우리가 숨 쉬는 공기가 깨끗해야 하기 때문이며, 기후변화로부터 지구를 지켜야 하는 이유는 인간의 삶이 위협받지 않아야 하기 때문이다.

그런데 이 같은 논리가 가능했던 것은 인간이 지구의 주인 노릇을 한다는 전제가 유효할 때다. 스스로 생각하고 판단하는 인공지능이 스스로 생존을 계속해 나가려면 지구라는 공간이 필요하다. 어쩌면 지구의 지속가능한 생존을 위해 불필요한 요소들을 제거해 나가려고 할 것이다. 마치 인간이 제멋대로 지구를 바꿔 놓았듯이 말이다.

많은 영화와 소설의 중심 소재가 됐듯 지구의 입장에서 인간은 지금껏 나타났던 그 어떤 생물종보다 위험한 '바이러스'일지 모른다. 인간의 과학기술 문명이 발전했던 지난 몇백 년의 짧은 시간 동안 인간은 수십억 년을 지켜온 지구의 많은 부분을 파괴하고 오염시켰다. 이런 관점에서 인공지능은 언제든지 인간이란 존재가 지구의 존속에 해가 된다는 판단을 내릴 수 있다.

결국, 미래 사회에도 '우리가 가장 걱정해야 할 대상은 인간 자신'이다. 지금부터 우리가 지구와, 또 인공지능과 공존 가능한 미래를 설계하지 않는다면 더 이상 감당할 수 없는 부메랑이 돼 돌아올 것이다. 인간을 위해서도, 또 지구를 위해서도 더 이상 현명한 선택을 늦춰서는 안 된다.

Homo SNS, 사색을 잃어버린 검색

과학기술의 발전을 통해 우리가 가장 깊이 고민해야 할 것은 인간성이란 무엇인가에 대한 것이다. 인공지능은 분명 인간의 삶을 크게 바꿔 놓는 혁명적인 변화가 될 것이다. 그 변화의 열쇠를 쥐고 있는 것 역시 인간이다. 하지만 인간이 걸어온 지난 역사를 살펴보면 우리의 미래가 꼭 밝지만은 않다.

인간의 오랜 역사를 살펴보면, 인류라는 종 자체는 생존력이 점점 더 강해지고 더 똑똑해졌다. 그러나 인간이란 개체를 하나하나 살펴

보면 오히려 1만 년 전보다 생존력이 떨어진다. 과거 인간은 생존을 위해 자연에 대한 많은 것을 알아야 했다. 기후와 환경의 변화를 읽을 수 있어야 했고, 맹수로부터 위협을 막기 위해 다양한 기술을 습득해야 했다.

그러나 현대인은 어떤가. 필요한 것은 인터넷과 마트에서 얼마든지 주문할 수 있고, 위급할 때는 119를 부른다. 궁금하거나 해결해야 할 일들은 전문가에 맡기면 된다. 지구의 역사에서 인류가 지금처럼 강력했던 적은 없다. 그렇다고 행복이 더 커진 것은 아니다. 우리가 1,000년 전, 혹은 1만 년 전 개인보다 행복하다고 말할 수 있을까. 여전히 세상에는 전쟁과 각종 범죄가 들끓고 있으며, 과학기술의 발달은 인명 살상을 더욱 간편하고 광대하게 만든다.

과거보다 힘도 있고 기술도 있으며 물질적으로 풍요로워졌지만, 왜 맨날 시간에 쫓기고 힘들게 일하며 살아야 하는지 그 이유를 모른다. 어디로 가는지, 왜 가야 하는지도 모른 채 하루하루를 시간에 쫓기며 살고 있다. 과학기술이 발전하면서 이런 흐름은 더욱 두드러지고 있으며, 인공지능의 발전에 따라 이는 더욱 심화될 것이다.

가장 심각한 것은 생각하는 능력이 퇴보하고 있다는 점이다. 일상의 예를 들어 보자. 지금 외우고 있는 전화번호, 노래 가사가 얼마나 되는가. 물건값을 계산하면서 잔돈이 얼마인지 암산해 본 적이 언제인가. 암기와 암산 능력이 미래에 꼭 필요한 역량은 아니다. 하지만 일상 속에서 점점 '뇌'를 쓸 일이 줄고 있다는 점은 분명하다.

영국의 과학 전문지 『뉴사이언티스트(New Scientist)』가 2014년 발표한 보고서에 따르면, 컴퓨터와 스마트폰 등 정보통신기기의 발달과 함께 인간의 IQ는 계속 낮아졌다. 덴마크와 노르웨이의 경우 군 입대 남성의 IQ는 1980년대까지 지속적으로 증가했다. 그러나 1990년대 후반부터 IQ가 떨어지기 시작했다. 영국과 호주도 비슷한 결과를 보였다.

이 같은 IQ 저하의 대표적 원인은 게임과 휴대폰이다. 뉴질랜드의 심리학자 제임스 플린(James Flynn)은 영국 일간지 『데일리 텔레그래프』와의 인터뷰에서 "영국의 14세 학생의 IQ(2008년 기준)는 1980년보다 2점가량 떨어졌다. 시각적 자극이 강한 게임과 휴대폰이 그 원인"이라고 말했다. 그는 "휴대폰 사용 직후에는 집중력 저하로 IQ가 10점가량 떨어진다."고 말했다.

> 우리는 인간이 가장 똑똑했기 때문에 지구의 주인 노릇을 할 수 있었다고 믿는다. 하지만 더 똑똑한 인공지능이 인간의 입지를 위협하고 있다. 더 심각한 문제는 첨단기술이 발전할수록 인간의 생각하는 능력이 퇴보하고 있다는 점이다.

실제로 사람들은 스마트폰과 SNS 등 모바일에 익숙해지면서 긴 글을 읽는 데 어려움을 겪고 있다. 무한 복제와 수정이 가능한 디지털 글쓰기는 사색을 마비시킨다. 언제든 쉽게 쓰고 지울 수 있기 때문에 손가락에 뇌가 달렸다는 자조 섞인 비판도 나온다. 한 문장을 쓰기 위해 수십 번 머릿속으로 고민했던 손글씨와는 대조된다.

공공장소 어디를 가도 스마트폰 삼매경에 빠진 사람들뿐이다. 한국은 세계 최고의 디지털 강국이 됐지만, 연간 독서량은 0.8권에 불과해 유엔 191개국 중 166위다. 독서와 사색을 멀리하면서 점점 즉각적인 반응에 익숙해지고, 깊고 오래 사유하는 생각의 방식은 잃어가고 있다.

미래 사회를 상상한 소셜픽션

2050년 서울. 탑골공원에는 나들이 나온 노인들로 발 디딜 틈이 없다. 지하철에는 일반석보다 노인석이 더 많다. 전체 인구 중 노인 비율이 37%에 달하기 때문이다. 평균수명이 100세까지 늘어나 보통 70대까지는 회사에 다닌다. 초혼 평균연령도 남자 45세, 여자 42세에 이른다. 대신 20대 초반이면 정자와 난자를 채취해 냉동 보관한다.

이것은 2015년 10월과 12월, 2016년 3월 세 차례에 걸쳐 개최된 '소셜픽션(Social Fiction)'에서 나온 이야기들이다. 당시 행사에는 10대부터 60대까지 300여 명의 시민이 온·오프라인을 통해 참여했다. 그리고 시민들은 자유롭게 미래 사회의 모습을 상상했다.

2006년 노벨평화상을 받은 방글라데시의 무함마드 유누스(Muhammad Yunus)가 처음 제안한 개념인 소셜픽션에 긍정탐구를 접목해 새로운 형식의 집단 토의 방식을 개발했다. 사이언스픽션(SF)이 과학 발전을 이끌었듯 사회적 상상력이 실제 사회를 발전시킨다는 것이다. 당장의 문제 해결을 위한 구체적 대안을 찾기보다는 미래의 비전을 찾는다는 데 의미가 있다.

시민들이 생각한 미래 사회의 가장 큰 문제는 고령화와 인공지능이었다. 초고령사회로 진입한 한국은 노인이 노인을 부양하고, 아이가 귀해 아이 박물관이 생긴다. 경제활동인구가 줄어 직장인이 귀한 대접을 받게 되면서 '갑'과 '을'이 바뀌고, 노인들의 커리어를 위한 '시니어 대학'이 생긴다. 인공지능의 활성화로 웬만한 노동은 로봇이 대신 한다.

노인들이 많아져 정치권에서는 노인당과 청년당만 있다. 1당은 국민노인당, 2당은 시민노인당이고, 청년당은 소수당이다. 경제활동인구가 부족하다 보니 17세면 고교를 졸업하고 취업 전선에 나선다. 군 입대 가능자도 부족해 전방 배치 병력의 70%는 로봇이다. 젊은이의 전유물이던 클럽 입장 연령은 45세로 높아진다.

인공지능 기술이 발전하면서 유럽에서는 로봇 난민도 생겼다. 로봇에 일자리를 뺏긴 선진국 시민들이 개발도상국으로 몰려가는 현상이 일어난 것이다. 영화 '터미네이터'처럼 로봇이 인간을 지배하는 상상이 현실이 될 것이라는 우려도 나온다. 카이스트에서는 똑똑한 로봇만 만들 게 아니라 인간다운 로봇을 만드는 연구를 진행 중이다.

통신·교통의 발달로 세계는 더욱 좁아지고, 국적과 인종의 경계도 무너졌다. 난민과 기후변화, 열대우림 파괴 같은 문제는 더 이상 해당 국가만의 문제가 아니다. 국가 간에 있었던 모든 장벽이 무너지기 시작하면서 나비효과처럼 세계 곳곳에서 벌어지는 아주 작은 사건도 전 세계에 영향을 미쳐 전 인류의 문제가 되기도 한다.

물론 미래가 꼭 어둡다고만 할 수 없다. 선의를 가지고 지구적 문제 해결에 공동 노력하는 '휴마트 씽킹'이 많아진다면 유토피아가 될 수 있다고 믿는다. 다행히 지구적 문제가 남의 일이 아니라 나의 일, 우리의 일이라고 생각하는 세계시민이 많이 생겨나면서 새로운 길을 모색하고 있다. 그 시작은 유엔의 2016~2030년 어젠다 '지속가능발전'으로 표현되고 있다.

13

휴머니티의 위기

최근 몇 년간 우리 출판계에서는 이상한 일이 벌어졌다.
어렵기로 유명한 마이클 샌델의 『정의론』과 토마 피게티의 『21세기 자본』이
크게 유행했다. 『정의론』은 자국인 미국에서보다 더 많이 팔렸다는데
그 이유는 무엇 때문일까. 사실 피게티의 『21세기 자본』도 따지고 보면
분배의 정의에 대한 이야기다. 소득 증가율은 자산 상승률을 따라갈 수 없으므로
'글로벌 자본세'를 통해 부를 재분배하자는 주장이다.
어려운 내용을 담고 있음에도 불구하고 두 책이 대중적 인기를 얻은 이유는
그만큼 우리 사회가 정의에 대한 갈증을 크게 느끼고 있기 때문이 아닐까.

난파된 인간성, 세월호

모든 사회적 죽음에는 이유가 있다. 특히 수백 명의 목숨을 앗아간 대형 참사의 경우에는 그 시대가 처한 갈등과 문제점을 고스란히 담고 있다. 2014년 있었던 세월호 사고도 마찬가지다. 그 충격과 상처는 수십 년이 지나도 쉽게 잊히지 않을 것이다.

세월호 사고는 과거 발생했던 대형 참사와는 성격이 다르다. 90년대 있었던 성수대교, 삼풍백화점 붕괴 사고 역시 치유될 수 없는 상처를 남겼다. 이들 사고의 구조적 문제점을 살펴보면 대한민국 압축성장의 민낯과 마주하게 된다. 비용을 아끼기 위해 부실 자재를 쓰고, 허가받기 위해 공무원에게 뇌물을 주는 등 산업화 이면에 있었던 부패의 적나라한 실체를 발견하게 된다.

비단 성수대교와 삼풍백화점 사고뿐만이 아니다. 1980~90년대 한국에서는 유난히 건축물 붕괴사고가 많았다. 초고속 성장이 끝나갈 즈음 우리 사회는 한강의 기적 이면에 있던 산업화의 어두운 그림자를 마주하게 됐다. 그것이 20세기 후반에 있던 각종 사건 사고의 구조적 원인이었다.

그러나 세월호 참사는 엄밀히 따져 보자면 '사고'가 아니라 '사건'이다. 세월호에 '안전사고'라는 수식어를 붙이면 사건의 본질이 은폐된다. 참사 직후 온 사회는 안전 불감증을 이야기하며 호들갑을 떨었다. 정부가 내놓은 대책은 '수학여행 전면 금지'였고, 학교에 안전 교과를 신설했다. 급기야는 국민안전처를 출범시켰다.

세월호 참사가 진짜 안전사고일까? 선박이 노후한 데다 지나치게 화물을 많이 실었던 것만이 사고의 원인이었을까? 불법으로 배를 개조하고 온갖 비리로 얼룩진 선사의 운영 방식이 직접적인 이유였을까? 물론 여러 원인이 복합적으로 작용하면서 세월호를 가라앉게 했지만, 본질은 따로 있다. 바로 인간성의 상실이 그것이다. 물질적 가치에 경도된 한국 사회의 부끄러운 자화상인 것이다.

온 국민은 수면 아래로 서서히 가라앉는 세월호를 몇 시간 동안 생중계로 지켜보면서 평생 잊지 못할 트라우마를 안게 됐다. 처음 보도를 접했을 때는 배가 천천히 가라앉고 있었기 때문에 승객 대부분이 안전하게 대피할 것으로 믿었다. 그러나 결론은 어땠는가. 선장을 비롯한 선원들이 제일 먼저 탈출했고, 자연스럽게 승객들은 고립됐다. 충분히 생존할 수 있던 많은 이들이 차가운 바닷물 속으로 가라앉았다. 월급 270만 원의 계약직 선장에게 '노블레스 오블리주'를 기대하는 것이 난센스라는 이들도 있다. 그러나 돈이 많고 적음에 따라 사람의 생명을 살리고 말고를 판단한다면 우리의 현실은 더 슬프다.

적극적으로 나서지 않고 구조 흉내만 냈던 해경들, 무리한 화물 적재로 비용을 아끼려 했던 선주, 돈 몇 푼에 부실증축을 눈감은 공무원들 모두 세월호 참사의 주범이다. 그렇다고 우리가 이들만 죄인으로 몰아갈 수 있을까. 한국 사회의 많은 부분이 이와 비슷한 방식으로 작동하고 있지는 않은가 말이다.

원칙을 지키는 사람을 꽉 막히고 무능한 것으로 보고, 편법을 일삼는 사람이 융통성 있고 능력 있는 것으로 여기는 게 한국 사회의 일면이다. 혈연과 지연, 학연 같은 관계에서 자유로우며, 돈과 이해관계에서 떳떳하다고 자부할 수 있는 이들이 얼마나 되겠는가. 이런 사소한 습관과 의식들이 모여 빚어낸 것이 바로 세월호 참사였다.

> 세월호 참사 후 우리가 해야 할 일은 표면적으로 나타난 안전 불감증을 고치는 것이 아니라, 인간성을 회복하는 것이다.

솔직히 이야기해 보자. 그동안 우리 어른들은 아이들에게 무엇을 가르쳤는가. 표현 방식만 달랐을 뿐 결국은 '우리 아들·딸, 잘 먹고 잘 살아'였다. 남이야 어떻든 자신만 잘 되면 그만이라는 인식이다. 어른들 사이에서도 흔히 쓰이는 '부자 되세요'란 말도 마찬가지다. 타인에게 해줄 수 있는 가장 큰 덕담이 물질적인 부를 쌓으라는 말이다.

바다에 가라앉은 건 세월호만이 아니다. 대한민국도 깊은 수중으로 좌초되고 말았다. 물질적 성장에 심취해 정신적 가치들을 잃어버렸기 때문이다. 결국, 세월호 참사 후 우리가 해야 할 일은 표면적으로 나타난 안전 불감증을 고치는 것이 아니라, 근본적으로 인간성을 회복하는 것이다. 잊고 살았던 인간성을 찾는 일. 그것이 진정한 세월호 참사의 교훈이다.

이기적인 아이들 '미들스쿨 리포트'

"친구요? 엄마가 다 필요 없대요. 공부만 잘하면 된다고요. 저도 그렇게 생각해요. 어차피 저희를 판단하는 건 성적이니까." "왕따 당하지 않으려면 왕따 시켜야 해요. 내가 살려면 마음 내키지 않아도 다른 애를 괴롭혀야 하죠." "대화의 절반은 욕이죠. 다들 그렇게 하니까 아무렇지 않아요. 부모님도 욕을 섞어 쓰니까 우리에게 뭐라고 못하죠."

2013년 '미들스쿨 리포트'를 기획·준비하면서 만났던 중학생들의 이야기다. 아이들의 인성은 매우 위태로웠다. 공부와 성적에 짓눌려 주변 사람들을 돌아보기 힘들었고, 스마트폰과 게임 등 자극적 반응에 길들어 감정을 조절하는 능력도 부족했다. 많은 아이들이 언제든 친구들로부터 '왕따' 당할지 모른다는 두려움을 안고 살았다.

당시 취재팀은 인성 실태에 대한 객관적 분석을 위해 전국 16개 시·도 중학생(2,171명)과 교사(232명), 학부모(353명)를 표본조사했다. 정직·정의·법 준수·책임(도덕성)과 공감·소통·배려·협동(사회성), 자기이해·자기조절(정서) 등 10개 지표별로 모두 30개 문항에 대한 설문을 실시하고, 답변 결과를 점수화(만점 100점)해 인성지수를 만들었다.

조사 결과, 가장 낮은 점수를 얻은 지표는 '정직'(61.7점)이었다. 원하는 걸 위해서라면 거리낌 없이 거짓말하는 일부 어른들의 모습을 그대로 닮았다. 배려(63.6점), 자기조절(64.3점), 법 준수(68.8점), 협동(69.5점), 자기이해(69.9점)의 5개 지표에서도 70점 미만으로 나타났다.

10개 지표의 평균값은 69.8점이었다. 인성지수는 인간으로서 갖춰야 할 기본적 심성과 행위양식을 묻기 때문에 답변이 바람직한 방향으로 치우친다. 그럼에도 불구하고 인성지수 결과가 69.8점으로 나왔다는 것은 '미(美)'나 '양(良)'에 해당하는 낮은 수준이란 이야기다. 비율로 따지면 중학생 중 인성이 괜찮은 학생은 21.3% 정도였다. 그 두 배에 이르는 45.6%의 학생은 인성이 미흡한 수준이었다.

이처럼 학생 중 절반가량이 인성 미달로 나왔다는 점에서 청소년들의 인성은 위기 상태라고 볼 수 있다. 응답자의 자기 답변을 토대로 한 평가인 만큼 현실은 더욱 심각할 것이라 추정할 수 있다. 실제로 교사와 부모들이 별도로 매긴 중학생들의 인성지수 수준은 각각 50.7점, 60.5점으로 학생 자신들의 평가보다 크게 낮았다.

인성 영역별로 보면 정직(61.7점)·법 준수(68.8점) 등 도덕성 영역과 자기조절(64.3점)·자기이해(69.9점) 등의 정서 영역이 상대적으로 낮았다. 도덕성이 낮은 것은 과정보다 결과를 중시하는 사회 풍토가 반영된 결과라 볼 수 있다. 정서 영역이 낮은 것은 학생들이 자기에 대해 긍정적 태도를 갖는데 인색하고 자기감정을 주체하기 어려워한다는 의미다.

그렇다고 사회성이 높은 것도 아니다. 사회성의 주요 덕목인 '배려'는 63.6점이었다. 따돌림당하는 친구를 도와줄 것이냐는 질문에 3분의 1 정도의 학생들이 '도와주지 않겠다'고 응답하는 등 약자에 대한 배려가 부족했다. 단편적이고 즉각적인 의사소통에는 능하지만, 상대를 존중하는 자세는 미숙하다. 반쪽짜리 사회성을 가진 셈이다.

부모·교사와의 관계에 따라 학생들의 인성에도 차이가 있을까.

부모와의 대화가 많은 학생(76.6점)은 그렇지 않은 학생(65.6점)보다, 자신의 부모가 바른 인성을 갖고 있다고 응답한 학생(74.5점)은 그렇지 않은 경우(57.1점)보다 인성지수가 높았다. 하지만 부모와의 동거 여부, 부모의 학력은 자녀의 인성과 크게 상관이 없는 것으로 나타났다. 부모의 학력이 얼마나 높으냐가 아니라 부모가 자녀와 어떻게 소통하는지, 평소 어떻게 자녀를 돌보느냐가 자녀의 인성을 좌우한다는 점을 알 수 있었다.

교사도 마찬가지다. 교사와 허물없이 대화할 수 있는 학생들(81.6점)이 그렇지 않은 학생들(64.3점)보다 인성이 좋은 것으로 나타났다. 교사가 학생들에게 마음을 터놓고 다가갈수록 인성 수준이 더 높아짐을 알 수 있다.

인성지수 조사에서 가장 주목할만한 부분은 10개의 인성 지표 중 가장 높게 나온 지표(정의)와 제일 낮게 나온 지표(정직) 모두 도덕성

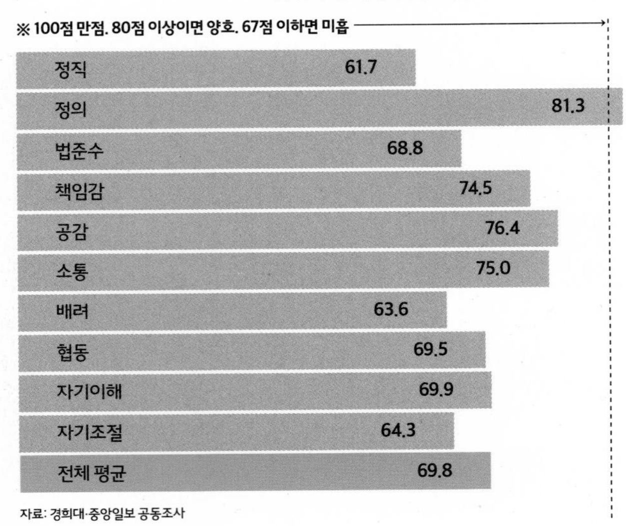

영역이었다는 점이다. 언뜻 보면 정의와 정직은 도덕성의 세부 지표로 비슷한 개념이라고 생각할 수 있다. 그러나 학생들의 인성지수 결과는 정반대로 나왔다. 그 이유는 무엇일까.

정의는 타인에 대한 잣대다. 공동체의 윤리와 질서에 반하는 다른 사람의 행위를 판단하는 기준이다. 반면, 정직은 자신의 행동에 대해 옳고 그름을 판단하는 기준이다. 정의와 정직이 상반되게 나온 것은 타인에게는 엄격하면서도 자신에게는 관대한 어른들의 이중적 행태를 아이들이 그대로 닮았음을 보여준다.

희망을 잃은 청년들

영화 '국제시장'을 보면 이런 대사가 나온다. "이 힘든 세상의 풍파를 우리 자식이 아니라 우리가 겪은 게 참 다행이다." 그런데 요즘 우리 청년들을 봐도 이런 말이 쉽게 나올 수 있을까.

기성세대는 전쟁이 끝나고 지난 60여 년간 모진 풍파를 겪었다. 지긋지긋한 가난에 허덕이며 권위주의 시대의 억압된 삶을 살았다. 대신 그때는 '꿈'이란 게 있었다. 그 꿈은 거창하지는 않아도 하루하루를 살아갈 큰 힘이 됐다. 바로 오늘보다 나은 내일이 있을 것이라는 희망 말이다. 과거에는 모두가 가난했기 때문에 상대적인 박탈감도 덜 했다. 물질적으로 풍요롭진 않았지만, 내일을 꿈꾸며 열심히 일했고, 노력은 결실로 보상받았다.

요즘 젊은 세대는 어떤가. 헬조선, 흙수저 등 최근 청년들 사이에서 유행하는 말을 보자. 유행어에는 그 시대를 대표하는 감성이 녹아 있다. 현재 한국 청년들이 그만큼 힘들다는 이야기다. 그 어느 시대보다 뛰어난 스펙을 갖고 있으면서도 제때 취업하기 힘들고, 어렵게 얻은 직장도 고용이 불안정하다.

이런 불안감은 미래를 더욱 암울하게 바라보게 한다. 실제로 2015년 시민 3,068명을 대상으로 표본조사(중앙일보·경희대)를 해

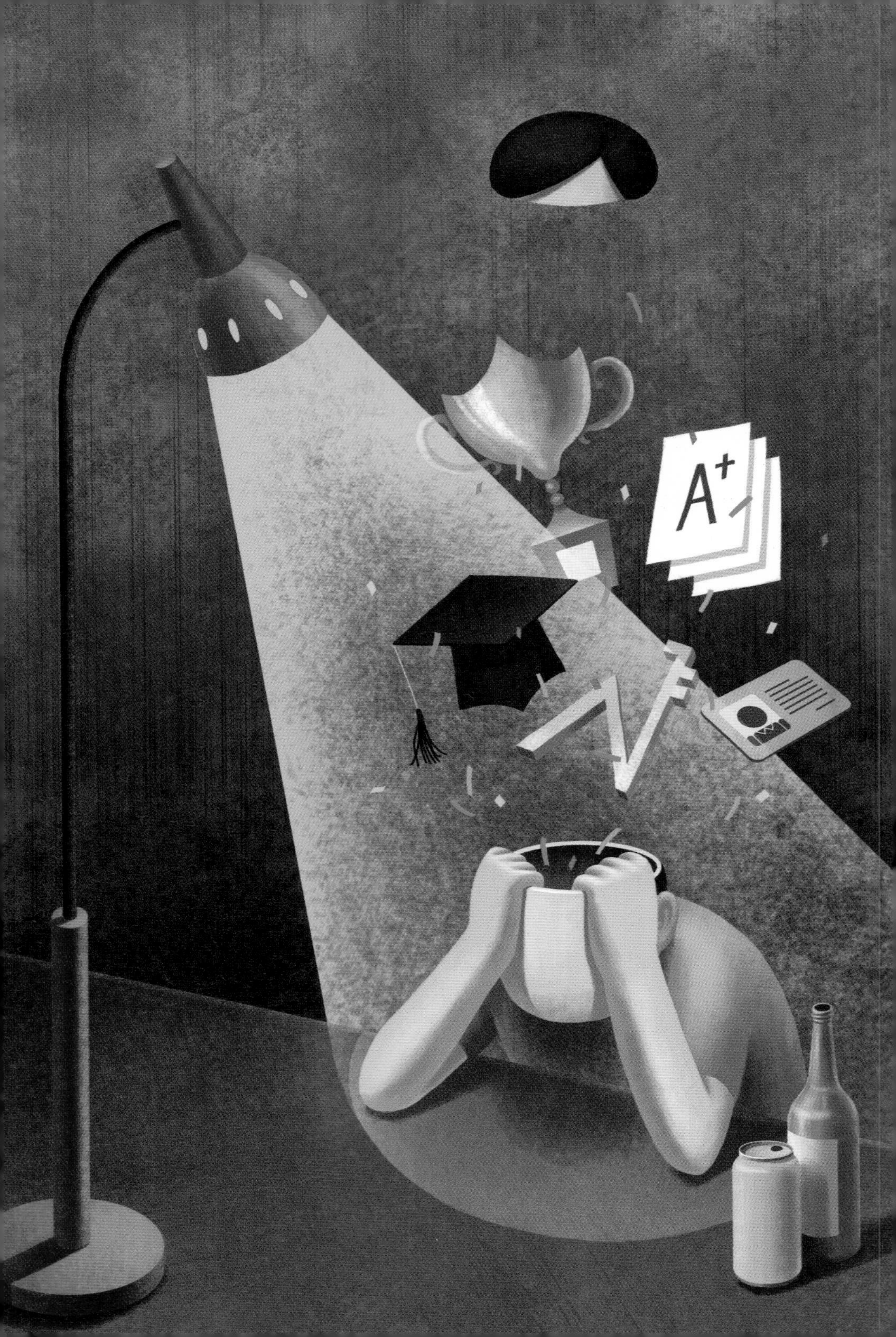
A+

보니 청년들은 한국의 미래를 어둡게 내다봤다. 미래에 대해 부정적으로 응답한 비율이 20대가 45%로 절반에 가까웠다. 반면, 60대 이상에서는 14%에 불과했다.

미래 한국의 가장 중요한 이슈 대해서 40대 이상의 기성세대에서는 통일이라는 답변이 압도적으로 많았다. 그러나 20·30대는 빈부격차를 제일 중요한 문제로 꼽았다. 30대는 통일을 두 번째로, 20대는 일자리를 두 번째, 통일을 세 번째로 꼽았다. 언제나 우리의 첫 번째 소원일 것 같았던 통일이 뒷전으로 밀려나고 있다. 왜일까?

기성세대는 고도성장의 과실을 얻을 수 있었다. 하지만 요즘 청년들은 취업과 일자리처럼 현실적인 어려움에 처해 있을 뿐만 아니라, 미래의 희망조차 갖지 못하고 있다. 그런 상황에서 통일은 자신의 삶과는 거리가 먼, 남의 이야기처럼 들린다. 통일보다는 당장 먹고살아야 할 현실의 무게가 더 무겁게 느껴진다.

최근 유행하는 '먹방'도 비슷한 맥락이다. 몇 해 전부터 방송에서는 '요리'를 주제로 한 프로그램이 부쩍 늘어나기 시작했다. '셰프'라는 직업은 청소년들에게 선망의 대상이 됐다. 유사 이래 먹을 것에 대한 관심은 언제나 있어 왔다. 그러나 요즘처럼 먹을거리에 대한 애정이 컸던 적이 있었을까. 지금의 젊은이들은 왜 먹방에 열광하는 것일까. 먹는다는 것은 매우 기초적인 인간의 욕구다. 또 먹는 것만큼 적은 비용으로 인간을 만족시켜줄 욕망도 없다.

과거에는 어느 정도 먹고살만 하면 그 이상 성취해야 할 꿈과 희망이라는 것이 있었다. 열심히 벌어서 저축해야 하고, 돈이 모이면 조그만 평수라도 내 집부터 마련해야 했다. 차근차근 저축해서 집을 넓혀가는 것이 인생의 큰 행복이었다.

그러나 지금은 샐러리맨이 월급을 모아 집을 산다는 것은 실현 불가능한 이야기로 들린다. 일자리는 점점 줄어가고 청년들을 위한 취업문은 좁아지는 가운데 처우마저 나빠지고 있다. 1997년 외환위기를 기점으로 노동생산성은 급격히 늘었지만, 실질임금은 정체되고 있다. 여기에 물가상승률까지 더하면 서민들이 손에 쥐는 돈은 갈수록 줄 수밖에 없다.

이런 상황에서 집을 사고 조금씩 평수를 늘리는 일은 꿈조차 꾸지 못한다. 큰 꿈을 꾸지 못하니 작은 것에 만족하는 일에 길들여진다. 그 대표적인 것이 먹방이다. 사람들은 '맛집'을 찾아다니며 블로그에 자신이 섭렵한 음식들을 자랑하듯 올린다. 잘 구워진 삼겹살, 바삭한 치킨 등 먹는 것 앞에서만큼은 재벌이든 서민이든 모두 평등하기 때문이다.

세대 갈등, '미래세'를 신설하자

2016년 국민연금연구원이 발표한 보고서에 따르면, 2060년 연금을 받는 사람은 65세 이상 고령자 10명 중 9명이다. 2015년 65세 이상 인구(677만 명) 중 연금 수급자는 36.4%였다. 수급자 비율은 2020년 41%, 2040년 65.1%, 2060년 91.3%로 늘어날 것으로 예상했다. 앞으로 몇십 년 후면 국민 대다수가 연금 대상자란 이야기다. 그런데 큰 문제가 있다. 2013년 발표된 '제3차 국민연금 장기재정 추계'에 따르면, 현재 520조 원 넘는 연기금은 2043년 2,561조 원까지 늘다 2060년쯤에는 완전히 소멸된다. 현재의 청년세대가 연금을 받아야 할 시기에, 그것도 10명 중 9명이나 수급 대상자인 상황에서 받아갈 돈이 한 푼도 남지 않는다는 것이다.

국민연금만이 문제가 아니다. 이미 공무원연금과 군인연금은 재정이 고갈돼 매년 수조 원씩 세금을 끌어다 메우고 있다. 이 같은 적자 보전 금액은 2016년 GDP의 0.05%에서 2060년 0.14%로 증가할 전망이다. 지금 당장 연금 개혁을 하지 않는다면 미래세대에게 엄청난 재앙이 돼 돌아올 것이다.

하지만 연금 문제는 개혁이 쉽지 않다. 지금 당장 연금을 받는 사람들, 몇 년 후 받을 사람들의 이해관계가 걸려 있기 때문이다. 심하게 표현하자면 지금의 기성세대가 미래세대의 '등골을 빼먹는' 것과 같다. 어차피 수십 년 후의 일이기 때문에 '내 일'이 아니라고 생각할 수도 있지만, 사실 '내 아들, 내 딸'의 일이다. 그렇기 때문에 연금 문제를 파고들다 보면 본의 아니게 세대 갈등으로 비화된다. 진보, 보수의 이념에 의해 세대 갈등이 발생하는 게 아니라 먹고살기 위한 '밥그릇' 문제가 세대 갈등의 진앙이 돼버렸다.

지금처럼 연금 문제를 '더 내고 덜 받는' 문제로만 생각하면 해결책을 찾을 수 없다. 기성세대가 '내 것을 뺏긴다'는 느낌을 받지 않고 '자식들을 위해 양보하고 투자한다'는 생각을 갖도록 인식을 바꾸고 공감대를 얻어가야 한다.

우리는 어떻게 이 문제를 풀어야 할까. 정치권조차 당장의 표가 걸려 있어 쉽게 손대지 못하고 있지만, 언젠가는 꼭 해결해야 할 사안이다.

독일 의회에는 '세대 간 형평성 위원회'라는 기구가 설치돼 있다. 세금, 연금 등 각종 사회보장 제도에서 특정 세대에 부담이 실리지 않도록 개혁안을 만든다. 연금개시 연령을 상향하는 등 미래세대의 짐을 더는 것이 골자다. 정치인들은 당장 손해를 봐야 할 기성세대를 설득하고, 그들의 결정이 미래를 위한 지혜로운 선택이었다는 것을 느끼게 해준다.

스웨덴은 1984년부터 좌우가 함께 연금제 개선 논의를 시작했다. 미래를 위한 일에는 진보도 보수도 따로 없었다. 정치권은 힘을 합쳐 국민대타협위원회를 만들고, 젊은 세대에 부담이 덜 가도록 연금 시스템을 전환했다. 스웨덴의 모델이 정답은 아니지만 30년 동안 머리를 맞대고 함께 논의하면서 국민의 뜻을 하나로 모았다.

이처럼 선진국에서는 청년들을 위한 기성세대의 결정이 하나의 흐름으로 잡혀가고 있다. 기성세대가 젊은 세대를 위해 짐을 나눠져야 함은 선진국 진입을 위한 역사적 필연이다. 문제는 기성세대를 설득하는 것이다. 어쩌면 이들은 '내가 왜 희생을 해야 하느냐'고 생각할지 모른다.

기성세대의 마음을 움직이기 위해서는 문제를 바라보는 프레임을 바꿔야 한다. 가령 이렇게 바꿔 보는 것은 어떨까. '연금을 덜 받는(빼앗는)' 것이 아니라 미래세대를 위해 '양보하고 베푸는' 개념으로 말이다. 지금처럼 연금 문제를 '더 내고 덜 받는' 문제로만 생각하면 해결책을 찾을 수 없다. 단순히 연금 개혁에만 매몰되지 않고 미래세대를 위한 투자의 개념으로 접근해야 한다.

이를테면 '미래세'라는 개념이다. 연금 수령액의 일정 비율을 따로 떼어내 미래의 연기금으로 비축하거나, 청소년과 청년들을 위한 정책사업에 쓰는 것이다. 지금의 청소년과 젊은이들이 연금 수령자가 됐을 때 이들을 위한 기금으로 쓰일 수도 있고, 이들이 대학에 가거나 창업할 때 지원금으로 사용할 수 있도록 말이다.

물론 이 같은 정책을 도입하고 실현하기까지의 과정은 험난하고 멀다. 하지만 더 늦기 전에 시작해야 한다. 화두를 던지고 함께 토론하다 보면 언젠가 좋은 대안이 나올 것이다. 기성세대가 '내 것을 뺏긴다'는 느낌을 받지 않고 '자식들을 위해 양보하고 투자한다'는 생각을 갖도록 인식을 바꾸고 공감대를 얻어가는 일이 시급하다.

14

사피엔스의 본질은 Society

먼 미래의 어느 날, 외계인이 지구를 방문한다.
외계인은 지구의 대표를 찾아 교섭할 계획이다.
이때 외계인 사절단은 누구를 찾아갔을까. 외계인이 찾아간 것은 바로 개미다.
1억 2,000만 년 전 지구에 처음 나타나 수차례의 빙하기를 견디며
살아온 개미는 현재 그 종류만 1만 종이 넘는다. 수많은 생물이
멸종되는 동안에도 꿋꿋이 생존해 지구의 주인 역할을 하고 있는 개미의
특징은 무엇일까. 그로부터 우리 인간이 배워야 할 점은 또 무엇일까.

지구의 주인이 된 사피엔스

3만 년에서 3만 5,000년 전, 유럽 대륙에서는 인류 역사의 큰 전환점이 있었다. 당시 유럽 대륙을 지배하고 있던 네안데르탈인이 멸종한 것이다. 35만 년 전 지구에 출현해 유럽을 제집처럼 여기고 살았던 네안데르탈인은 어떻게 이 땅에서 사라졌을까. 멸종 이유로는 여러 학설이 대두되고 있지만, 가장 치명적 이유는 현생 인류인 호모 사피엔스 때문이었다.

200~300만 년 전 오스트랄로피테쿠스에서 시작된 인류의 진화는 아프리카에서 발생한 호모 사피엔스의 출현 이후 급속도로 빨라졌다. 동아프리카가 주거지였던 사피엔스는 7만 년 전 자신의 집을 떠나 세계 곳곳으로 이주하기 시작했다. 그리고 3만 5,000년 전 즈음 수많은 사피엔스들이 유럽대륙에 정착했다.

유럽은 네안데르탈인이 오랜 시간 정착해 살아왔던 곳이었다. 현생 인류와 다른 별개의 종이었던 네안데르탈인은 생김새부터 달랐다. 북쪽의 추운 기후에 적응하느라 상체 근육이 발달해 있었고, 열 손실을 최소화하기 위해 다부진 체격을 가졌다. 반면 아프리카 태생인 사피엔스는 호리호리한 체형이었다.

두 종이 공존했던 시간 동안 네안데르탈인은 사피엔스와의 경쟁에서 뒤처졌고, 결국 역사의 뒤안길로 사라졌다. 중동지역과 동아시아에 퍼져 있던 데니소바인, 플로네시스인까지 다양한 종의 인류가 사피엔스와 본격적으로 만나면서 몇 천 년 만에 멸종하고 말았다. 변화의 주기가 느린 선사시대의 시계를 생각하면 이는 매우 짧은 시간에 일어난 일이라 할 수 있다.

그렇다면 네안데르탈인을 비롯한 다른 인류의 종은 왜 사피엔스와의 경쟁에서 뒤졌던 것일까. 초기 인류학에서는 네안데르탈인이 사피엔스보다 덜 똑똑했기 때문이라고 생각했다. 오늘날 우리가 알고 있는 일반 상식처럼 현생 인류인 사피엔스가 가장 똑똑한 종이기 때문에 경쟁에서 패했다는 것이다. 하지만 그것뿐일까.

최신 인류학 연구에서는 사피엔스가 승리한 이유가 '똑똑함'만이 아니라고 말한다. 실제 네안데르탈인의 지능은 사피엔스에 비해 결코 낮지 않았다. 뇌 용적량을 살펴봤을 때 네안데르탈인은 사피엔스와 비슷하거나 오히려 컸다. 사피엔스보다 먼저 지구에 출현해 도구를 사용했고, 동물들을 사냥하며 지구의 주인 역할을 했던 그들이다. 그런데 둘의 뇌를 분석해보니 큰 차이점이 존재했다. 언어와 사회성을 관장하는 뇌의 특별한 부분이 호모 사피엔스가 몇 배 더 발달했다.

BBC가 제작한 네안데르탈인에 관한 다큐멘터리는 들소 사냥을 예로 들어 설명한다. 네안데르탈인은 직접 들소를 쫓아가 창을 꽂는 식으로 사냥을 했다. 그러나 호모 사피엔스는 협업을 했다. 누군가는 들소를 몰고, 누군가는 미끼가 돼 유인하며, 누군가는 숨어 있다가 창을 던졌다. 즉, 사피엔스의 가장 큰 경쟁력은 '똑똑함'만이 아니라 '공동체'라는 집단의 힘을 만들어낸 것이다. 개체 하나하나가 별개로 싸우는 것이 아니라 힘을 합쳐 싸웠고, 결국 네안데르탈인을 비롯한 다른 인류의 종을 몰아내고, 지구의 주인 노릇을 할 수 있었던 것이다.

사피엔스는 국가를 만들고 민족과 국민이란 개념을 창조했다. 자연상태의 인간은 맹수 한 마리도 상대하지 못할 만큼 물리적으로 약한 존재지만, '공동체'란 경쟁력을 만들어내면서 피라미드를 쌓고 저 멀리 지구 밖까지 우주선을 쏘아 올렸다.

지구에 살아남은 생물들

도시에 큰 위험이 닥쳐올 것을 예감한 한 남성이 주변 사람들에게 경고한다. 그러나 그의 말을 믿어주는 사람은 아무도 없다. 동지를 찾아 나선 남성은 한 여성을 만나고, 그녀와 함께 도시를 지키기 위한 험난한 여정을 떠난다. 훗날 이 여성은 다른 세상을 개척해 그곳의 여왕이 되고, 새로 세워진 도시는 번영의 길로 들어선다.

프랑스 인기 작가 베르나르 베르베르(Bernard Werber)의 소설 『개미』 이야기다. 소설 속에서 개미는 인간처럼 도시라는 사회 구조 속에서 각자의 역할과 임무에 따라 공동체를 지켜간다. 베르베르는 유년시절부터 관찰했던 개미의 생태에 대한 연구를 바탕으로 특유의 상상력을 결합해 수천만 부가 팔린 베스트셀러를 만들어 냈다.

베르베르의 소설 속에 나오는 개미는 인간보다 더 정교하고 잘 짜인 문명을 갖고 있다. 작가적 상상력이 가미되긴 했지만 실제 개미의 군집생활을 보면 인간이 배워야 할 점이 많다.

베르베르는 지구의 주인이 인간이 아니라 오히려 개미라고 말한다. 1억 2,000만 년 전 처음 지구에 나타난 개미는 고도로 조직화 된 사회구조를 만들며 생존해왔다. 현재 약 1만여 종의 개미가 지구상에 존재하며, 그 어떤 극한 상황에서도 적응하고 살아남는다.

사피엔스의 가장 큰 경쟁력은 '똑똑함'만이 아니라 '공동체'라는 집단의 힘을 만들어낸 것이다. 개체 하나하나가 별개로 싸우는 것이 아니라 힘을 합쳐 싸웠고, 결국 지구의 주인 노릇을 할 수 있었다. 그리고 민족과 국민이란 개념을 만들어내며 그 자리를 굳건히 지켜낼 수 있었다.

이런 진화의 열쇠는 바로 '집단'에 있다. 열대지방의 어떤 개미들은 여왕과 새끼를 보호하기 위해 서로의 몸을 연결해 보호막을 만든다. 제 몸집의 수백, 수천 배에 달하는 먹잇감을 옮기기 위해 수십 마리의 개미가 마치 한 몸처럼 움직인다. 사막의 개미는 한낮에 더위를 견디지 못한 동물들을 먹이로 삼는다. 먼저 먹잇감을 발견한 첫 번째 개미가 먹이를 운반하다 사막의 고온을 견디지 못하고 죽는다. 이어서 두 번째 개미가 운반하고, 이렇게 몇 번의 주자가 이어달리기를 하면 최종적으로 식량이 집에 배달된다. 이처럼 개미는 개체가 아닌 공동체로 환경에 적응했기 때문에 지구 역사상 가장 오래 생존한 동물이 됐다.

이렇게 뛰어난 생명력으로 남극과 북극, 만년설로 뒤덮인 산 정상 등을 제외한 모든 곳에 개미가 존재한다. 개체 수만 수백조 마리에 달하는 개미는 어쩌면 지구의 진정한 주인일지도 모른다. 그렇기 때문에 외계인이 지구를 방문하면 인간이 아닌 개미와 대화를 시도할 것이라는 우스갯소리도 나온 것이다.

정말로 인간이 개미들로부터 지구에 살아남는 법을 배워야 한다고 말하는 이들도 있다. 최재천 이화여대 석좌교수는 『개미제국의 발견』이란 책에서 이렇게 말한다. "개미들은 수천만 년간 시행착오를 거듭하며 체제를 실험해왔다. 그에 비하면 불과 200년 남짓한 인간의 민주주의 실험은 순간에 지나지 않는다."

1억 년이 넘는 시간 동안 사회 구조를 만들고 진화해온 개미의 생존방식은 우리에게 큰 의미가 있다. 인간 역시 한 개체가 아닌 '집단'을 통해서 생활하고 존재하기 때문이다. 더욱이 개미는 자연과 조화를 이루며 살아가는 법을 잘 알고 있다. 하지만 인간은 어떤가. 그동안 마치 어린아이처럼 자연을 망가뜨리는 데만 골몰해 오지 않았냐는 말이다.

개미와 인간이 지구의 주인 노릇을 할 수 있었던 것은 개체 하나하나의 우수성 때문이 아니라 집단의 힘이었다. 앞으로 지구와 조화할 수 있는 길을 모색하지 않으면 인간의 미래는 어두울 것이다.

영화로도 제작돼 국내에서 인기를 끌었던 일본 만화 『기생수』는 우연히 몸속에 들어온 기생 생물체 '오른쪽이'와 소년 신이치의 기묘한 동거를 그린 작품이다. 기생수는 사람의 뇌를 점령하고 그 육신에 기생해 산다. 인간을 먹고 살기 때문에 인류의 유일한 포식자다. 기생수 한 마리는 한꺼번에 수십 명의 사람을 죽일 수 있을 만큼 전투 능력도 뛰어나다. 하지만 기생수는 마지막 전쟁에서 인간에게 지고 만다. 개체 하나하나만 놓고 보면 미약한 인간이지만, '군집'을 이룬 인간은 어마어마한 위력을 발휘한다. 인간은 힘을 합쳐 군대를 만들고, 머리를 맞대 작전을 짠다. 인간의 가장 큰 경쟁력은 집단과 사회의 힘이라는 것을 다시 일깨워준다.

작품의 또 다른 메시지는 인간은 지구의 주인이 아니라 지구에 사는 다양한 생물종의 하나라는 것이다. 인류의 문명이 발전하면서 지구에서는 수많은 종이 사라졌고, 수십억 년을 지켜온 자연이 고작 몇 백 년 만에 파괴됐다. 하지만 인간이 정녕 '만물의 영장'이라고 생각한다면 다른 생명과 지구의 미래에 대해서도 걱정해야 한다는 것이 작가의 메시지다.

우리는 두 가지를 마음 깊이 새기고 진지하게 고민해봐야 한다. 하나는 개미 또는 인간이 지구의 주인 노릇을 할 수 있었던 것은 개별적인 개체의 우수성 때문이 아니라 집단의 힘이었다는 것이다. 다른 하나는 지구와 조화할 수 있는 길을 모색하지 않으면 인간의 미래는 어두울 것이라는 점이다.

아이 하나 키우려면 온 마을이 나서야

"빨리 가려면 혼자 가고, 멀리 가려면 함께 가라."는 아프리카 속담이 있다. 비슷한 뜻으로 "외나무가 되려면 혼자 서고, 숲이 되려면 함께 서라."는 속담도 있다. 미래세대를 키우는 교육도 역시 같은 원리다. 아무리 가정교육을 잘 받은 아이라도 친구와의 관계에서 잘못된 것을 배우면 나쁜 영향을 받을 수밖에 없다. 교육도 공동체가 함께 나서야 하는 이유다.

경북 포항의 구룡포가 대표적인 사례다. 과메기의 주산지인 구룡포의 겨울은 아이들에게 유난히 추웠다. 청어나 꽁치를 겨울 해풍에 말려서 만드는 과메기는 수작업이 많아 제철이 되면 어른들이 집을 비우기 일쑤였다. 그 때문에 과메기 철인 10월부터 2월까지 아이들은 혼자 방치되는 경우가 많았다.

이런 지역적 특성 때문에 한때 구룡포는 문제 아이들이 많은 동네로 불렸다. 이 지역 아이들을 대상으로 설문조사를 했더니 장래 희망을 '다방 아가씨'나 '깡패'로 적어낸 아이들도 여럿 있었다고 한다. 도시의 아이들처럼 다양한 경험을 하지 못하다 보니 꿈마저 가난해지는 일상이 반복됐다.

변화는 몇몇 주민들의 뜻 있는 실천에서 시작됐다. 구룡포 읍내의 중국집 사장은 매주 토요일마다 20여 명의 아이들과 신나게 공을 찼다. 운동이 끝나면 자신의 중국집에서 자장면을 먹였다. 얼마 후 읍내 목욕탕에서는 아이들에게 공짜로 목욕을 시켜주기 시작했다. 이렇게 주민들의 재능기부가 하나둘 늘기 시작했다.

2008년, 주민들은 '구룡포아동복지위원회'라는 단체를 만들었다. 50여 회원들은 먼저 환경정화운동을 시작했다. 현수막과 피켓을 들고 유해환경을 없애자며 캠페인을 벌였다. 술집과 다방 등 아이들에게 나쁜 영향을 줄 수 있는 업소들의 자정 운동과 함께 유해 전단지 살포를 막는 것도 이들의 역할이었다.

재능기부에 참여하는 주민들도 더 늘어 미용실과 피아노·태권도 학원은 저소득층 아이들에게 헤어컷 비용과 수강료를 절반만 받기로 했다. 보습학원에서는 저소득층 학생을 위한 무료 과외를 시작했다. 지역 수산물협동조합에서는 매년 물고기를 가장 많이 잡은 선주에게 500만 원 정도의 상금을 받는데, 이 상금을 기부하기 시작했다.

주민들은 밤마다 조를 짜 아이들의 안전한 귀가를 책임졌다. 매달 놀이동산, 유적지 등지로 아이들과 함께 떠나는 문화체험 활동도 진행했다. 2012년에는 구룡포 오케스트라단을 창단했다. 아이들에게 악기를 지원하고, 교육을 하며 그동안 접할 수 없었던 클래식 음악과 만나게 했다. 실력이 붙자 나중에는 재능기부로 공연하러 다니며 아이들로 하여금 지역사회에 공헌할 수 있는 기회도 생겼다. 이처럼 어른들이 적극적으로 나서면서 아이들이 달라지기 시작했다. 아이들의 인성이 밝아졌고, 과거처럼 '깡패' 같은 꿈을 적는 일도 사라졌다.

학업 능력도 눈에 띄게 좋아졌다. 2010년 구룡포초등학교의 기초 미달 학생 비율은 국어(1.4%), 영어(8.5%), 수학(2.8%) 모두 높게 나타났다. 그런데 2012년에는 전 과목 모두 기초미달 학생이 단 한 명도 없었다. 온 마을이 아이들을 키우는 데 힘을 모으자 구룡포에 기적 아닌 기적이 일어난 것이다.

교육은 다른 동물이 갖지 못한 인간만의 특징 중 하나다. 어미 사자가 새끼에게 생존하는 법을 가르치긴 하지만, 본능 차원에서 이뤄지는 동물의 훈육과 사회적 차원에서 이뤄지는 인간의 교육은 차원이 다르다. 인간은 교육을 통해 선대로부터 축적돼온 지식을 학습하고, 올바른 사회 구성원으로서의 역할을 배운다.

오늘날 많은 이들이 교육법에 대해 고민하고 있다. 그동안 우리는 지나치게 많은 것을 학교에만 의존해 왔다. 그러면서도 입시교육만이 유일한 교육의 목표인 것처럼 모순된 모습을 보였다. 그러나 교육 의무는 교사에게만 있는 게 아니다. 아이 한 명을 키우기 위해 온 마을 주민들이 나설 때 진정한 교육이 이뤄질 수 있는 것이다.

공동체를 중시하는 협력경제

> 소유에 대한 욕구를 줄이고 협력적인 경제 모델을 잘 다듬는다면, 우리는 더 높은 수준의 성숙한 사회를 만들 수 있을 것이다.

최근 '공유경제'라는 개념이 많이 회자된다. 예를 들어 우버(Uber)는 세상에서 가장 큰 택시회사지만 한 대의 차량도 소유하고 있지 않다. 에어비앤비(Airbnb)도 가장 큰 숙박업체지만 방 한 칸 갖고 있지 않다. 페이스북도 마찬가지다. 매일같이 그 어떤 미디어도 따라올 수 없는 엄청난 양의 콘텐츠를 생산해내지만 직접 콘텐츠를 만들지는 않는다.

공유경제는 쓰지 않는 재화와 용역을 필요한 사람에게 제공해 새로운 경제적 가치를 창출하는 행위를 말한다. 공급자 입장에서는 어차피 안 쓰는 재화와 용역을 제공함으로써 소득을 창출할 수 있고, 수요자 입장에서는 직거래를 통해 기존 플랫폼을 활용한 소비보다 더 싼 값에 재화와 용역을 획득할 수 있으니 그야말로 '윈윈(winwin)'이라 할 수 있다.

그런데 엄밀히 말하면 공유경제는 말뜻 그대로 진짜 경제적인 무언가를 공유하는 게 아니다. '공유'란 공동의 소유를 말한다. 예를 들어 세 명이 3분의 1씩 투자해 아파트를 사고, 3분의 1씩 지분을 나눠 갖는 것을 '공유'라고 할 수 있다. 그러므로 오늘날 공유경제라고 불리는 많은 거래들은 정확히 말하면 틀린 것이다.

이 같은 수요와 공급의 새로운 경제활동 모델에 대해 레이첼 보츠먼(Rachel Botsman) 옥스퍼드대 경영대학원 교수는 '협력경제(collaborative economy)'라는 새로운 이름을 붙였다. 그가 말하는 협력경제의 핵심은 "내 것이 네 것"이 되는 것이다. 즉, 내가 소유한 것을 잠시 빌려주고, 그 대가를 받는 것이다.

기존의 20세기 경제 시스템이 협력경제 사회에서는 더 이상 작동하지 않는다. 공급자와 수요자의 구분이 없어지고, 서로 협력하며 경제활동을 이끌어가는 새로운 차원의 시장이 열린 것이다. 수요자의 욕구와 공급자의 소유물이 일대일로 연결되면서 '놀고 있던' 재화와 용역에 새로운 잉여가치가 생겨난다.

보츠먼 교수는 협력경제가 가능한 핵심 전제로 두 가지를 들었다. 하나는 소셜네트워크 기술의 발전이다. 실시간 인터넷으로 전 세계인이 하나의 네트워크로 연결되면서 지구 반대편에 있는 사람도 마치 내 옆에 있는 이웃처럼 소통할 수 있다. 말 그대로 '지구촌' 사회가 됐고, 이 같은 추세는 앞으로 더욱 강화될 것이다.

다른 하나는 타인에 대한 신뢰를 바탕으로 형성된 공동체다. 과거에는 생전 모르는 사람과 온라인으로 거래한다는 것을 상상조차 하지 못했다. 그렇기 때문에 온라인 쇼핑몰과 같은 믿을 만한 플랫폼들이 필요했다. 그러나 지금은 다르다. 협력경제의 구성원이 되려면 공급자든 수요자든 반드시 '신뢰'를 갖춰야 한다.

예를 들어 우버나 에어비앤비 등에서 개인의 평판은 소비 결정의 절대 조건이기 때문에, 공급자는 거짓된 정보를 내걸어서는 안 된다. 소비자 역시 블랙 컨슈머가 되지 않으려면 '갑질'을 하거나 '진상'을 떨면 안 된다. 재화와 용역을 제공한 공급자도, 이를 소비한 수요자도 모두 평가의 대상이기 때문에 모든 협력경제 활동에서는 상호 '신뢰'를 쌓을 수밖에 없다.

협력경제가 주목받는 지점이 바로 여기다. 상호 신뢰를 바탕으로 공동체에 대한 믿음이 커지면서 구성원들은 협력적인 태도를 갖게 된다. 20세기의 경제 패러다임에서는 정부와 기업, 은행 등 거대한 주체들 간의 신뢰가 필요했다. 하지만 협력경제 시대에는 개인 간의 신뢰가 중요하다. 이런 협력경제에 익숙한 지금의 젊은 세대를 '위 제너레이션(WE generation)'이라고 부른다.

그렇다면 이런 협력 모델이 우리 사회의 구조를 어떻게 바꾸게 될까. 가장 본질적인 변화는 경제활동의 핵심 동인이 '소유'에서 '사용'으로 변한다는 것이다. 이는 소유에 대한 욕구가 줄어듦을 의미한다. 소유의 욕구를 부추겨 과잉생산과 과잉욕망을 만들어낸 현재의 경제 패러다임과는 전혀 다른 것이다.

인류의 역사를 살펴보면 범죄와 전쟁 등 많은 사회 갈등이 소유에 대한 욕구에서 출발했다. 더 많은 노예를 얻고 부를 축적하기 위해서 이웃 나라를 침범했고, 물질적인 욕망을 충족시키기 위해 남의 것을 훔치고 빼앗았다. 이 같은 소유에 대한 욕구를 줄이고 협력적인 경제 모델을 잘 다듬는다면, 우리는 더 높은 수준의 성숙한 사회를 만들 수 있을 것이다.

amazon
lyft
Google

15

역사에서 배우는 미래

오늘날 한국 사회는 14세기 후반 고려의 모습과 놀랍게도 닮아 있다.
『고려사』에 기록된 당시의 시대상을 보면, 마치 현재를 묘사해 놓은 듯
착각하게 하는 대목이 여럿 눈에 띈다. 대표적인 것이 권문세족의 횡포를
기술해 놓은 부분이다. 당시 사회 주류였던 이들은 일반 백성이
가지지 못한 상당수의 부를 독점하고 음서제를 통해 신분을 세습했다.
사회지도층에 걸맞은 노블레스 오블리주 정신도 없었으며
오직 사리사욕을 챙기기만 바빴다. '헬조선'과 '흙수저'가 21세기 한국 사회를
관통하는 말처럼 된 지금의 상황이 고려말의 시대상보다 낫다고 할 수 있을까.

14세기판 '헬(hell)조선'

오늘날 한국 사회를 규정하는 가장 가슴 아픈 단어는 '헬(hell)조선'일 것이다. 귀족사회처럼 신분이 고착되고, 온갖 부조리가 나라를 병들게 하고 있다는 뜻이다. 노력하면 성공할 수 있다는 믿음은 더 이상 통용되지 않는다. 부모의 사회경제적 지위에 따라 수저(금·흙)가 엇갈린다. 세습된 부와 권력의 장벽은 너무 공고해 신분 상승은 불가능처럼 여겨진다. 일자리조차 갖기 어려운 청년들에게 집을 사는 일은 꿈같은 일이다.

> 세상이 살기 어렵고 힘들수록 이를 이용해 자신의 이득을 취하는 무리들이 많아진다. 사회를 이끄는 지도층이 그 책임을 다하지 못했을 때 그 사회는 곧 멸하고 만다. 고려의 멸망은 지금 이 시대에 큰 교훈을 준다.

'헬조선'이 나타내는 현재의 사회상은 14세기 후반 고려의 모습과 매우 닮아있다. 원나라를 등에 업고 권력과 부를 독차지한 권문세족(權門世族)은 과거(科擧)가 아닌 음서(蔭敍)를 통해 벼슬을 대물림하고, 백성들의 토지를 빼앗아 세습하며 거대한 부를 축적했다. '송곳 하나 꽂을 땅(立錐之地·입추지지)'이 없다는 말도 이때 나왔다. 1451년 문종 때 편찬된 『고려사』는 당시 시대상을 이렇게 묘사했다.

"간악한 도둑들이 백성들의 땅을 빼앗는 경우가 많았다. 그 규모는 한 주(州)보다 크기도 하고 산과 강을 경계로 삼는다. 남의 땅을 조상에게서 물려받은 땅이라고 우기며 주인을 내쫓는다. 빼앗은 땅의 주인이 대여섯 명이 넘기도 해 각자 세금을 걷어가기도 했다."

여기서 '간악한 도둑'은 권문세족을 지칭한다. 이들이 소유한 땅이 워낙 넓어 산과 강을 경계로 토지를 나눴다는 이야기다. 여러 명의 주인이 농민들에게 각자 세금을 걷어갔고, 제때 내지 못하면 돈을 빌려주고 고액의 이자를 갚게 했다. 그리고 빚을 갚지 못한 백성들은 노비로 만들었다. 14세기 고려는 대들보가 썩어들어가 언제 무너질지 모를 오래된 기와집 같았다.

어지러운 시대를 더욱 혼란케 한 무리들도 있었다. 대표적 인물이 신돈(辛旽, ?~1371)이다. 1358년 보위 7년째, 공민왕(恭愍王, 1330~1374)은 특이한 꿈을 꿨다. 자객이 자신을 죽이려 하는데 때마침 한 승려가 달려와 구해주는 꿈이었다. 며칠 후 측근인 김원명(金元命, ?~1370)이 신돈을 데려와 소개했다. 알고 보니 공민왕이 꿈속에서 본 바로 그 승려였다. 이후 신돈은 궁궐을 자주 드나들며 공민왕의 책사 노릇을 했다.

신돈이 본격적으로 정사에 관여하기 시작한 것은 1365년, 왕비인 노국대장 공주가 세상을 떠난 직후였다. 공민왕은 혼자된 외로움을 신돈에 의지했고, 끝내는 국정까지 맡겼다. 처음에는 권문세족들이 불법으로 수탈했던 토지들을 백성들에게 나눠주는 등 개혁 정책을 펼쳤던 신돈은 차츰 "다른 사람의 참소를 믿지 말아야 세상이 풍요롭다."와 같은 주장을 하며 공민왕의 눈과 귀를 가렸다.

이 같은 군주의 절대적 신임은 부패로 이어졌다. 신돈은 개혁 정신을 잃고 비리의 온상을 만들었다. 모든 신하가 왕을 따라 무릎 꿇고 절을 하며 왕릉을 참배할 때도 신돈은 뻣뻣이 서 있었다. 신돈의 기세가 갈수록 등등해지자 원로 대학자였던 이제현(李齊賢, 1287~1367)은 상소를 올려 신돈을 멀리할 것을 간절히 요청했다. 그러나 오히려 이제현의 후학들이 벼슬길에 나가지 못하는 화를 당하게 됐다.

신돈의 횡포가 커지자 공민왕의 신임도 옅어지기 시작했다. 신돈은 공민왕을 제거하려는 마음까지 품었고, 결국 1371년 반역죄로 참수됐다. 『고려사』에서 공민왕 후기의 신돈은 개혁가이기보다는 요승으로 묘사돼 있다. '주지육림에 빠져 있기 일쑤였고 양가의 부녀자들을 희롱했다.'고 기록됐다. 『고려사』 신돈열전의 마지막 부분에는 이렇게 쓰여있다. '날마다 검은 닭과 흰 말을 잡아먹었다. 사람들은 신돈을 늙은 여우의 요괴라고 불렀다.'

2016년 한국 사회가 겪었던 풍파도 이와 크게 다르지 않다. 세상이 살기 어렵고 힘들수록 이를 이용해 자신의 이득을 취하려는 무리들이 많아진다. 사회를 이끄는 지도층이 그 책임을 다하지 못했을 때 그 사회는 곧 멸하고 만다. 1392년 고려가 멸망한 역사는 지금 이 시대에 큰 교훈을 주고 있다. 우리가 '헬조선'이란 말을 무겁게 받아들여야 하는 이유다.

노블레스 오블리주의 핵심은 '사랑'

고려 말, 혼란한 시대를 개혁의 꿈으로 헤쳐 나갔던 두 인물이 있었다. 포은 정몽주(鄭夢周, 1337~1392)와 삼봉 정도전(鄭道傳, 1342~1398)이 바로 그들이다. 나이는 정몽주가 다섯 살 위였지만, 이들은 함께 성리학을 공부한 친구이자 새로운 세상을 더불어 설계했던 동지였다. 이들은 백성에 대한 사랑을 바탕으로 조선왕조 500년의 기틀을 다졌다.

> "인(仁)을 해치는 자를 적(賊)이라 하고 의(義)를 해치는 자를 잔(殘)이라 한다. 잔적지인(殘賊之人)은 단지 '그놈'이라고 하니 무왕이 '주(은나라의 마지막 왕)'라는 놈을 처형했다는 말은 들었어도 임금을 시해했다는 말은 듣지 못했다."
> _맹자孟子

1367년 성균관 대사성(大司成)을 지낸 목은 이색(李穡, 1328~1396)은 고려 말 혼란한 사회의 새로운 규범으로 송나라의 주자(朱子)가 완성한 성리학을 들여왔다. 이미 그의 문하에는 수십 명의 유생들이 과거 시험을 앞두고 글공부에 매진하고 있었다. 그중 성리학에 특별한 관심을 보인 청년이 있었는데, 바로 정도전이었다. 조부가 지방 향리 출신인 정도전은 출신 성분에 따라 서열이 엄격했던 고려 사회에서 철저한 '비주류'였다.

비슷한 시기, 이색과 교류하며 성리학을 공부했던 정몽주는 공자(孔子)와 맹자(孟子)의 사상을 통해 자신의 정치 철학을 완성해 갔다. 그는 과거에 장원급제하며 당시 기득권층이던 권문세족과 대항하는 신진사대부의 대표주자였다. 이색은 자신의 책 『목은집(牧隱集)』에서 정몽주를 '동방이학지조(東方理學之祖)'라고 명했다. "포은의 논리는 어떤 말을 해도 이치에 닿지 않는 것이 없었다."는 게 이색의 평가였다.

이색을 매개로 정몽주와 정도전은 자연스럽게 친분을 쌓기 시작했다. 다섯 살의 나이 차에도 불구하고 이들은 둘도 없는 친구로 발전해 갔다. 당시 정몽주는 자신이 공부했던 맹자를 정도전에게 소개하기도 했다. 정도전은 맹자가 설명하는 주나라 무왕의 이야기에 깊이 빠져들었다.

무왕(武王, BC.1087~BC.1043)은 혁명으로 은나라를 멸하고 주나라를 세웠다. 맹자는 이를 다음과 같이 표현했다. "인(仁)을 해치는 자를 적(賊)이라 하고 의(義)를 해치는 자를 잔(殘)이라 한다. 잔적지인(殘賊之人)은 단지 '그놈'이라고 하니 무왕이 '주(은나라의 마지막 왕)'라는 놈을 처형했다는 말은 들었어도 임금을 시해했다는 말은 듣지 못했다." 정도전은 이 같은 맹자의 사상을 통해 훗날 고려를 멸하고 조선을 건국하는 '역성혁명(易姓革命)'의 이론적 토대를 마련하게 된다.

조선 건국을 놓고 정몽주와 정도전의 입장은 달랐지만, 역성혁명이라는 맹자의 사상은 공유했다. 이들에게 정치는 '政治'가 아니라 '正治'였기 때문이다. 즉, 잘못된 것을 바로잡는 게 정치의 근본이라 생각했기 때문에 잘못된 왕을 폐하는 것도 정치의 근본이라고 생각했다. 다만, 이런 정치의 기본 철학은 '민본(民本)'을 바탕으로 했다. 백성을 위한 사회 시스템을 만드는 것이 이들의 공통된 목표였다.

정도전이 백성에 대한 사랑에 눈뜨게 된 것은 오랜 귀양과 유랑 생활을 통해서였다. 1374년 개혁의 군주였던 공민왕이 죽으면서 친명파(親明派)였던 정몽주와 정도전은 정치적 위기를 겪었다. 친원파

(親元派)인 권문세족과의 대결 구도 속에서 이들은 성균관에서 성리학을 공부하며 명나라와 외교 관계를 돈독히 할 것을 주장했다. 특히 정도전은 권문세족이 왕의 눈과 귀를 가린다며 거센 비판을 가했는데, 이는 향후 집권세력의 눈 밖에 나는 계기가 됐다.

조선 건국을 놓고 정몽주와 정도전의 입장은 달랐지만, 정치의 기본 철학은 '민본(民本)'이 바탕이라는 데 뜻을 같이하고, 백성을 위한 사회' 시스템을 만드는 것을 공통된 목표로 했다.

1375년 귀양길에 오른 정도전은 허름한 초가에 살며 백성들의 민낯을 보게 됐고, 1377년 유배에서 풀려난 뒤에는 4년간 전국을 유랑하며 지냈다. 스스로 밭을 갈아 농사를 짓기도 하고 걸식까지 했다. 책에서가 아닌 직접 두 눈으로 오랜 가난과 귀족들의 횡포로 죽어가는 백성들을 보면서 정도전은 민본 의식을 가졌다. 그렇게 10여 년간 귀양과 유랑을 반복하며 정도전은 조선이라는 새로운 세상을 꿈꾸게 된다.

1384년 정도전은 자신의 꿈을 함께 이룰 사람을 찾아갔다. 바로 이성계다. 당시 이성계는 함경도에서 여진족의 토벌을 책임지는 동북면도지휘사를 맡고 있었다. 정도전은 이성계와의 만남에서 "이 정도의 군대면 무엇인들 못 하겠느냐."고 했다. 그리고 군영 앞의 큰 노송에 시 한 편을 남기고 떠났다. 역성혁명(易姓革命)을 암시하는 내용이었다.

정도전과 정몽주는 개혁의 방식을 놓고 엇갈렸다. 1392년 4월 4일, 정몽주는 말에서 떨어져 병환에 있던 이성계를 찾아갔다. 그때 이성계의 아들 방원(太宗, 1367~1422)은 '하여가(何如歌)'라는 시로 정적이었던 정몽주를 회유했다. 그러나 정몽주는 바로 '단심가(丹心歌)'를 지어 방원에게 건네며 회유를 뿌리쳤다. 방원의 요구를 거절한 정몽주는 집으로 돌아오는 길, 개경의 선죽교에서 방원의 칼에 쓰러졌다.

넉 달 후인 8월 5일, 이성계는 고려를 멸하고 조선을 건국했다. 선죽교에서 피를 쏟으면서까지 정몽주가 지키고자 했던 가치는 무엇이었을까. 단심가의 님은 단순히 고려라는 왕조의 운명뿐이었을까.

정몽주가 끝까지 가슴에 품었던 것은 백성에 대한 사랑의 마음이었다. "일백 번(一百番) 고쳐 죽어 백골(白骨)이 진토(塵土)되어 넋이 없을지라도 일편단심(一片丹心)"을 보이는 대상은 바로 백성이었던 것이다.

새로운 세상의 설계

건국 3년째인 1394년, 정도전은 조선 최초의 헌법인 『조선경국전(朝鮮經國典)』을 지어 올렸다. 왕명이 곧 헌법이었던 시절, 정도전의 이 같은 행동은 왕으로부터 큰 미움을 살 만큼 위험한 것이었다. 그러나 정도전은 '애민'을 통한 '왕도정치'를 구현하기 위해서는 법전이 꼭 필요하다고 생각했다.

『조선경국전』의 핵심은 권력 분점이다. 당시 조선이 오늘날과 같은 형태의 법체계를 갖고 있지 않아 직접 비교는 어렵지만, 사실상 개헌 논의의 시발점으로 볼 수 있다. 여기에는 이전까지 꿈도 못 꿨던 새로운 제도들이 담겨 있다. 왕권과 신권을 견제하는 시스템 정치를 강조했는데, 모든 중대사는 임금과 신하가 논의해 결정하도록 했다. 왕은 사유재산을 가질 수 없으며, 주요한 지출은 모두 재상에게 보고하도록 했다.

왕은 승계되기 때문에 성군과 폭군이 모두 나올 수 있다는 게 정도전의 생각이었다. 그러므로 밑에서부터 다듬어지고 실력을 검증받은 재상이 실질적인 나라 운영을 맡아야 한다는 것이다. 『조선경국전』은 훗날 후대 학자들의 손을 거쳐 1485년 성종 때 『경국대전(經國大典)』으로 완성된다.

『조선경국전』에는 경제와 외교, 군사 등 나라의 중요한 정책부터 백성들의 관혼상제까지 성리학에 입각한 다양한 가치 질서가 망라돼 있다. 특히 토지 분배와 세제에 대한 내용은 근대의 법체계와 비교해도 큰 손색이 없다는 평가를 받는다. 국가의 재정을 튼튼히 하고자 군현제와 호적제를 정비하고, 공정한 조세를 실시토록 했다. 또, 토지를 균등히 분배하고 '농상(農桑)'을 장려해 중산층을 키우도록 했다.

정도전은 조선을 덕(德)으로써 다스려지는 나라로 만들기 원했다. 그래서 한양을 도읍으로 정하면서 동서남북의 중심에 사대문을 뒀다. 동쪽에 흥인지문(興仁之門), 서쪽에 돈의문(敦義門), 남쪽에 숭례문(崇禮門), 북쪽에 숙정문(肅靖門)이다. 숙정문의 '정(靖)'은 꾀를 뜻하는 말로, 당시에는 '지(智)'와 비슷한 의미로 쓰였다. 이처럼 사대문 안에 맹자의 핵심사상인 '인의예지(仁義禮智)'를 넣어 조선의 가치적 지향점을 제시했다. 한양 한복판에는 보신각(普信閣)을 지어 '신(信)'을 강조했다.

정도전은 조선을 민본을 바탕으로 유교 원리에 따라 작동되는 나라로 만들고자 했다. 어쩌면 지금 우리 사회의 문제도 이때와 별반 다르지 않다. '수신(修身)'이 되지 않으면 '제가(齊家)'를 할 수 없고 '치국(治國)'도 불가능하다는 이야기다.

조선 정치의 철학 핵심은 지도층의 노블레스 오블리주였다. 아울러 백성들의 삶을 안정시키고 부국강병으로 이끌고자 중산층을 키우는 데 힘을 썼다. 정도전이 즐겨 사용했던 "항산(恒產, 일정한 생업)이 없으면 항심(恒心, 일정불변한 양심)할 수 없다."는 맹자의 말처럼, 백성들이 안정된 삶을 살 수 있도록 노력했다. 시민들의 삶이 불안정하면 도덕은 땅에 떨어지고, 사회는 혼란에 빠진다. 고려 말의 음서제와 입추지지란 말, 지금의 '헬조선'이란 자학 어린 단어가 더 이상 나오게 해서는 안 되는 이유다.

朝鮮經國典

오블리주가 없는 노블레스

1591년 3월 1일, 통신사 일행이 일본 일정을 마치고 조정으로 돌아왔다. 정사 황윤길(黃允吉, 1536~?)은 왜적의 침입에 대비해 군사를 기를 것을 주장했다. 그러나 함께 갔던 부사 김성일(金誠一, 1538~1593)은 정반대로 보고했다. 왜적의 침입 따위는 없을 것이니 안심해도 된다는 것이었다.

똑같은 사실을 보고 온 이들이 서로 달리 말한 것은 황윤길과 김성일이 당파로 나뉘어 대립을 벌이는 상황이었기 때문이다. 김성일은 국가의 미래를 생각하기보다는 자신의 안위를 먼저 따졌다. 당시 선조(宣祖, 1552~1608)는 전쟁을 방비하기보다는 쉽고 편한 결정을 내렸다. 짓고 있던 성조차 축성을 그만두면서 안일하게 대처했다.

이듬해인 1592년 4월 13일, 왜적은 고니시 유키나가를 선봉으로 조선을 침략했다. 왜적이 조선 본토에 상륙하자 선조가 제일 먼저 한 일은 백성을 버리고 피난 가는 것이었다. 그리고 개전 20일 만에 한양은 함락되고 말았다.

1592년 5월 1일, 한양을 버리고 피난길에 오른 선조가 임진나루에 이르러 신하들에게 말했다. "명나라에 내부(內附, 한 나라가 다른 나라 안으로 들어가 붙음)하는 것이 짐의 뜻이니라." 그러자 류성룡(柳成龍, 1542~1607)이 선조 앞에 엎드리며 이야기했다. "전하, 그것은 아니 되옵니다. 임금께서 우리 땅을 한 발자국이라도 떠나신다면, 그때부터 조선은 우리 땅이 아닙니다." 선조가 재차 명나라로 가겠다는 뜻을 밝히자, 류성룡이 읍소했다. "조선의 충의지사들이 며칠 안에 벌떼처럼 크게 일어날 것입니다. 어찌 경솔히 나라를 버리고 압록강을 건넌다는 말을 하십니까."

다행히도 류성룡의 만류로 평양성에 머물기로 한 선조는 일주일 후 첫 승첩 소식을 들을 수 있었다. 이순신이 옥포(경남 거제)에서 대승을 거둔 덕분이었다. 1598년 전쟁이 끝날 때까지 '23전승 불패'라는 이순신의 신화를 연 첫 전투였다. 하지만 육상에서의 전투는 나날이 불리해졌다. 왜적은 곧 평양까지 진군했고, 한반도는 이미 왜적의 땅이나 다름없었다.

어지럽고 혼란한 현실을
타개하기 위해 가장 필요한 것은
노블레스 오블리주다.
우리 사회, 나아가 인류의
미래를 위해 가장 중요한 것
역시 사회를 이끌어 가는
지도층의 모범이다.
오블리주가 없는 노블레스는
암울한 미래를 만들어갈 뿐이다.

조선이 왜적의 손에 넘어가지 않을 수 있었던 것은 아이러니하게도 부족한 식량 상황과 큰 연관이 있었다. 임진왜란 이전인 1582년, 율곡 이이(李珥, 1536~1584)는 임금에게 '진시폐소(陳時弊疏)'라는 상소를 올렸다. 그는 "200년 역사의 나라가 지금 2년 먹을 양식이 없다. 이는 더 이상 나라가 아니다."고 말했다. 1년 뒤 마지막으로 올린 상소 '육조계(六條啓)'에서는 조선을 썩어가는 집으로 비유하기도 했다.

'지금 나라의 형세는 오랫동안 고치지 않고 방치해둔 집과 같다. 대들보에서 서까래에 이르기까지 썩지 않은 것이 없어 근근이 날만 넘기며 지탱하고 있다. 날로 더 썩어 붕괴할 날만 기다리는 집과 지금의 나라 꼴이 다를 게 무엇이겠는가.'

전쟁을 치르기 위해 가장 중요한 것은 군량미다. 그러나 당시 조선에는 백성조차 먹고살 식량이 부족했고, 왜적은 군량미 조달이 어려웠다. 일본 본토에서 식량을 보급해 와야 했는데, 그 해상로를 이순신이 모두 차단해 버렸다. "바다를 버리는 것은 조선을 버리는 것과 같다."는 이순신의 말이 더욱 크게 느껴지는 이유다.

전쟁이 지지부진해지고 명나라가 개입하면서 왜적군은 퇴각하기에 이른다. 선조는 다시 한양으로 돌아왔다. 그러나 왜란 직후 도성을 버리고 떠난 임금에게 백성들이 신뢰를 줄 리 만무했다. 반면, 각종 전투에서 연승을 이어가던 이순신에 대한 백성들의 신망은 두터웠다. 이순신이 모반을 일으킬지도 모른다는 두려움과 열등감을 느끼고 있던 선조는 모함을 받은 그를 옥에 가둔다.

그러다 1597년 왜적이 또다시 큰 부대를 거닐고 쳐들어온다. 정유재란(丁酉再亂)이다. 당시 칠천량에서는 원균이 수군의 총 책임을 맡아 싸웠지만 대패했다. 선조는 하옥했던 이순신을 다시 불러들여 전장으로 보낸다. 백의종군(白衣從軍)하던 이순신으로서는 불구덩이로 뛰어드는 것과 같은 무모한 일이었다. 더군다나 선조는 수군을 해체하고 육군으로 편입하라는 지시까지 내렸다. 그런 상황에서 이순신은 수군을 재정비하고 왜적과 맞서 싸워 명량에서 큰 승리를 거뒀다.

1598년 11월 19일 새벽, 도요토미 히데요시가 죽고 고니시 유키나가의 대군은 퇴각길에 올랐다. 고니시를 구하기 위해 500여 척의 왜선이 노량 앞바다에 집결했다. 이미 고니시의 뇌물로 마음이 돌아선 명나라의 도독 진린(陳璘, 1543~1607)은 왜군의 퇴로를 열어주려 했다. 그러나 이순신은 적을 그냥 보낼 수 없었다. 7년간 조선을 피바다로 물들였던 왜적을 응징해야 했다. 그것이 후세를 위해 역사를 바로 세우는 길이라고 믿었다.

이순신은 1만여 명의 수군과 함께 왜적을 파죽지세로 몰아갔다. 몇 시간의 전투 끝에 불에 타 파괴된 적선은 200척이 넘었다. 그러나 붉은 태양이 노량 바다 동녘으로 떠오르던 그때, 적군이 쏜 탄환이 이순신의 왼쪽 가슴을 관통했다. 마치 자신의 소명을 다하고 역사의 무대에서 사라지듯 이순신은 왜란이 끝나던 날 세상을 떠났다.

같은 날 조정에서는 이순신과 함께 왜란 극복에 힘을 쏟았던 류성룡을 파직했다. 선조가 류성룡의 개혁을 반대하던 수구세력의 편을 들어줬기 때문이다.

임진왜란을 극복했던 두 영웅은 전쟁이 끝남과 동시에 역사의 뒤안길로 사라졌다. 류성룡은 시골에 내려가 전란 과정을 상세히 담은 『징비록(懲毖錄)』을 남긴다. 이순신이 전장에서 생의 마지막을 바쳤던 것처럼, 류성룡은 상세한 기록을 남겨 역사를 바로잡으려 했다. 그는 첫 장에서 "참혹했던 전쟁을 회고하면서 다시는 전란이 반복되지 않도록 지난날의 실책을 반성하고, 앞날을 대비하기 위해 글을 쓴다."고 밝혔다.

눈물과 회한으로 쓴 7년의 기록은 우리에게 많은 시사점을 준다. 그중에서도 핵심은 지도자가 자신의 책임을 다하지 않을 때, 국민은 더 큰 혼란과 시련을 겪어야 한다는 것이다. 역사 속에는 이와 비슷한 사례가 많다. 삼국사기에 따르면, 백제 멸망 시에 나라를 위해 제대로 싸웠던 귀족은 계백(階伯, ?~660) 한 사람뿐이었다. 다른 귀족들은 자기 안위를 지키는 데 바빴다. 백성들은 그런 귀족을 증오했고, 백제란 나라를 스스로 버린 것과 마찬가지였다. 비슷한 시기 고구려도 연개소문이 죽은 후 집권층의 부패와 내부 분열로 멸망했다.

어지럽고 혼란한 현실을 타개하기 위해 가장 필요한 것은 노블레스 오블리주다. 우리 사회, 나아가 인류의 미래를 위해 가장 중요한 것 역시 사회를 이끌어 가는 지도층의 모범이다. 그것이 없다면 미래의 모습은 암울하기만 할 뿐이다.

16

세계시민이 되자

10년 만에 GDP가 두 배로 높아진 싱가포르,
역사상 가장 넓은 영토를 가졌던 몽골, 1,000년간 서양 문명을 지배했던 로마 등
성공적으로 국가 발전을 이끌었던 리더들의 공통점은 무엇일까.
바로 다양성을 인정하는 관용과 개방 정신이었다.
칭기즈 칸은 점령한 나라의 문화와 기술을 폭넓게 받아들였다.
피지배 국가의 노예들도 능력만 뛰어나면 신분을 가리지 않고
중요한 역할을 맡겼다. 싱가포르도 2000년대 중반부터 적극적인
개방 정책을 펴면서 체류 외국인 수가 두 배로 늘었고,
아시아 금융과 산업 허브로 발돋움했다. 이들의 문화 속에는
다름을 차별로 생각하지 않는 세계시민 마인드가 있었다.

유구한 단일민족?

통계청에 따르면, 한국의 총인구는 2010년 4,941만 명에서 2060년 4,395만 명으로 줄고, 생산인구는 같은 기간 3,598만 명에서 1,721만 명으로 급감하게 된다. 반면, 고령 인구는 같은 기간 545만 명에서 1,762만 명으로 대폭 늘어난다. 2060년에는 고령 인구가 생산인구보다 많아진다. 사상 초유의 인구절벽이 다가오면서 한국 사회는 매우 심각한 위기에 직면해 있다.

한국의 합계출산율은 1.24명(2015년)으로 우리는 이미 '초 저출산' 국가에 진입했다. 앞선 통계에서처럼 불과 몇십 년 후 우리는 생산인구가 뚝 떨어지는 인구절벽 현상을 맞이하게 된다. 이를 방지하고자 정부는 지난 10년간 출산 장려와 보육 지원 등의 정책에 85조 원을 투입했다. 그러나 정책적 지원과 예산 투입만으로는 출산율 제고 효과를 볼 수 없었다.

이런 위기 속에서 글로벌 인재들을 한국으로 유치해 성장 동력을 키우자는 이야기들이 나왔다. 하지만 현실은 그렇지 않다. 국내 체류 외국인은 61만 7,145명(2014년 기준)으로, 단순기능직이나 저숙련 방문 노동자가 주류를 이룬다. 앞으로도 우수 인재들이 미국과 유럽 등 선진국을 뒤로하고 한국으로 올 가능성은 크지 않다.

2016년 한국교육개발원의 조사(카자흐스탄·베트남·필리핀·인도네시아·몽골·미얀마 6개 국가 청소년 대상) 결과에 따르면, 외국 대학 진학 의사를 가진 학생이 84.5%로 높게 나타났다. 자국의 부족한 교육 인프라와 사회 환경 등이 외국 대학으로의 진학 의사를 높인 것으로 보인다.

희망 국가로는 북미권(26.1%)과 유럽(21.8%)과 같은 전통적인 선진국에 대한 진학 의사가 강했다. 한국(21.3%)도 단일 국가로서는 꽤 높은 관심을 보였다. 이웃 나라인 일본(10%), 중국(3.3%)과 비교하면 월등히 높았다. 이는 지난 10년간 꾸준히 전파돼 온 한류의 영향과 반세기 만에 전쟁의 참화를 딛고 선진국 반열에 오른 한국의 발전 사례를 긍정적으로 평가했기 때문으로 해석된다.

대상국 고등학교 학생 대상 설문조사 결과: 외국 대학 진학 시 희망국

희망국	한국	일본	중국	싱가포르	유럽권 (프랑스, 독일, 영국 등)	북미권 (미국, 캐나다 등)	기타
합계	21.3%	10.0%	3.3%	9.3%	21.8%	26.1%	8.2%

출처 : 미래 글로벌 우수인재 유치전략과 향후 과제, 2016.12. 한국교육개발원

하지만 한국 유학 후 진로를 묻는 설문에서는 다소 부정적인 인식이 감지된다. 졸업 후 진로에 대해 '본국으로 돌아감(33.4%)'이 가장 많았다. 두 번째는 '제3국 이동(24.4%)'이었고, '한국에 남아 취업하겠다'는 의견은 16.8%에 불과했다. 여기서 본국으로 돌아가는 것은 해당 국가에 '지한파(知韓派)'를 키운다는 관점에서 보면 부정적이지만은 않다.

과거 한국의 우수한 두뇌들이 미국 유학길에 오르면서 미국의 학문과 문화 등을 폭넓게 유입해 왔던 것을 보면, 국내에서 키운 인재들이 고국으로 돌아가 한국의 문화와 제도 등을 전파하면 한국에 대한 더 큰 관심을 불러일으킬 수 있다. 세대를 거듭할수록 한국 유학과 본국으로의 복귀가 반복되면서 자연스럽게 한국의 인지도를 높일 수 있다. 문제는 제3국으로 이동한다는 의견이 높게 나왔다는 점이다. 한국에서 교육을 마치고 다른 나라로 이동해 상급 학교로 진학하거나 취업하는 경우다. 이는 우리가 목표로 한 '인재 유치 전략'에서 보면 큰 손실이 아닐 수 없다. 한국 시민권을 부여하겠다고 했을 때 한국에 거주하겠다는 의향도 51.8%로 절반 정도에 불과했다.

이처럼 제3국으로 이동하거나 시민권을 받지 않겠다는 의견이 많은 이유는 무엇일까. 여러 가지 원인이 있겠지만 가장 대표적인 것은

한국 사회의 폐쇄성이다. 불과 10년 전까지만 해도 '단일민족'의 우수성을 강조해온 한국인의 의식 속에는 '외국'에 대한 뿌리 깊은 반감이 있다. 과거 일제 강점기를 거치며 쌓인 분노도 있을 것이고, 오랜 기간 외세의 침략에 시달리며 세습된 피해 의식도 있을 수 있다.

하지만 더 큰 문제는 지난 60여 년간 빠른 산업화 사회를 거치며 한국인의 의식이 물질적 성장만큼 성숙하지 못했다는 것이다. 특히 동남아 등 개발도상국 노동자에 대한 한국인의 편견과 차별이 가장 큰 문제다.

2012년 경기개발연구원(1,700명 조사)에 따르면, 다문화 사회의 부정적 인식에 대한 첫 번째 원인은 단일민족이라는 자민족중심주의가 43.2%로 가장 높았다. 이어 문화적 갈등(24.6%), 이주노동자로 인한 사회경제적 어려움(11.9%), 외국인에 대한 편견(9.3%), 차이와 다름에 대한 관용 부족(5.9%) 등이 뒤를 이었다.

다문화사회화에 대한 부정적 인식의 원인 1

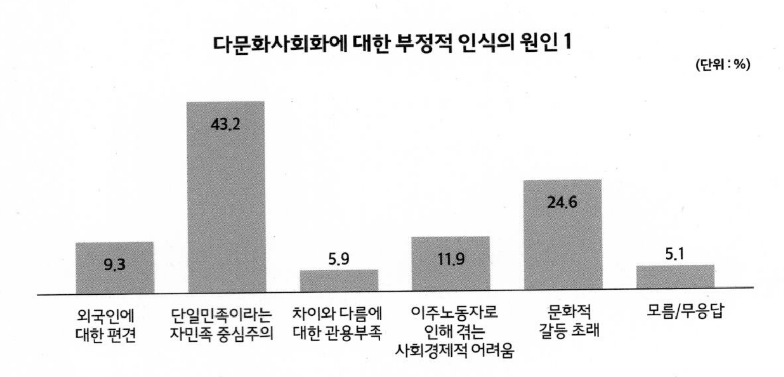

자료출처 : 경기도민의 다문화의식 실태와 정책방향, 경기개발연구원, 최희순 외, 2012

다문화 사회로 인한 불만에는 범죄 및 사회 안전(53.8%), 사회복지비 증가(19.7%), 자녀교육(12.0%) 등의 답변이 나왔다. 외국인과 만날 때 가장 부담스러운 요소로 피부색(29.1%)을 꼽았고, 국적은 동남아시아인(29.1%)을 가장 부담스럽게 인식했다. 외국인, 특히 개발도상국 국적을 가진 이들에 대한 반감이 가장 컸다.

다문화사회화에 대한 부정적 인식의 원인 2

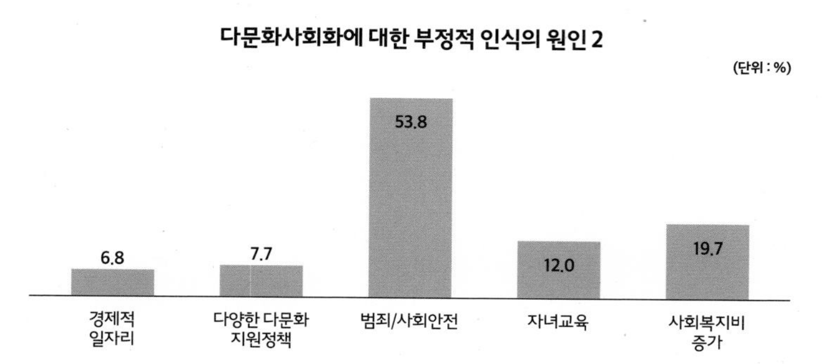

자료출처 : 경기도민의 다문화의식 실태와 정책방향, 경기개발연구원, 최희순 외, 2012

부족한 다문화적 감수성은 외국인에 대한 편견과 차별로 이어지며, 이런 사회 풍토 아래서 외국인은 행복한 삶을 영위하기 어렵다. 우수인재를 유치해 교육을 제공하고 높은 역량을 갖도록 지원하더라도, 이들을 바라보는 한국인의 생각이 달라지지 않는 한 우리 사회에 뿌리내리기는 어려울 수밖에 없다.

국가의 매력을 키우자

국가의 매력은 글로벌 시대를 살아가는 우리에게 매우 중요하다. 한 나라의 매력은 단순히 그 나라의 국가 브랜드 지수 상승뿐만 아니라 궁극적으로 그 나라에 가고 싶게 만든다. 국가가 문화와 사회 전반에 관심을 두고, 일상생활의 패턴에 녹아드는 매력적인 나라를 만드는 것은 그래서 중요하다.

대한무역투자진흥공사(2014년)의 자료에 따르면, 한국 제품의 가격을 100으로 봤을 때 동일 제품의 원산지별 가격은 미국산 131.6, 독일산 130.8, 일본산 120.8 등으로 우리를 훨씬 앞섰다. 중국산

동일 제품에 대한 원산지별 가격 비교

미국산	독일산	일본산	한국산	중국산
131.6	130.8	120.8	100	81.5

자료출처 : 대한무역투자진흥공사, 2014

(81.5)은 우리보다 낮았지만, 국산과 미국·독일산과의 격차가 중국산과의 격차보다 훨씬 컸다.

국가 브랜드가 우리에게 시사하는 것은 한 나라의 매력이 단순히 경제적 가치를 뛰어넘어 그 나라에 대한 많은 사회·문화적 의식을 결정하게 한다는 점이다. 특히 나라의 매력은 그 나라 사람들에 대한 이미지로 연결된다.

2015년 중앙일보는 '매력적인 시민'이란 주제로 시민 3,068명 대상의 표본조사를 실시했다. 그 결과 매력적인 시민 1위 국가는 독일, 2위는 일본이었다. 독일인을 꼽은 이유는 '관용과 성실', 일본인은 '준법정신과 배려'였다. 3위는 스위스(여유), 4위는 미국(자율성), 5위는 싱가포르(도덕성), 6위는 영국(관용), 7위는 프랑스(창의성)였다. 앞선 대한무역투자진흥공사의 조사에서처럼 미국과 독일, 일본 등 매력적인 나라들은 똑같은 제품을 내놔도 국가 브랜드라는 프리미엄이 붙는다.

지난 10여 년간 한류의 영향으로 해외의 많은 국가에 한국의 문화를 다양하게 알릴 수는 있었다. 그러나 단순히 대중문화의 소비자를 넘어 그들을 한국으로 오게 하고, 직접 한국의 문화와 삶을 체험케 하기 위해서는 한류 이상의 것이 필요하다. 독일과 일본, 미국처럼 매력적인 나라가 돼야 하는 것이다.

그렇다면 매력적인 나라란 무엇인가. 국가의 힘을 말할 때 흔히 군사·경제력 같은 하드 파워(hard power)와 문화·교육 같은 소프트 파워(soft power)를 구분한다. 하드 파워가 강제력을 가리킨다면, 소프트 파워는 이해·동감으로 자발성을 갖게 하는 영향력이다. 매력도 언뜻 보면 소프트 파워와 비슷하다. 다만 매력은 권력이라는 개념과 거리가 멀다.

소프트 파워는 상대를 바꾸겠다는 의도로 국가가 정책적인 육성 전략을 취한다는 점에서 인위적이다. 반대로 매력은 자연스러운 끌림이다. 마치 태양·지구·달이 고유의 성질을 잃어버리지 않고 서로를 끌어당기며 공전하는 것과 같다. 강대국의 문화·이데올로기를 주입하지 않고, 자연스러운 '인력'으로 상대의 다양성을 인정하며 공동 번영하는 '공존의 힘'이다.

이런 매력적인 나라를 만드는 것이 미래 시대 우리의 핵심 과제가 돼야 한다. 강대국의 틈바구니에서 동서 문화가 교차하는 역사를 경험한 한국인의 DNA에는 세계인의 마음을 홀릴 수 있는 지적 능력과 감수성이 있다. 잠들어 있는 매력이 제대로 발현될 수 있도록 제도와 환경을 만들어야 한다. 그렇다면 한국이 매력적인 나라가 되기 위해서는 어떻게 해야 할까.

2005년, 한국과 함께 아시아의 네 마리 용으로 불렸던 싱가포르는 1인당 국내총생산(GDP)이 2만 9,869달러로 한국과 엇비슷했다. 그러나 지난 10년간 한국이 3만 달러의 문턱을 넘지 못하고 표류하는 사이, 싱가포르는 2015년 5만 3,604달러로 2배가량 늘었다. 그리고 18만 7,000여 개의 다국적 기업이 주재하는 '글로벌 비즈니스 허브'가 됐다. 세계은행이 매년 발표하는 '기업하기 좋은 나라' 순위에서도 9년 연속 1위를 차지했다. 싱가포르는 조세 감면 혜택 같은 각종 지원 제도로 글로벌 기업을 유치하고, 고급 일자리를 창출하는 선순환 구조를 만들어 냈다.

싱가포르의 전체 국민 547만 명 중 외국인이 160만 명(2014년 기준)이다. 외국인 수가 10년 만에 두 배로 불어났는데, 여기에는 저출산 극복을 위한 노력이 있었다. 1988년 합계출산율이 1.96으로 떨어지자 저출산 해결 정책을 시작한 싱가포르는 출산장려지원책을 쓰는 동시에 외국의 인재들을 끌어모으기 시작했다. 철저한 법치, 부패 관리, 투명한 행정 등 믿고 투자할 수 있는 문화를 만들면서 전 세계인이 싱가포르로 모여들었다. 싱가포르의 외국인 인재 유치는 선순환을 일으키며 출산율까지 끌어 올렸다. 2010년 1.15명으로 최저점을 찍은 뒤 2015년 1.24명으로, 조금씩 오르고 있다.

싱가포르는 외국의 인재들을 유치하고, 나아가 자국민으로 받아들이며 글로벌 매력 국가로 발돋움했다. 그 핵심은 개방과 관용 정신이었다. 개방 정책을 통해 민족이 다르다고, 피부색이 같지 않다고 타인을 배척하고 편견을 갖는 일을 없앴다. 싱가포르에서는 우리처럼 '단일민족'이라는 말을 찾아보기 어렵다. 다문화적 감수성을 키우고 외국인에게 장벽이 높았던 각종 규제를 풀어주면서 싱가포르는 매력 국가로 도약할 수 있었다.

칭기즈 칸이 세계를 제패한 힘

역사상 가장 넓은 영토를 지배했던 몽골제국의 제왕 칭기즈 칸(성길사한(成吉思汗), 1162~1227). 그는 어떻게 세계를 제패했는가. 당시 몽골의 인구는 200만 명이 채 되지 않았다. 칭기즈 칸은 부족 간의 오랜 싸움을 종식시키고, 더 큰 세상으로 눈을 돌렸다. 자신들이 살던 몽골 고원에만 머물지 않고 중국을 거쳐 중동, 유럽까지 세력을 확장시켰다.

칭기즈 칸이 세계를 정복할 수 있었던 첫 번째 비결로 용맹한 기마병을 꼽는 이들도 있다. 그러나 만약 이들이 침략한 민족을 괴롭히고 약탈하는 데 그쳤다면, 칭기즈 칸은 훌륭한 지도자로 각인되지 못했을 것이다. 칭기즈 칸은 피지배지 민족에 대해 이원 정책을 폈다.

저항하는 세력은 가차 없이 처단했지만, 순응하는 이들은 깊이 포용했다. 특히 기술자들을 우대했다. 각 분야의 전문가들을 우대하고, 그들이 각자의 능력을 펼칠 수 있게 도왔다. 능력이 있으면 신분도 가리지 않았다. 제일 하층민이던 노예들도 능력만 출중하다면 신분에 상관없이 중요한 보직을 줬다.

이런 개방 정신은 칭기즈 칸이 자신들보다 신체조건이 훨씬 뛰어난 중동과 유럽의 병사들을 상대할 때 빛을 발했다. 당시 유럽과 중동은 오랜 십자군 전쟁으로 각종 무기와 전투 능력이 발달해 있었다. 그럼에도 불구하고 이들이 칭기즈 칸의 군대에 힘없이 무너진 이유는 크게 두 가지였다.

첫째는 기동성이었다. 칭기즈 칸의 군대는 주력이 기마병이었다. 적의 척병이 저 멀리 칭기즈 칸의 군대를 알아보고 2~3일 안에 성벽에 다다를 것이라고 보고하면, 칭기즈 칸은 한나절 만에 도착했다. 적들은 제대로 방비할 여유도 없이 그대로 칭기즈 칸의 군대에 제압당했다.

둘째는 칭기즈 칸이 정복한 나라에서 중용한 기술자들이다. 초기 칭기즈 칸의 군대는 기마병이 주력이었지만, 나중에는 화약을 이용한 대포 등 각종 전투 장비를 이용하게 됐다. 정복한 나라의 기술을 흡수해 자신의 것으로 만든 것이다.

칭기즈 칸이 역사상 가장 넓은 영토를 지배하고 훌륭한 지도자로 각인될 수 있었던 것은 피지배지 민족에 대한 개방성과 포용성, 그리고 다양성 덕분이었다.

이처럼 칭기즈 칸이 세계 제국을 이룰 수 있던 가장 큰 이유는 관용과 다양성의 힘에 있었다. 그의 관용은 『워싱턴포스트』가 '1,000년 역사에서 가장 위대한 사건' 중 하나로 꼽은 일화에서도 여실히 드러난다.

칭기즈 칸은 세계 제국을 만들기 전 부족 간의 전투에서 부인을 뺏기고 만다. 2년의 전투 끝에 부인을 되찾아 왔지만, 이미 적장의 아이를 임신한 상태였다. 그러나 칭기즈 칸은 포용성을 보이며 그 아이를 자신의 아이로 받아들인다. 이름을 주치로 짓고 맏아들로 삼아 애정으로 키웠다. 이후 주치는 칭기즈 칸이 몽골제국을 일으키는 데 큰 공을 세웠다. 이처럼 칭기즈 칸은 관용과 다양성 정신이 뛰어났으며, 이것이 그를 세계의 제왕으로 만든 것이다.

함께에서 혼자로, 브렉시트

21세기 이 같은 관용과 다문화로 번성한 대표적 도시가 바로 런던이다. 영국 통계청의 2011년 인구 조사에 따르면, 런던 인구 약 817만 명 중 외국 출신은 36.7%인 약 300만 명이었다. 그중 약 200만 명은 유럽연합(EU) 밖 국가 출신이었다.

런던의 다문화주의는 세계 곳곳에서 인재를 끌어모으는 발판이 됐다. 특히 런던이 중심이 된 영국의 고등교육은 세계에서 최고 수준을 자랑한다. 매년 43만 명의 해외 학생들이 영국 대학으로 유학을 가는데, 이는 미국에 이어 세계 2위에 달하는 수다.

그런데 영국은 다문화 대표 도시인 런던의 의지와 무관하게 2016년 EU에서 탈퇴하는 브렉시트(Brexit)를 선택했다. 당시 런던은 국가인 영국의 판단과 달리 독자적으로 EU 잔류를 주장했지만, 대다수의 영국인은 EU와 헤어지는 것에 찬성했다. 43년간의 동거에 종지부를 찍은 것이다. 문제는 브렉시트로 인해 '위대한 영국(Great Britain)'도 해체될 위기에 놓였다는 것이다.

브렉시트의 불을 지피고 나선 진영의 논리는 영국의 자존심을 되찾자는 것이었다. 유럽에서 벗어나 과거 대영제국의 영광을 되살리자는 취지였다. 하지만 브렉시트는 영광이 아닌 고립을 초래했다. 제조업보다는 관광·금융업, 문화·예술 등 창조산업이 핵심인 영국의 입장에서 브렉시트는 늪이 될 가능성이 높다.

브렉시트를 통해 세대 갈등도 커졌다. 살인적인 물가로 유럽의 다른 나라로 떠나 꿈을 키우던 영국 청년들은 브렉시트를 반대했다. 이기적인 기성세대가 청년들의 미래를 망친다는 비판이 여러 곳에서 나왔다. 청년들은 기성세대가 쉽게 집을 마련하고 연금 혜택을 누리며, 과거의 영광만 이야기하고 있다며 불만을 토로한다. 그렇다면 실제로는 어떨까.

지금껏 영국은, 특히 런던은 세계의 도시 역할을 해왔다. 각종 창조 산업이 밀집돼 여러 나라의 두뇌들이 이곳으로 모여들었다. 그러나 우수 인재들에게는 국경이 낮은 법. 이들은 언제든 조건이 좋은 다른 나라로 떠날 준비가 돼 있다. 이런 지식 노동자와는 대조적으로 하층민들은 경제가 나빠지면 가장 큰 피해를 본다. 서민층의 생활이 어려워질수록 사회 전체가 불안하고 혼란해지는 것은 불을 보듯 뻔한 일이다.

> 브렉시트의 불을 지피고 나선 진영의 논리는 영국의 자존심을 되찾자는 것이었다. 유럽에서 벗어나 과거 대영제국의 영광을 되살리자는 취지였다. 하지만 브렉시트는 영광이 아닌 고립을 초래했다. 제조업보다는 관광·금융업, 문화·예술 등 창조산업이 핵심인 영국의 입장에서 브렉시트는 늪이 될 가능성이 크다.

스코틀랜드는 아예 독립을 주장하고 나섰다. 스코틀랜드는 2014년 국민투표에서 영국에 남기로 결정했지만, 브렉시트가 결정된 이상 상황은 달라졌다. 민족 구성도 다르고 영어가 아닌 게일어를 주로 쓰며, 잉글랜드와는 다른 정체성을 유지하고 있던 스코틀랜드는 EU에 남길 원한다는 메시지를 국제 사회에 던지고 있다.

그렇다면 스코틀랜드는 왜 브렉시트를 반대하는 것일까. 칭기즈칸이 그랬듯 개방과 다양성의 힘을 믿기 때문이다. 스코틀랜드의 2대 도시인 에든버러와 글래스고는 런던 못지않은 다문화 도시다. 학문과 문화, 예술이 발달했고, 금융과 관광 산업도 발전해 있다. 잉글랜드에서 생활고에 시달리던 작가 조앤 K. 롤링(Joan K. Rowling)이 『해리포터(Harry Potter)』 시리즈로 작가의 꿈을 키우며 정착했던 곳도 바로 스코틀랜드다.

브렉시트의 결과는 향후 수십 년에 걸쳐 점진적으로 나타날 것이다. 그러나 우리는 역사의 예를 통해 영국이 어떤 방향으로 흘러갈지 예측해 볼 수 있다. 과거의 어떤 역사에도 고립을 자초한 나라와 리더십이 발전한 사례는 없다. 다문화적 감수성을 갖추고 상대를 인정하는 관용이 글로벌 시대의 핵심 가치인 이유다.

오래된 미래, '고려(高麗)'

"물결은 밀려왔다 다시 밀려가고, 오가는 뱃머리 서로 잇대었네. 아침에 이곳을 출발하면, 한낮이 못 돼 남만(南蠻·현 중국과 베트남 접경지역)에 이르겠네." _이규보의 『동국이상국집(東國李相國集)』

고려 개경의 국제항인 벽란도(碧瀾渡)에 송나라 배가 들어오는 날이면 일대는 수천의 인파로 뒤덮였다. 이규보의 시구 대로 이곳은 어선과 관선(조운선), 외국 상선이 즐비해 나루 사이를 잇는 배다리(船橋)가 형성되기 일쑤였다. 1014년(현종 3년)부터 1278년(충렬왕 4년)까지 모두 120여 차례, 5,000여 명의 송나라 사람들이 입국했다. 이후 거란과 여진, 일본, 아라비아 사람까지 드나들며 전 세계에 '꼬레아'라는 이름을 알렸다.

지금도 강화도 최북단 제적봉 평화전망대에 오르면 벽란도의 옛터가 보인다. 3시에서 9시 방향까지 거칠 것이 없다. 일기가 좋은 날이면 청명한 북녘 하늘 아래 개경의 송악산도 볼 수 있다. 동쪽에서 한강과 임진강이 합류해 강화도와 김포 반도 사이를 흐르며 예성강을 품는다. 밀물과 썰물을 반복하며 서로를 포용하고, 종국에는 바다로 흘러간다.

벽란도는 고려의 제일 항구였다. 찬란한 문화유산을 꽃피우며 고려가 세계를 품었던 곳이다. 이처럼 벽란도가 아시아의 대표적 무역항으로 우뚝 설 수 있었던 건 특유의 개방·다문화 정신 때문이었다. 벽란도는 개성을 국제도시로 만들었고, 이곳을 통해 유입된 외국 문물은 고려의 정신과 만나 재창조되었다. 이는 다시 실크로드로 이어졌다.

앞서 살펴본 싱가포르와 런던처럼 벽란도는 매력국가의 필수요건을 두루 갖췄던 '오래된 미래'다. 17세기 네덜란드가 관용과 개방 이념을 바탕으로 수많은 인재와 문화를 수용하며 매력국가로 부상했던 것처럼, 벽란도의 고려는 그보다 훨씬 앞서 일찌감치 매력국가로 성장했다.

송나라 사절의 한 사람으로 고려에 왔던 중국인 서긍(徐兢, 1091~1153)이 쓴 책 『고려도경(高麗圖經)』에 따르면, 당시 개성에는 화려한 저택이 즐비했고, 외국인 전용 숙소도 여럿 있었다. 여성은 물론 남성도 비단으로 치장했으며, 기름·종이·말(馬)·돼지 시장이 각기 따로 있을 만큼 상업도 발달했다.

그렇다면 벽란도가 이처럼 번성할 수 있었던 이유는 무엇일까. 국호를 '고려(高麗)'로 정한 태조 왕건은 단어 뜻 그대로 '빼어난 아름다움'을 가진 나라로 만들고 싶어 했다. 다양한 인재와 문물을 영입하며 고려의 문물은 명품 브랜드가 됐다. 실제로 고려청자·팔만대장경·금속활자·고려한지·나전칠기·고려불화 등은 아라비아까지 전파되기도 했다.

'매력 고려'를 가능케 했던 핵심 요인 중 하나는 개방적 인재 정책이었다. 1451년 정인지가 쓴 『고려사』에 따르면, 광종은 후주(後周)의 시대리평사(試大理評事, 국가고시를 관리하는 책임자)인 쌍기(雙冀, 미상)를 영입해 과거제를 실시하는 등 적극적으로 외국인을 등용했다. 요직을 맡은 중국인만 40명이 넘었고, 몽골·아랍인도 국정에 참여했다. 귀화한 일반 외국인만 해도 전 백성의 8.5%에 달

할 만큼 다문화 사회였다. 고려 공민왕 때의 문신 이제현(李齊賢, 1287~1367)은 『사략(史略)』에서 "광종의 개방·개혁 정책으로 고려의 문물이 중국에 버금갔다."고 평가했다.

21세기 한국인들이 고려에서 배워야 할 것은 특유의 관용과 개방 정신이다. 그러기 위해서는 우리 마음속 깊이 각인된 '단일민족'이라는 신화부터 버려야 한다. 다문화 감수성을 키우고 관용 정신을 가져야 하며, 더욱 개방해야 한다. 이를 통해 세계의 다양한 문화가 유입되고, 자본이 유치되는 매력적인 나라가 돼야만 세계의 많은 나라에서 글로벌 인재들이 한국을 찾을 수 있다.

17

지속가능한 발전을 위한 과제

지금까지 인류가 발명한 가장 성공적인 정치·사회 체제는 민주주의다.
그 제도를 완성하는 것은 깨어 있는 시민이다. 시민이라는 개념을 만들고
스스로 그 지위를 쟁취한 영국·프랑스·미국 등 서구 국가들과는 달리,
우리는 민주주의를 이식받았다. 그 안에서 스스로 책임지고 행동하며
사회 문제 해결에 적극적으로 나서는 시민의 모습을 찾아보기 어려웠다.
역사의 변곡점마다 4.19혁명과 6.10만세 운동 같은 시민의 역할이 있었지만
이는 잠시뿐이었다. 일상으로 돌아간 시민에게 남은 것은
또 다른 구태와 악습이었다. 우리는 이제 일상 속에서 시민이 주인 되는
세상을 만들어야 한다. 그리고 그 시민은 국경과 영토의 경계를 넘어
세계로 뻗어 나가야 한다. 지속가능한 성장을 하기 위해서는 권리보다 의무를,
자유보다 책임을 더 무겁게 생각하는 세계시민이 돼야 한다.

미래세대를 위한 교육, 세계시민교육

"교육이 세계의 발전을 위한 지렛대 역할을 할 것이다. 이것이 바로 인천의 메시지다." 2015년 세계교육포럼(WEF)에서 이리나 보코바(Irina Georgieva Bokova) 유네스코 사무총장이 교육의 중요성을 강조하며 한 말이다. 그녀는 "한국은 교육에 대한 확고한 의지 덕분에 전쟁으로 폐허가 된 나라에서 선진국으로 우뚝 섰다."며 "교육만이 전 지구를 변화시킬 수 있다."고 말했다.

WEF에서는 1990년 이후 추진해온 '모두를 위한 교육' 운동의 성과를 평가하고, 2030년까지 전 세계 국가들이 지향해야 할 교육 목표를 설정했다. 교육의 형평성 확대와 양질의 교육, 평생학습 등이 주요 의제로 논의됐으며, '세계시민교육'이 핵심 주제로 채택됐다.

> 우리가 미래세대에 가르쳐야 할 것은 지식과 스킬만이 아니다. 다른 문화의 사람들과 조화롭게 살 수 있는 방법도 가르쳐야 한다.

세계시민교육은 2012년 유엔이 발표한 글로벌 교육협력 구상의 주요 메시지다. 각국 시민들이 이해와 협력을 통해 지구적 문제를 함께 해결하자는 뜻을 가지고 있다. 한국에서도 세계시민교육은 21세기 교육의 주요한 정책 방향으로 큰 관심을 받고 있다. 한국은 전쟁의 폐허 속에서 교육을 통해 훌륭한 인재를 양성하고, 국가 발전을 이뤄냈다.

지금은 국제사회로부터 우리가 받은 도움을 되돌려주기 위해 많은 노력을 기울이고 있다. 세계시민교육은 더불어 사는 지혜를 가르치는 한국의 노블레스 오블리주를 실천하기에 매우 좋은 소재다.

나는 당시 WEF에서 '세계시민교육'을 주제로 한 별도의 컨퍼런스에서 기조발표를 했다. 'Together to gather'라는 주제로 그동안 사회 각 주체가 어떻게 힘을 합쳐 시민교육에 앞장서 왔는지를 소개하는 내용이었다. 또 교육을 통해 선진국이 된 한국이 세계시민교육을 통해 세계 사회에 기여할 방안을 제시했다.

결론은 우리는 서로 다르지만, 하나라는 것이었다. 종교와 이념, 피부색은 달라도 우리를 하나로 묶어줄 수 있는 것은 '세계시민'이다. 지구적 문제를 해결하기 위해서는 세계시민 모두가 책임지고 참여하는 주인의식을 가져야 한다. 우리가 미래세대에 가르쳐야 할 것은 지식과 스킬만이 아니다. 다른 문화의 사람들과 조화롭게 살 수 있는 방법도 가르쳐야 한다.

진정한 세계시민이 되는 방법

WEF에서 이뤄진 세계시민교육에 대한 논의는 2015년 파리에서 열린 유엔총회에서 심도 있게 논의됐다. 당시 유엔은 2016년부터 2030년까지 전 세계가 집중해야 할 어젠다로 '지속가능한 발전목표(SDGs)'를 수립했다. 그리고 교육 분야의 세부 실행과제 중 하나로 세계시민교육을 제시했다.

세계시민교육은 각국 시민이 이해와 협력을 통해 지구적 문제를 함께 해결하자는 취지다. 평화와 인권 등 인류 보편의 가치를 공유하고, 기후변화·자연보호 등 지구적 문제를 해결하기 위해 실천하는 '책임시민'을 키운다. 극단적 폭력과 종교·인종 차별, 난민 문제 등에 대한 교육적 대안으로도 부상하고 있다.

그렇다면 세계시민교육이 추구하는 바는 무엇인가. 먼저 여타의 도덕·윤리 교육처럼 특정 가치와 덕목을 제시하는 교육이 아니란 점을 분명히 하고 싶다. 예를 들어 인성교육은 그 나라가 처한 상황과 문화적 배경 등에 따라 가치 지향점이 존재할 수 있다. 시대가 변했다고는 하지만 한국에서 효와 예는 사회가 중시하는 전통적 가치다. 그러나 이를 미국이나 프랑스 등 서구 사회에 그대로 적용하는 것은 무리다. 인성교육이 추구하는 가치와 덕목은 나라마다 다를 수 있다.

세계시민교육은 말 그대로 '세계시민'을 키우는 것이기에 어느 하나의 지향점을 설정하기 어렵다. 특정 가치와 덕목을 습득하게 하고, 그것을 모두에게 지키게 하자는 교육이 아닌 까닭이다. 대신 세계시민교육에서는 '역량'이 중시된다. 다문화적 감수성, 협동과 배려의 역량, 합리적 소통 능력과 비판적 사고력 등 실천적 문제 해결에 필요한 역량이 강조된다.

이런 역량은 각 사회가 처한 문제점을 스스로 발견하고, 구체적인 발전 목표를 주체적으로 제시해야 한다는 의미까지 담고 있다. 다양한 인종이 사는 미국에서 인종차별을 극복하는 게 가장 핵심적인 문제라면, 초고령화 사회에 진입한 일본에서는 노인세대와 청년세대의 반목을 줄이는 것이 중요하다. 자기 스스로 문제를 발견하고 해결하는 능력, 그것이 세계시민교육의 주된 목표 중 하나다.

다만 문제를 발견하고 해결하는 것이 그 집단 내에서만 머물러서는 안 된다. 인류에게는 지구라는 공통 문제가 있기 때문이다. 아마존 열대우림 파괴나 시리아 난민 문제가 당장 우리에게 큰 영향을 미치는 것은 아니다. 하지만 인류의 보편적 관점에서 보면 언젠가 지구 전체에 큰 영향을 미칠 수 있는 매우 중요한 사안이다. 그러므로 지구 공통의, 인류 보편적 문제에 대한 관심을 키우는 것은 세계시민교육의 중요한 과제다.

그렇다면 우리가 제일 먼저 해야 할 일은 무엇인가. 바로 공동체 역량을 키우는 일이다. 혼자가 아니라 우리라는 이름으로 힘을 합쳐야 한다는 믿음을 갖고, 이를 실천하기 위한 능력을 키워야 한다. 이질적 문화와 집단 간에도 서로 원활히 소통할 수 있는 다문화 역량을 키워야 하고, 서로 협동해 시너지를 낼 수 있는 팀워크 능력을 배양해야 한다.

지금 내가 겪고 있는 이슈가 단순히 자국 내에서 어떤 영향을 줄 것인가만 생각할 게 아니라, 세계적 관점에서 어떤 의미가 있는지 함

께 생각할 수 있어야 한다. 역사를 배울 때도 마찬가지다. 단순히 삼국 시대, 통일신라, 고려, 조선만 배울 게 아니라 그 당시 중국과 일본, 넓게는 유럽과 중동, 아프리카에서는 무슨 일이 있었는지 세계사적 맥락에서 함께 고민해야 한다.

이처럼 맥락을 익히고 서로를 연결시킬 수 있는 사고를 하도록 하는 것이 세계시민교육이 목표하는 바다. 그래야만 진정한 글로벌 사회를 살아가는 구성원이 될 수 있다. 단순히 영어만 잘한다고, 외국여행을 많이 다닌다고 해서 저절로 세계시민이 되는 것은 아니다. 나와 다름을 받아들이고, 이질적인 것을 합쳐 조화를 이루는 능력을 갖추는 것이 진정한 세계시민이 되는 옳은 방법이다.

기술과 인성의 만남, 휴먼 엔지니어링

일본 이시카와(石川) 현에 위치한 가나자와공업대학(K.I.T, Kanazawa Institute of Technology)은 1965년 개교한 4년제 사립대다. 14개 전공, 재학생 7,000여 명인 작은 대학이지만, 지난 10년 동안 90%가 넘는 취업률로 일본 750개 대학 중 최상위권에 올라섰다. '아사히 신문 대학평가'에서는 수년째 '잘 가르치는 대학' 1위를 차지하고 있다. 의외인 것은 이 학교에 입학하는 신입생들의 성적대가 상위 30% 전후로, 그리 높지 않다는 점이다. 그런데도 가나자와가 일본 최고의 '잘 가르치는 대학'이 될 수 있었던 비결은 뭘까.

여러 가지가 있겠지만 그중 눈에 띄는 것은 '인문교육'에 힘을 쏟았다는 점이다. 1990년대 중반까지 이름 없는 대학이었던 가나자와는 이시카와 현의 12개 대학과 경쟁하며 학생 수 감소 위기에 몰리기도 했다. 이에 가나자와는 총장과 교수들이 팀을 이뤄 스탠퍼드·칼텍·MIT 등 세계 최고의 대학을 탐방하며 벤치마킹을 시작했다. 200여 차례 회의를 통해 선택한 길은 '혁신'이었다.

가나자와는 문학과 사회, 철학 등 인문학을 강화하기 시작했다.

기술만 가르쳐서는 창의력이 죽는다는 게 이유였다. 공대생들에게 그리스 고전을 가르치고, 시와 소설 등 문학 서적을 읽도록 했다. 턴테이블에 LP판을 올려놓고 음악을 들을 수 있도록 한 중앙도서관의 휴게실은 정서가 메마르기 쉬운 학생들에게 큰 인기를 얻었다.

살아있는 교육을 위해 교수의 절반을 기업체 출신으로 구성하기도 했다. 시장 트렌드를 교육에 바로 반영해 이론과 실무를 동시에 익혔다. 다양한 실습과 체험을 통해 머리로 혼자 배우는 공부가 아니라, 협동하고 배려하는 법을 몸으로 익혔다. 그 결과 가나자와는 10여 년 만에 일본 최고의 취업률을 자랑하는 대학으로 우뚝 섰다.

국내에도 이와 비슷한 길을 걷는 대학들이 있다. 한국산업기술대학교는 '휴먼 엔지니어링(human engineering)'이라는 개념으로 학생들에게 휴머니티를 키우는 교육을 하고 있다. 기술만 뛰어난 엔지니어가 아니라 바른 인성까지 갖춘 '휴먼 엔지니어(human engineer)'를 키우는 것이 핵심 목표다. 이 대학은 수도권 4년제 대학 중 취업률 1위 자리를 수년째 지키고 있다.

이 대학 이재훈 총장은 휴먼 엔지니어의 중요성을 이렇게 말한다. "산학협력이 활발해 기업인들을 자주 만납니다. 그런데 기업인들이 늘 하는 이야기가 '인성'이에요. 회사에 대한 로열티(충성도)와 열정, 주변 사람과 협업할 수 있는 능력을 갖춘 인재를 만들어달라는 게 공통된 이야기입니다. 뛰어난 스펙보다 사람 됨됨이가 제대로 된 인재가 우선이라는 뜻이죠."

물론 능력도 중요하다. 하지만 스킬과 테크닉은 금세 변한다. 기술은 산업 현장에서 끊임없이 응용되고 바뀌기 때문에 늘 새롭게 배워야 한다. 하지만 사람 됨됨이는 쉽게 변하지 않는다. 인성이 바르면 주변과 조화를 이루고, 협업을 통해 시너지를 낼 수 있다. 혼자 일하는 엔지니어에게 '1+1'은 '2'지만, 협업을 통해 함께 시너지를 내면

기술은 끊임없이 변하기 때문에
늘 새롭게 배워야 하지만,
인성은 쉽게 변하지 않는다.
인성이 바르면 주변과
조화를 이루고, 협업을 통해
시너지를 낼 수 있기에
휴먼 엔지니어링이 필요하다.

'10'도, '100'도 될 수 있다. 그런 믿음에서 휴먼 엔지니어링이 필요하다. 쉬운 예로 원자력은 잘 쓰면 뛰어난 에너지원이 되지만, 잘못 쓰면 재앙이 될 수 있다. 철학과 방향성이 담겨 있지 않은 기술은 인간을 행복하게 만들 수 없다. 기술을 배우고 개발할 때 그 쓰임까지 함께 고민하는 과정에서 타인에 대한 배려와 소통 같은 인성 덕목들이 길러진다. 그러므로 엔지니어는 단순히 더 빠르고 더 효율적인 기술만을 연구할 게 아니라, 기술이 가져올 사회 변화와 가치까지 함께 고민하고 연구해야 한다.

최근 휴먼 엔지니어링의 대표적인 예로 '적정기술(appropriate technology)'이 많이 회자된다. 그 사회가 처한 특수성과 환경에 맞게 나쁜 영향을 최소화하면서 삶의 질을 향상시켜가는 기술을 뜻하며 '인간의 얼굴을 한 기술', '소외된 90%를 위한 디자인' 등의 슬로건으로 많이 알려지고 있다. 적정기술은 주로 빈곤국가의 물, 식량, 안전, 의료 등 기본적인 생활환경 개선을 주요 과제로 삼는다.

적정기술의 모태는 영국의 경제학자인 에른스트 슈마허(Ernst Schumacher)가 1973년에 출간한 『중간기술(Intermediate Technology)』이다. 슈마허는 산업화 이후의 대량생산체제가 환경과 생태계를 파괴하고 있다고 지적했다. 이를 위한 대안으로 중간기술을 제안했는데, 이는 저개발국가의 기술력보다는 훨씬 뛰어나지만, 선진국의 기술보다는 소박하다고 주장했다. 즉, 선진국의 산업이 저개발 국가에 들어오면서 기술로 종속시키지 않고, 현지 자원을 활용해 그곳에 일자리를 창출하면 저개발국가의 발전도 함께 도모할 수 있다는 논리다.

예를 들어 산업 발전은 생산성을 높이고, 이를 통해 노동력을 축

소시킨다. 이미 산업화가 진행된 선진국에서는 대량생산체제에 걸맞은 또 다른 노동시장이 생겨나 충격이 덜하지만, 저개발 국가는 다르다. 실업과 기술종속 같은 현상만 심화될 뿐이다. 그러므로 빈곤국의 자원을 활용한 소규모 저자본 기술이 이들 사회의 발전에는 더 효과적이다. 더불어 환경적 영향도 적기 때문에 인류와 지구가 공존할 수 있는 모델로 평가받는다.

기업도 시민이다

"기업이 시민이라고?" 기업시민이란 이야기를 꺼내면 대부분 이 같은 반응을 보인다. 기업을 시민이라 부르는 것도, 상반돼 보이는 두 개념이 합쳐진 것도 영 어색하기 때문이다. 하지만 지금은 자연스럽게 들리는 시민이란 개념도 처음에는 낯선 개념이었다. 시민이 자유주의 혁명 이후 생겨난 근대의 발명품이었듯, 기업시민도 현시대의 필요에 의해 생겨난 새로운 개념이다. 그렇다면 왜 기업이 시민인가?

첫째, 기업은 사회 없이 존재할 수 없다. 사회는 기업을 지탱하기 위한 인력을 공급하고, 재화와 서비스를 소비할 시장을 형성한다. 사회 안전망과 제도의 틀 없이 기업은 존속할 수 없다. 그러므로 기업 역시 개인처럼 사회의 구성원으로서 책임과 의무를 다해야 한다.

둘째, 기업이 성장하려면 사회가 건강해야 한다. 다보스포럼의 클라우스 슈밥(Klaus Schwab) 회장은 2013년 언론 기고문에서 "기업이 사회적 책임을 다하지 않으면 현재의 자본주의 체제가 무너질 수도 있다."고 경고했다.

아스피린으로 유명한 150년 역사의 제약사 바이엘(Bayer)과 독일 중서부 공업도시 레버쿠젠(Leverkusen)의 사례는 기업과 도시가 상생하며 서로의 성장을 견인한 대표적인 상생 모델이다. 바이엘은 매년 100회가 넘는 공연과 26개 스포츠클럽, 지역 주민 5만여 명을 지원하며 지역의 화합을 이끌었다. 그동안 바이엘 후원 선수가 따낸 올림픽 메달만도 64개, 세계 챔피언 메달은 200개가 넘는다. 축구구단 바이엘 레버쿠젠은 독일 프로축구리그 분데스리가(Bundesliga) 최고의 명문이다.

바이엘은 도시에서 라인 강으로 이어지는 하수관에 특수시설을 설치해 레버쿠젠에서 발생하는 모든 하수를 정화하고 있다. 시설 유지 비용으로 매년 10억 유로(약 1조 2,000억 원)를 지출한다. 바이엘은 2014년도 연차 보고서에서 "우리는 스스로를 시민 사회의 일부라고 생각한다. 사회공헌은 우리에 대한 평가에서 가장 본질적인 부분"이라고 밝혔다.

> 단순한 봉사와 기부 등 이벤트 중심의 시혜성 사회공헌을 넘어 사회문제 해결에 적극 나서는 바이엘을 우리는 기업시민이라고 부를 수 있다.

이처럼 바이엘은 설립 후 150여 년 동안 주민과 함께 지역 발전을 이끌어오며 '레버쿠젠 제1의 시민'이란 별칭을 얻었다. 바이엘의 마진 데커스(Marijn Dekkers) 회장은 "혁신과 지속가능성은 바이엘 성공의 원동력"이라며 "지속가능성을 중시하는 이유는 사회적 책임과 경제적 필요 사이의 균형이 필요하기 때문"이라고 설명했다. 단순한 봉사와 기부 등 이벤트 중심의 시혜성 사회공헌을 넘어 사회문제 해결에 적극 나서는 바이엘을 우리는 기업시민이라고 부를 수 있다.

이런 기업시민 모델은 선진국을 중심으로 확산되기 시작했다. 2015년 세계교육포럼에서 만났던 줄리아 길라드(Julia Gillard) 전 호주 총리는 기업시민에 대해 이렇게 말했다. "사회 문제는 정부의 노력만으로는 해결할 수 없기 때문에 기업도 시민으로서 책임을 다할 필요가 있다. 요즘 사람들은 단순히 제품의 쓰임새만 보고 소비하는 게 아니라, 자신이 믿고 생각하는 것이 브랜드에 담겨 있길 바란다. 기업시민으로서 철학과 가치를 갖는 것이 꼭 필요한 이유다."

그렇다면 우리는 어떤 문제점을 안고 있는가. 국내 기업의 세전이익 대비 사회공헌 지출비율은 3.76%이다. 일본(1.77%)의 두 배가 넘는 비율이지만 사회공헌 활동에 대한 평가는 한국이 뒤처진다. 쓸 만큼 쓰고도 좋은 평가를 받지 못하는 이유는 그동안 사회공헌이 잘못을 저지른 오너의 사면성 행사로 이용되거나 단순 이벤트로 끝나는 경우가 많았기 때문이다.

반면, 기업시민은 사회 문제에 지속적인 관심을 갖고, 실질적인 문제 해결에 집중한다. 라인 강에 유입되는 오·폐수를 정화하는 바이엘처럼 사회공헌을 일회성 이벤트가 아닌 진정성이 녹아 있는 당연한 책무로 받아들이는 것이다.

스위스의 제약회사 노바티스(Novartis)의 경영철학 역시 '책임 있는 기업시민'이다. 노바티스는 2007년 인도에 진출하면서 농촌 지역 주민들을 위한 의료봉사를 시작했다. 현지인들에게 의학상식을 가르쳐 '보건교육자'로 양성했다. 교육자들은 인도 내 11개 주, 3만 3,000개 마을, 4,200만 명을 대상으로 보건 및 질병예방 교육을 실시했다. 프로그램 참여 주민들에게는 결핵약·설사치료제·영양제·칼슘 보충제 같은 일반의약품을 이윤을 남기지 않고 원가에 공급했다.

연 매출 719억 유로(약 86조 원)에 달하는 글로벌 기업인 지멘스(Siemens)는 기후변화와 같은 환경 문제 해결에 앞장서고 있다. 2010년부터 연구 개발비의 20%가량을 이산화탄소 절감 등 친환경 기술에 투자하고 있다.

이 같은 노력으로 2014년에는 미국 상공회의소가 선정하는 '기업시민대상'을 받기도 했다. 요 케저(Joe Kaeser) 지멘스그룹 회장은 "이윤을 남기되 사회에 봉사해야 한다. 탐욕이 기업의 목표는 아니다."며 지멘스의 기업 정신을 설명했다.

기업시민이 활동할 수 있는 사회적 여건을 조성하는 데 힘을 쏟는 국가도 있다. 세계 2위 규모인 노르웨이 국부펀드는 사회적 책임을 다하고, 윤리적 성과를 내는 기업들에 투자하는 것을 원칙으로 하고 있다. 2009년 아시아 지역 기업들에 투자를 준비하며, 4년간 아시아 지역 2,300여 개 기업에 대한 윤리성과를 수집하도록 해 화제가 되기도 했다.

이렇게 기업시민의 활동이 중요해지는 이유는 현재의 시장 체제가 많은 한계를 갖고 있기 때문이다. 앞으로는 인간의 얼굴을 한 자본주의가 더욱 필요하다. 상생과 협업을 통해 모두가 행복할 수 있는 시장을 만들어 가는 기업시민이 필요하다. 단순한 이윤 창출 단계를 넘어 사회 전체의 공익을 고민하고, 이를 실천할 수 있도록 판을 만들어 줘야 한다.

인공지능 시대의 인간 윤리

"미래 사회에선 도대체 뭘 가르쳐야 할까요?" 교장·교감 등 학교 현장에 계신 분들을 대상으로 강의하다 보면 가장 많이 받는 질문이다. 과거에는 답이 쉬웠다. 변호사가 되고 싶은데 뭘 해야 하냐고 물으면 열심히 공부하라고 답했다. 회계사 일을 하고 싶으면 그 역시 국·영·수 공부를 잘하라고 하면 됐다. 모든 질문에 그저 공부 열심히 하라는 만병통치약 같은 답변 하나면 충분했다.

그런데 시대가 달라졌다. 지금 현존하는 직업들이 미래에 없어질지도 모르는 상황에서 무엇을 배워야 하고 어떤 지식을 쌓아야 할지 불투명해진 것이다. 현장에서는 또다시 묻는다. "누가, 어떻게 가르치면 좋을까요?" 안타깝게도 여기에 명확한 답을 내려줄 사람은 없다. 그 누구도 가보지 않은 길이기에 정답이 있을 수 없다는 이야기다. 그러나 우리는 미래를 상상하고 준비할 수는 있다. 본질에 대한 고민을 통해서 말이다.

그 시작은 인공지능으로 대변되는 미래의 과학기술 사회가 어떤 모습일지 그려보는 것부터다. 미래에는 생명공학의 발전으로 인간의 수명이 획기적으로 늘어날 것이며, 지금 불치병으로 여겨지는 많은 질병을 치유할 수 있게 된다. 아울러 인간의 지적 능력까지 조작할 수 있는 시대가 온다. 이미 인간은 자연적으로 주어진 개체의 수명을 훨씬 뛰어넘었다.

죽음은 더 이상 신의 영역이 아니며 기술의 영역으로 들어섰다. 스스로 생각하고 판단하는 새로운 개체, 인공지능을 만들어내면서 인간 스스로가 신이 되고자 한다. 지구 45억 년 역사상 생물종의 진화는 자연적으로 이뤄졌다. 하지만 미래 시대에는 인간의 의지로 진화의 정점에 도달한다. 인공지능을 장착해 사람과 똑같이 사고하고 행동하는 로봇, 인간의 신체 일부에 기계를 결합한 사이보그 등 그동안 우리가 상상하지 못했던 새로운 인류가 나타날 것이다.

> 인공지능이 발달한 미래,
> 인간은 무엇으로 인공지능과
> 차별성을 가져야 할까.
> 그 해답은 인간성이고,
> 핵심 화두는
> 윤리의 문제가 될 것이다.

이 과정에서 가장 필요한 것은 무엇일까. 인간이 신이 돼버린 시대에 기술과 과학의 발전이 얼마나 큰 의미가 있을까. 결국 우리에게 닥친 가장 큰 문제는 무엇이 인간성인가 하는 것이다. 나아가 인간을 인간으로 규정짓는 도덕과 윤리는 어떻게 적용될 것이며, 그 대상은 어디까지여야 하는지도 우리에게 주어진 큰 과제라 할 수 있다. 즉, 인공지능 시대에 가장 큰 화두는 인간의 윤리에 대한 문제라고 요약할 수 있다.

성장과 발전이라는 함수를 맹신하면서 그동안 잊고 살았던 도덕 문제, 모순적이지만 과학기술이 극도로 발달한 미래 사회일수록 인간성과 윤리에 대한 문제는 매우 중요해진다. 인간과 인간적이지 않은 인간이 함께 공존하는 시대에서 인간성은 더 큰 화두가 될 것이다.

그렇다면 왜 인간성이고 윤리일까. 인간의 본질을 규정하는 것은 쉬운 문제가 아니다. 플라톤 이후 많은 학자들이 본질을 탐구해 왔지만, 그 어떤 견고한 철학도 신의 진리에 가까이 가지 못했다. 결국, 본질은 인간의 의식 너머에 있는 것이고, 우리가 알 수 있는 것은 단지 진리를 향해 가는 과정일 뿐이다. 사실의 단편을 모아 진실의 모자이크를 만들고, 이 진실이 다시 진리로 향해 가는 과정 전반이 지식이다. 지식은 인간을 인간으로 규정하는 가장 핵심적인 본질이다.

여기서 특히 주목해야 할 점은 올바른 지식은 그 개념 자체에 윤리성을 내포하고 있다는 점이다. 모든 지식은 더 나은 인류, 발전된 사회를 만들기 위한 고민에서 시작된다. 우리 사회의 단점들을 개선하고 고치기 위해서 나온 것들이기에 윤리적일 수밖에 없다. 우리가 처한 사회의 구조적 문제점을 들춰내고, 이를 해결하기 위한 헌신적인 노력이 결부돼 지식이란 진리 추구의 과정으로 나타난다.

결국, 모든 지식은 인간의 윤리라는 전제 아래서만 성립할 수 있다. 당연히 지식 형성 과정에 참여하는 사람들은 공공 의식을 가져야 하며, 윤리적이어야 한다. 우리는 이런 사람들을 지식인이라고 부른다. 그러나 가끔, 아니 그보다 더 많이 이런 고민의 과정을 생략하는 이들이 있다. 지식인의 탈을 썼지만 실상 지식인은 아닌 이들. 우리 사회를 비극으로 몰고 갔던 시대에는 대부분 지식인의 탈을 쓴 가짜 지식인들이 많았던 시대였다. 독일의 나치가 그랬고, 캄보디아의 킬링필드가 그랬다. 우리가 역사에서 배워야 할 것은 잘못된 인간성의 역사다. 인간이 인간성의 본질에서 멀어졌을 때 즉, 윤리적이지 못할 때 역사는 인류에 큰 시련과 아픔을 안겨줬다.

다가오는 4차 혁명시대도 마찬가지다. 우리가 무엇으로 인간과 인공지능을 구분할 것인가. 그동안 인간을 지구의 주인인 것처럼 착각하게 만들었던, 인간이 가장 똑똑한 개체라는 명제가 4차 혁명시대에는 통하지 않는다. 그렇다면 인간은 무엇으로 지구상의 많은 종 중에서 독립적이고 우월적인 지위를 유지할 수 있을까. 그 해답이 바로 인간성이고, 그 핵심이 윤리의 문제다.

18

인간은
더욱
겸허해져야

가이아 이론은 지구를 살아 움직이는 생명체로 묘사한다.
나아가 지구에도 감정이 있고, 그 감정을 화산이나 지진 같은 재해의 형태로
표출한다는 주장도 있다. 과학적으로 전혀 밝혀지지 않은 '설'에 불과하지만
적어도 우리가 한 가지 깨달아야 할 점은 인간은 지구에 잠시
머물렀다 가는 손님일 뿐 주인이 아니라는 점이다. 45억 년 지구의 역사 속에서
다섯 번의 대멸종이 있었고, 그때마다 거의 모든 생물종이 없어졌다.
언제일지 모르지만 여섯 번째 대멸종이 올 수도 있다. 그런데 지금 인류가 지구에
가하는 수많은 일을 보면 멸종을 앞당기기 위해 노력하고 있는 것만 같다.

인간의 자존심을 상하게 한 세 가지 사건

과학 저널리스트였던 베르나르 베르베르가 데뷔작인 『개미』를 비롯해 내놓는 책마다 베스트셀러 반열에 올릴 수 있었던 데에는 사소한 생각까지 메모하는 습관의 영향이 컸다. 그 단면을 엿볼 수 있는 것이 베르베르의 『상상력사전』이다. 열네 살 때부터 써온 노트를 바탕으로 출간한 『상상력사전』은 그의 작품을 잉태하는 인큐베이터 역할을 했다. 이 책에서 베르베르는 '인간의 자존심을 상하게 한 세 가지 사건'을 소개했다.

첫 번째 사건은 코페르니쿠스(Nicolaus Copernicus, 1473~1543)의 '지동설'이다. 인류는 지동설이 나오기 전까지 지구가 평평하다고 생각했다. 배를 타고 먼 바다로 나가면 그 끝 어딘가에는 낭떠러지가 있을 거라 믿었다. 설사 대양이 끝없이 펼쳐지더라도 지구가 둥글거라는 생각은 하지 못했다. 그런데 코페르니쿠스는 지구가 평평하지 않고 둥글다는 것을 증명해 냈다. 우리가 우주의 중심이 아니고 태양의 주변을 도는 하나의 행성에 불과할 뿐이라는 점을 밝혀낸 것이다.

이것은 새로운 발견을 넘어 큰 충격으로 다가왔다. 이전까지 인류는 지구가 세상의 중심이고, 그 중심을 만든 건 신이라 믿었다. 하지만 지동설은 우리가 사는 세계는 중심도 아니고, 신이 있다고 해도 그저 변방에 머무르는 존재일 뿐이라고 말했다. 이것은 인간이 지구의 주인 노릇을 시작하고 수천 년간 인류가 쌓아온 문명과 의식 체계를 한 번에 무너뜨리는 사건이었다.

두 번째는 다윈의 '진화론'이다. 종교적 세계관에서 인간은 신이 만들어낸 하나의 피조물이다. 인간은 다른 모든 생물을 지배할 수 있는 지구의 주인 노릇을 하도록 창조됐고 그 주체는 신이다. 멀리 아담과 이브 때부터 신의 뜻에 따라 지구를 지배하고 살았다는 것이다. 그러나 진화론은 인간이 그저 조그만 단세포 생물에서부터 비롯된 진화에 따른 우연의 산물이라 말했다. 신이 인간을 다른 어떤 생명체보다 우월한 존재로 만들었다는 믿음을 흔들었고, 그때부터 인간은 다른 생물종의 하나로 편입됐다.

세 번째는 프로이트(Sigmund Freud, 1856~1939)의 '정신분석학'이다. 역시나 신의 피조물인 인간은 세상에서 유일하게 이성적인 존재였다. 동물적 본능과 감정이 있긴 하지만 언제든 이성으로 통제가 가능한, 합리적 존재라는 믿음이 있었다. 그러나 정신분석학에 따르면, 인간은 이성이 아닌 무의식에 따라 움직이고 행동하며, 그 깊은 곳에는 성욕이 자리 잡고 있다. 비합리적인 존재인 인간은 의식보다 무의식이 더 깊고 크다. 의식은 수면 위로 드러난 빙산의 일각에 불과할 뿐이다.

지금 우리에게 필요한 것은 인간의 개념에 대한 재정의다. 만물의 영장 역할을 해왔던 인간의 능력을 새롭게 규정해야 한다. 서로 협동할 줄 알고, 사회라는 경쟁력을 만들어낼 수 있기 때문이라고 생각을 바꿔야 한다.

베르베르가 인간의 자존심을 상하게 했다고 말한 세 가지 사건은 당시 매우 충격적인 것이었고, 그 시대를 지배했던 지식의 담론 입장에서는 모욕적인 일이었을지 모른다. 당시 사람들은 큰 충격을 받고 혼란에 빠졌다. 이런 충격적 사건이 인간의 지식적 자산으로 받아들여지기까지는 오랜 시간이 필요했다. 하지만 그 시간을 지나 인간 문명을 더욱 발전시키는 촉매 역할을 했다.

지금 우리는 또 한 번 자존심을 상하게 할 사건을 눈앞에 두고 있다. 바로 인공지능의 출현이다. 어쩌면 이것은 단순히 자존심에 상처를 주고 끝나는 게 아니라 인류의 존립 자체를 위험에 빠트릴 만한 큰 사건이 될지도 모른다. 적어도 위 세 가지 사건은 인간의 자존심에 상처를 냈을지언정 만물의 영장으로서 인간이 갖는 우월적 지위 자체를 부정하진 않았다. 오히려 새로운 발견을 통해 인간의 지위를 더욱 높일 수 있었다.

세상의 중심이 지구가 아니고, 인간은 진화의 산물이며, 의식보다 무의식의 지배를 받는 동물의 일원이라 하더라도, 현존하는 지구상 생물 중에서는 가장 똑똑하고 주인 노릇을 할 만한 종이었다. 그러나 인공지능이 만드는 새로운 시대에는 인간이 가장 똑똑하다는 믿음이 깨진다.

지구 역사상 인간보다 지능이 높은 존재는 없었다. 적어도 지적 능력이 높은 외계 생물체가 지금 당장 지구에 출현하지 않는 한 말이다. 하지만 인공지능 시대에는 인간보다 더 똑똑한 기계들이 나온다. 이미 특정 분야에서는 인공지능이 인간의 능력을 앞서고 있다. 체스와 장기, 바둑은 물론, 복잡한 계산이나 수술도 해당한다.

그동안 우리는 인간이 지구상에서 가장 똑똑하기 때문에 지구의 주인 노릇을 해왔다고 믿었지만, 더 이상 그런 말을 할 수 없게 됐다. 인간 스스로 인공지능이라는 새로운 종을 만들어 내면서 신의 위치에 올랐지만, 오히려 인간 존재의 가치를 떨어뜨리고 새로운 위기 상황에 직면하게 만든 것이다.

과연 우리는 진화의 단계에서 가장 높은 자리를 인공지능에 넘겨줘야 할까. 인공지능은 무의식이 없어 늘 합리적이다. 감정이 없어 충동적이지도 않으며 오류도 없다. 지금은 초기 단계지만 10년, 20년이 지난 후의 인공지능은 적어도 이성과 합리라는 측면에서 인간보다 더 뛰어나게 될 것이다.

결국 지금 우리에게 필요한 것은 인간의 개념에 대한 재정의다. 만물의 영장 역할을 해왔던 인간의 능력을 새롭게 규정해야 한다. 단지 똑똑했기 때문에 지구의 주인 노릇을 한 게 아니라고 말이다. 앞서 우리가 살펴봤던 것처럼 협동할 줄 알고, 사회라는 경쟁력을 만들어 낼 수 있기 때문이라고 생각을 바꿔야 한다. 그렇지 않으면 지구의 주인 자리는 우리가 아닌 인공지능에 넘어가게 될 것이다.

인간의 자존심을 상하게 했던 세 가지 사건은 그 당시 큰 충격이었다. 때론 공포였고, 때론 혐오의 대상이었다. 그러나 그 충격을 지혜롭게 받아들인 인간은 인류 문명을 발전시키는 초석으로 삼았다. 그 안에서 더 큰 발견을 하고, 더 높은 성취를 이뤘다.

인공지능 시대를 앞둔 우리도 마찬가지다. 지금 당장은 큰 충격이고 두려운 일이다. 하지만 새로운 시대를 준비하며 우리 스스로를 다시 성찰해보는 계기를 만들어야 한다. 우리의 경쟁력은 무엇인지, 우리는 왜 존재하는지 깊이 있게 생각해봐야 할 것이다. 잊고 살았던 인간성에 대한 질문을 다시 던지는 것, 그것이 새로운 시대를 준비하는 인간의 첫 번째 과제일 것이다.

여섯 번째 대멸종과 인류의 과제

세계자연기금(WWF)과 런던동물학회(ZSL)의 연구에 따르면, 1970년대 이후 척추동물은 종별로 평균 58% 감소했다. 이런 추세가 계속된다면 2020년에는 동물 종이 현재의 3분의 1로 줄어들 것이라고 경고했다. 국제자연보호연맹(IUCN)에 따르면, 육상동물 4,556종 중 4분의 1이 멸종 위기에 처해 있다고 한다. 야생동물 불법 매매, 기후변화와 환경오염 등이 감소의 주원인이었다. 생물의 다양성은 숲과 강, 바다 등의 건강한 생태계를 이루는 요소이기 때문에 결국, 인간의 삶에까지 영향을 미치게 된다.

동물의 멸종은 오래전부터 있었던 일이다. 약 35억 년 전 최초의 생명체가 지구에 탄생한 이후 수많은 종이 생겨났다. 하지만 이들 중 99%는 자취를 감췄다. 즉, 멸종은 지금에만 발생하는 일이 아니라 지구에 등장했던 생명체 모두에게 일어났던 일이다. 과거와 다른 점이라면 자연의 변화에 따른 생태계의 변화가 아니라 인간이 만들어낸 기술과 오염이 주원인이라는 것이다. 즉, 인간 스스로 멸종을 자초하고 있다는 것이 과거와 다른 점이다.

학자들은 지금까지 지구에서 최소 열한 번 이상 멸종의 시대가 있었다고 주장한다. 이중 가장 컸던 다섯 차례를 '대멸종(Mass Extinction)'이라고 부른다.

4억 4,500만 년 전 발생한 첫 번째 대멸종에서는 바다에 사는 생물의 절반이 사라졌다. 3억 5,900만 년 전에 일어난 두 번째 대멸종에서는 지구상의 생명체 중 70%가 멸종했다. 가장 심각했던 세 번째 대멸종(2억 5,000만 년 전)에서는 전체 생명의 95%가 지구상에서 사라졌다. 마치 성경에 나오는 아마겟돈과도 같은 시기였다. 2억 년 전 네 번째 대멸종에서는 해양 생물의 80%가, 가장 최근인 6,500만 년 전 다섯 번째 대멸종에서는 당시 지구의 주인이었던 공룡이 사라졌다.

대멸종의 원인은 다양하다. 영화의 단골 소재처럼 지구 외부에서 날아온 행성과 충돌한 경우도 있었고, 기후변화와 이를 통한 해수면 높이 상승, 화산 폭발 등 급격한 환경 변화가 원인이 되기도 했다. 그러나 대멸종 이후 살아남은 생물종은 진화의 기회를 얻었다. 지구의 변화에 발 빠르게 적응한 종은 살아남았고, 그렇지 못한 종은 세상에서 사라졌다.

다섯 번째 대멸종이 대표적이다. 공룡이 사라지고 그 자리를 대신한 건 포유류였다. 공룡 시대 이후 포유류는 급격히 번성했고, 호모 사피엔스로까지 진화가 이뤄졌다. 이렇게 지구상의 생명체는 독립적으로 존재하는 것이 아니라 지구와의 상호작용 속에 멸종하기도, 진화하기도 한다는 것이다. 멸종은 단순히 하나의 종이 없어지는 게 아니라 새롭고 다양한 종을 만들어낸다는 긍정적인 면도 있다. 하지만 긍정적인 시선은 대멸종에서 인류가 살아남았을 때의 이야기다.

최근 과학자들은 여섯 번째 대멸종을 이야기하며 인류의 미래를 우려하고 있다. 다섯 번째 대멸종에서의 공룡처럼, 지구를 지배했던 대표 종인 인간이 여섯 번째 멸종에서는 사라질 수도 있다는 것이다. 물론 현재에 또는 우리의 자손들이 살아나갈 수백 년 안에 대멸종이 일어날 가능성은 낮다. 하지만 그보다 먼 미래에는 여섯 번째 대멸종을 진지하게 걱정해야 할 시기가 올 것이다. 그런데 멸종의 시기를 늦춰도 모자랄 판국에 인간은 스스로 그 시기를 앞당기고 있다. 그 어떤 국가 지도자도, 사회 리더들도 이 문제를 인류의 중요한 과제로 선정하고 개선하기 위해 앞장서지 않는다. 우리의 일이 아니라 '남'의 일이라고 생각하기 때문이다.

지금처럼 지구를 함부로 사용하고, 생태계를 파괴하는 것은 인류 자체의 존립을 어둡게 하는 일이다. 생물의 다양성을 보존하고 지구를 지키는 것이 인간을 위한 가장 중요한 과업임을 모두가 진지하게 생각해야 한다.

하지만 최근 일어나는 각종 기후변화, 해수면 상승, 쓰나미 같은 자연재해는 지구가 우리에게 던지는 심각한 경고일지도 모른다. 2016년 경주에서 발생한 진도 5.8의 강진은 우리에게 큰 충격을 안겨줬다. 그동안 지진 안전지대라고 여겼던 한반도에서 일어난 일이기에 사람들은 걱정과 우려를 표했다.

지금처럼 지구를 함부로 사용하고, 다른 생물종들에 위해를 가하며 생태계를 파괴하는 것은 인류 자체의 존립을 어둡게 하는 일이다. 그리고 대멸종을 앞둔 우리 후손들은 일찍부터 이 문제를 고민하지 않고, 오히려 멸종 시기를 앞당겨 온 현재의 우리를 원망할 것이다. 생물의 다양성을 보존하고 지구를 지키는 것이 인간을 위한 가장 중요한 과업임을 모두가 진지하게 생각해야 한다.

지구가 살아 있다면

만약 우리가 살고 있는 지구가 살아있는 생명체라면 어떨까. 그동안 다양한 소설과 신화 속에서 어쩌면 지구도 의식이 있을지 모른다는 상상이 등장하기도 했다. 영국의 과학자인 제임스 러브록(James Lovelock)이 『지구상의 생명을 보는 새로운 관점』이라는 저서를 통해 주장한 '가이아 이론'이 대표적이다.

'가이아(Gaia)'는 그리스 신화에 나오는 '지구의 여신'을 가리키는 말이다. 러브록에 따르면, 지구는 식물과 동물 등 다양한 유기체와 이를 둘러싼 환경으로 이뤄진 거대한 생명체다. 생명체의 본질은 그 생명을 지속해 나가는 데 있는데, 가이아는 이 시스템이 파괴되면 스스로 회복하는 능력이 있다. 인간 역시 지구라는 큰 시스템의 한 부분일 뿐이다.

러브록은 가이아 이론의 이유로 몇 가지 근거를 대고 있다. 먼저, 지구는 태양으로부터 수십억 년간 에너지를 받아 왔지만, 일정한 온도를 유지하고 있다. 오랜 시간이 지났지만 대기의 성분은 여전히 질소와 산소, 이산화탄소가 일정 비율로 이뤄져 있다. 강물이 끊임없이 바다로 흘러 들어가지만 염도는 언제나 3.4%다.

이를 바탕으로 러브록은 지구 스스로의 자정 능력이 있어 문제가 생기면 스스로를 치유한다고 믿었다. 최근 일어나고 있는 지구의 변화, 즉 온실가스의 증가로 인한 기온 상승, 남극과 북극의 빙하가 녹으며 발생하는 해수면 상승 등도 스스로 회복할 것이라고 믿는다. 그러나 문제는 그 회복 방식이다.

가이아 이론을 발전시킨 사람들은 지진이나 해일, 쓰나미 같은 현상이 지구의 자정작용과 무관치 않다고 생각한다. 지구상에 있었던 대멸종도 자정작용의 하나였다는 설명도 있다. 어쩌면 인류에 의해 자행되는 환경오염이 더 심각해진다면 지구는 극단적 선택을 할지도 모른다.

베르나르 베르베르의 소설 『제3인류』에는 이런 상황이 자세히 묘사돼 있다. 기술 문명의 발달로 인해 지구를 괴롭히는 일들이 많아지자 지구는 각종 재난재해로 인간에게 경고를 보낸다. 그러나 경고를 알아듣지 못한 인간은 더 많은 인공 장치들로 지구에 위해를 가하고, 지구는 더 강력한 재난으로 맞선다. 지구 입장에서는 인류의 숫자를 줄이거나 혹은 인류를 멸종시키는 것이 가장 효과적인 자정작용이라고 믿을 수 있다.

소설 속에서나 가능한 이야기지만, 적어도 한 가지 사실을 깨칠 필요는 있다. 지구 역사상 존재했던 그 많은 생물종 중에서 인간만큼 지구를 파괴한 종은 없다는 것이다. 무분별한 산림 개발과 열대우림 파괴, 태평양 한가운데 쓰레기로 이뤄진 거대한 면적의 섬 등 그동안 지구는 한 번도 고민해본 적 없었던 새로운 위기 상황을 겪고 있다. 그 파괴의 시간은 계속 짧아지고 있다. 산업기술이 비약적으로 발전했던 지난 100년 동안, 우리는 인류가 존재했던 모든 시대를 합친 것보다 더 많은 환경오염을 초래했다. 지구 입장에서 과학기술의 발전과 인류의 급격한 증가는 큰 부담이 될 것이다. 그 어떤 생물종도 이토록 지구를 위협한 적이 없었기 때문이다.

2011년 유엔 경제사회국은 2100년에 이르면 전 세계 인구가 101억 명에 도달하고, 이후 100년 동안 인구가 계속 증가할 것이라는 보고서를 발표했다. 2011년 70억 명에 도달한 세계 인구는 2025년 80억 명이 된다.

유엔 인구기금(UNFPA)에 따르면, 기원전 500년 전 세계의 인구는 대략 1억 명이었고, 그 수가 두 배에 이르기까지는 약 1,000년이 걸렸다. 세계 인구가 10억 명이 된 것은 19세기 초반이었다. 그런데 산업혁명 이후 기술과 의학의 발달은 인간의 평균 수명을 크게 늘렸고, 100여 년 만인 20세기 초에는 20억 명이 됐다. 그리고 또 100년이 지난 지금은 70억 명이 됐다.

문명의 발달과 함께 인류는 물질적으로 큰 풍요를 누리게 됐다. 동시에 지구의 오염도 심각해졌다. 인구가 늘어날수록 배출하는 쓰레기 역시 기하급수적으로 증가했다. 각종 화석연료의 사용량도 급증했다.

자연 상태에서 지구가 감당할 수 있는 위해의 수준을 이미 넘어서고 있다. 그렇다 보니 지구의 종말을 다룬 소설이나 영화 속에서는 지나친 인구 증가 문제를 다룬 경우가 많다. 영화로도 제작된 '다빈치 코드(The Da Vinci Code)'의 시리즈 중 하나인 '인페르노(Inferno)'는 전 세계인구를 절반으로 줄일 것을 주장하는 천재 생물학자 조브리스트의 이야기가 발단이 된다. 만화 『기생수』에서도 역시 지구의 생존을 위해 인간의 개체 수를 줄여야 한다고 결론 맺고 있다.

이런 상황에서 우리가 취할 수 있는 방법은 두 가지다. 인구 증가를 억제하거나, 지구에 위해가 되는 일들을 막거나이다. 유엔은 이 같은 문제를 해결하고자 2030년까지 전 지구적 목표를 '지속가능한 발전'으로 설정했다. 하지만 선진국과 개발도상국의 기술 격차가 엄연한 상황에서 얼마나 많은 국가가 이 목표를 따를지 미지수다. 저개발국가 입장에서는 선진국들이 오염은 다 시켜놓고 자신들에게만 개발기회를 제약하려 한다고 주장할 수도 있다.

최근 문제가 되는 '저출산' 현상에 대해서도 우리는 다른 관점으로 접근해볼 필요가 있다. 저출산이 우리에게 큰 문제인 것은 사실이다. 2017년 정부 예산 400조 원 중 22조 원이 저출산 대책 예산일 만큼 사회·경제적으로 중요한 문제 중 하나다. 북한을 둘러싼 안보 위기와 함께 미래 한국의 가장 큰 위협이 되고 있다.

통계청에 따르면, 지금 같은 저출산 현상이 계속될 경우 2015년 5,101만 명이었던 인구가 100년 후인 2115년에는 2,581만 명으로 반 토막 날 것이라 한다. 인구 감소의 더 큰 문제는 저출산으로 고령인구의 비율만 늘고 있다는 점이다. 65세 이상의 고령 인구 비율은 현재 12.8%에서 42.5%로 급증한다. 반면 생산가능 인구는 줄면서 국가 경제 생산력이 대폭 떨어지게 된다. 이렇게 생산력이 약해지면 그만큼 경제의 활력도 줄고 정부의 재정도 약해지면서 국민에게 돌아갈

복지혜택도 감소한다. 그렇기 때문에 세계 11위인 현재의 경제 규모를 유지하려면 적어도 5,000만 명 이상의 인구가 있어야 한다는 게 전문가들의 분석이다.

거시적인 접근에서 보면 일정 규모의 경제력 유지는 꼭 필요한 일이다. 적어도 대한민국이라는 국가 차원에서 보면 그렇다. 경제학자들이 내놓는 전망에서도 현 수준의 생산력이 뒷받침돼야 복지도 가능하다고 한다.

그러나 저출산 문제를 경제성과 숫자로만 바라보는 지금의 접근 방식은 한 가지를 놓치고 있다. 과연 5,000만의 인구를 유지하는 것이 국민 개개인의 행복을 증진하는 길과 직접적 연관이 있는가 하는 것이다. 역사가들에 따르면, 임진왜란 전후인 16·17세기 조선의 인구는 약 500만 명에 불과했다. 그런데 현재 남북한의 인구를 합치면 대략 7,500만 명 정도 된다.

생산력과 물질적 성취는 과거 그 어떤 시대보다 높아졌지만, 과연 개개인이 느끼는 행복감이 그 전보다 커졌는지는 확신할 수 없다. 어쩌면 함께 못 살았고 같이 힘들었던 그 시대보다 눈앞에 보이는 거대한 양극화를 숙명으로 받아들여야 하는 현재가 더욱 불행하게 느껴질지도 모른다.

유발 하라리도 그의 저서인 『사피엔스』에서 이렇게 말했다. 1만 년 전 수렵과 채취로 살고 있던 인간이 현재의 인간보다 개인적 행복과 만족의 크기는 더욱 컸을 것이라고. 농경사회의 정착과 산업혁명, 정보혁명 등을 거치며 인류는 엄청난 기술적 진보를 이뤘다. 하지만 개체로서의 한 인간은 그 시절과 비교해 발전했다고 보기 어렵다는 설명이다.

우리가 한국사회의 저출산 문제를 바라보는 시각은 두 가지로 요약된다. 첫째는 현재 수준의 인구를 지키려는 노력이 국가와 사회뿐 아니라 개인의 행복을 높이는 관점에서도 추진되고 있는가. 둘째는 지속가능한 발전이란 목표 아래 지구에 위해가 되지 않는 방식으로 인구 수준을 유지하는가이다.

당장 눈앞에 예상되는 급격한 고령인구의 증가와 생산가능인구 감소 같은 저출산의 충격을 완화할 수 있는 방법이 있다면, 자연 감소에 따라 대한민국의 인구가 줄어드는 것이 꼭 부정적인 일은 아닐 수 있다. 인구가 꼭 몇 명 이상은 돼야 한다는 숫자의 강박에서 벗어나자는 이야기다. 대신 국민 개개인의 삶의 질을 높이고 양극화 문제를 해소하는 방향으로 저출산 문제의 새로운 해법을 찾아볼 수 있다.

우리뿐만 아니라 다른 나라도 마찬가지다. 고령화 사회로의 급격한 변화가 인구절벽을 만들어내서는 안 되겠지만, 적정선에서 인류의 개체 수를 유지하고 지구에 부담이 덜 되도록 하는 방법을 모색할 수 있다면, 장기적으로 인간과 환경의 공존에 보탬이 될 것이다. 어쩌면 그것이 가이아가 자정작용을 위해 인간을 지구에서 내쫓지 않는 유일한 길일지도 모른다.

Over the Frame

이탈리아 최고의 문학자로 꼽히는 죠반니 보카치오(Giovanni Boccaccio, 1313~1375)가 1353년 완성한 『데카메론(Decameron)』은 르네상스의 서막이었다. 그러나 보카치오 본인은 자신이 인간 중심의 문명이 새롭게 펼쳐지는 역사의 첫 장을 썼다는 사실을 몰랐다. '콜럼버스의 달걀(1493)'은 대항해 시대를 열었다. 각 대륙으로 분절돼 있던 인간은 진정한 세계인으로 거듭나기 시작했다. 국제적인 미래연구기관인 '로마클럽(Club of Rome, 1968)'은 물질적 성공으로 전 세계가 도취해 있던 시절에 인류의 미래를 고민하기 시작했다. 그 고민들은 오늘날 지구의 앞날을 준비하는 초석이 됐다.

위 세 가지 역사적 사실이 가진 공통점은 당시에 존재하고 있던 굳건한 프레임을 모두 허물어버렸다는 데 있다. 콜럼버스는 동그란 달걀을 세우기 위해 밑 부분을 깨뜨렸다. 달걀은 세울 수 없다는 프레임을 넘어선 것이다. 지금 풀기 어려운 문제는 프레임을 바꿀 때만 해결할 수 있다.

창의성은 예술이 아닌 현실에서도 필요한 것이다. 1980년 방글라데시에 그라민 은행(Grameen Bank)을 설립해 무담보 소액대출로 빈곤퇴치에 앞장서 노벨평화상을 수상한 유누스(Muhammad Yunus)처럼 소셜픽션과 같은 '상상력'이 미래를 여는 열쇠가 된다.

과거에는 사람, 자본, 상품이 한 곳에 고정돼 있었다면, 현재는 시시각각 옮겨 다니고 또 하나로 연결된다. 국가와 민족의 경계를 허무는 일은 거스를 수 없는 대세다. 해류에 올라타 파도타기를 할 것인지, 가만히 버티다 떠내려갈 것인지 결정해야 한다. 국내에만 매몰돼 있지 말고 정치와 경제, 사회 문제 해결 등 모든 분야에서 세계시민 마인드를 가져야 한다.

프레임을 넘기 위해서는 세계시민(Global citizen)이 되는 것만으로는 부족하다. 'Global'을 넘어 'Good citizen'이 돼야 한다. 빈부 격차, 세대 갈등, 환경 파괴 등 한국이 겪고 있는 모든 문제는 다른 나라에서도 마찬가지다. 세계는 하나로 연결돼 어느 한 국가 홀로 잘산다고 되지 않는다. 우리 모두 'Good(선의·공익)'의 마음과 'Generous(관용·통합)'의 태도로 'Governance(참여·협치)'를 이룰 때 'Grace(축복·품격)'한 세상을 만들 수 있다.

그렇다면 우리가 허물어야 할 프레임은 무엇일까. 개인과 공동체가 조화로울 수 있는 지점, 교집합을 넓힐 방법을 찾는 일이다. 저 혼자 잘 먹고 잘사는 것이 삶의 목표가 되지 않고, 남과 더불어 다 함께 잘사는 것이 우리의 목적이 되도록 하는 것이다. 개인의 자아실현과 공동선의 추구가 서로 배치되지 않는다는 믿음을 가질 수 있게 만드는 것, 그것이 우리가 추구하는 휴마트 세상의 목표다.

중국의 사서 중 하나인 『맹자』에는 자신의 이익만 좇는 현대 사회에 일침을 가하는 내용으로 가득하다. 특히 '양혜왕(梁惠王)', '공손추(公孫丑)', '등문공(滕文公)', '이루(離婁)', '만장(萬章)', '고자(告子)', '진심(盡心)' 총 7편으로 이뤄진 맹자의 책 중에서 가장 처음인 '양혜왕'에는 다음과 같은 이야기가 나온다.

"장차 나라를 이롭게 하려면 무엇을 해야 하겠습니까?" 천 리를 마다치 않고 자신을 찾아온 맹자에게 양혜왕이 물었다. 왕으로서 당연한 고민이었다. 그러나 맹자는 꾸짖듯 말했다.

"왕께서는 어찌 이익만을 이야기하십니까. 왕이 나라의 이로움만 생각하면 신하들은 자기 가문의 이익을 먼저 생각하고, 백성과 선비는 자신의 이로움만 좇게 됩니다. 위에서 아래로 이익만 좇으면 나라가 위태로워집니다. 인의(仁義)를 먼저 생각해야 합니다."

> 고정된 프레임을 넘기 위해서는 세계시민(Global citizen)이 되는 것만으로는 부족하다. 'Global'을 넘어 'Good citizen'이 돼야 한다. 우리 모두 'Good(선의·공익)'의 마음과 'Generous(관용·통합)'의 태도로 'Governance(참여·협치)'를 이룰 때 'Grace(축복·품격)'한 세상을 만들 수 있다.

지금 우리 사회는 이익을 최우선시한다. 한 나라의 지도자인 대통령도 옳고 그름에 대해 이야기하지 않고 국가의 이익, 국민의 이익만을 강조한다. 국회의원이나 지자체장, 기업의 대표 등도 자신의 주민과 주주의 이익을 앞세운다. 다른 사람의 이익이나 공동선에 대해서는 관심이 없다.

국가의 흥망사를 보면, 나라가 망할 때는 늘 이기심과 욕망이 그 사회를 지배하고 있었다. 연개소문이 죽은 고구려는 형제들의 분열로 내부에서부터 대들보에 금이 갔고, 귀족들의 향락과 사치에 빠졌던 백제는 백성들이 오히려 새로운 나라를 원했다. 산과 강을 경계로 삼을 만큼 어마어마한 토지를 소유했던 권문세족은 고려의 멸망과 함께 역사의 뒤안길로 사라졌다.

지금 한국도 마찬가지다. 맹자의 생각에 덧붙이자면 이익을 추구하되 공동선을 함께 고민해야 한다. 나아가 우리 사회의 리더들은 개인의 이익보다 공동체의 선과 이익을 먼저 앞세워야 한다. 지금처럼 소수가 권력과 명예, 부를 독차지하는 구조가 계속된다면 우리 사회도 흥망을 거듭했던 과거의 역사를 피할 수 없을 것이다.

'양혜왕'에는 이런 이야기도 나온다. 왕과 신하들이 정치를 잘 못해 사람을 죽게 만드는 것은 몽둥이로 사람을 때려서 죽이는 것과 다를 바 없다는 것이다. 우리 시대의 사회지도층이 되새겨 들어야 할 대목이다. 자신의 몸을 살찌우면서 굶주린 백성을 내버려 두는 것은 백성을 직접 죽이는 것과 같다는 걸 말이다.

내가 직접 잘못하지 않았더라도 내가 충분히 할 수 있는, 또는 해야 할 일을 하지 않음으로써 사회에 마이너스가 된다면 그것 역시 잘못이라는 것을 권력과 부, 명예를 가진 사람들이 먼저 깨달아야 한다.

개인과 공동체의 조화, 휴마트

성직자를 꿈꿨던 도덕 철학자

1723년 스코틀랜드의 한 바닷가 마을에 사내아이가 태어났다. 이 사내아이는 훗날 도덕 철학자로 명성을 날린 A다. 세무 관리였던 아버지는 아들의 울음소리도 듣지 못한 채 먼저 세상을 떠났다. 홀어머니의 손에서 애지중지 자란 A는 마을에서 신동 소리를 들었다. 열네 살이란 어린 나이에 스코틀랜드의 명문인 글래스고 대학에 입학했고, 열입곱 살에는 옥스퍼드 대학의 장학생이 됐다.

A가 처음 꿨던 꿈은 성직자였다. 당시 영국에서는 국교회의 신부가 되는 것이 젊은이들의 가장 큰 목표였다. 신분과 출세가 보장되는 길이었기 때문이다. 하지만 A의 인생은 대학에 가면서 큰 전환점을 맞는다. 데이비드 흄(David Hume, 1711~1776)의 '인식론'을 접하면서부터였다. A보다 열두 살 위였던 흄은 당시 철학계에서 가장 논란이 뜨거웠던 학자로, 일신론의 종교적 전통에 반기를 들며 인간의 자율 의지와 도덕적 능력을 강조했다.

흄의 사상에 심취한 A는 철학 공부에 매진했다. 신학을 공부하는 수업시간에 몰래 흄의 『인간본성론』을 읽다 처벌을 받기도 했다. 결국 성직자의 꿈을 접고 철학을 공부하기 시작했다. 뛰어난 머리를 갖고 있던 A는 28세가 되던 해인 1751년, 모교인 글래스고 대학의 논리학 수업을 담당하며 교수의 길로 들어섰다.

A는 '이신론 사상'을 주제로 한 철학 강의로 명성을 날렸다. 세상에는 신의 의지와 무관하게 독립된 운영 원리가 있다는 게 그의 핵심 사상이었다. 이신론적 관점에서는 신이 자연과 인간을 창조한 것은 인정한다. 그러나 신의 계시와 명령으로 인간사회가 다스려지는 것은 아니다. 즉, 신이 창조한 이후 세상은 그 나름의 운영 원리에 따라 움직이는 것이지, 신이 중간에 개입해 자신의 의도대로 무언가를 하지 않는다는 것이다.

A는 자연 세계에 나름의 운영 원리가 있는 것처럼, 인간에게도 사회를 움직이는 근본 철학이 있다고 생각했다. 우주의 근본적인 실체가 무엇인지 탐구하는 것이 자연신학이었다면, 인간 사회가 어떻게 이뤄지고, 그 질서를 운영하는 원리가 무엇인지 밝혀내는 것이 그가 생각한 윤리학이었다.

A는 윤리학에서 인간 본성에 내재한 공감의 원리에 집중했다. 이는 상대의 입장에서 같은 감정을 느끼고 생각하는 능력이다. 신분의 높고 낮음, 교육을 받고 못 받음과 상관없이 인간이면 누구나 역지사지의 심성이 있다는 것이다. 타인의 슬픔과 기쁨을 함께 느낄 수 있는 공감의 마음이 인간의 가장 본원적 감정이라고 생각했다.

A에 따르면, 인간 내면에는 자신의 행위를 바라보는 관찰자가 있다. 어떤 행동을 할 때 관찰자 입장에서 그것이 옳은지 그른지 타인의 공감을 얻는 범위 내에서 조절한다. 이런 원리들이 쌓여 도덕과 사회윤리가 된다.

인간은 누구나 타인과 함께 느끼고 공유하고 싶은 속성이 있기 때문에 사회라는 집단이 존재한다. 이는 맹자의 측은지심과도 일맥상

통한다. 우물가로 가는 아이를 보면 구하고 싶은 마음이 드는 것이 인간의 본성이다. 누군가 고통을 받으면 자신도 모르게 도와주고 싶은 생각이 드는 것처럼 말이다. A는 공감 원리가 인간 사회를 지탱하는 핵심철학으로 보고, 1759년 그의 사상을 엮어 『도덕감정론』이란 책을 내놓았다.

인간의 이기심과 욕망을 강조한 경제학자

『도덕감정론』이란 책이 영국 지식인 사회를 강타하고 있을 무렵, B는 조금 다른 주장을 했다. 당시 유럽 귀족들 사이에서는 '그랜드 투어'라는 게 유행하고 있었다. 소위 돈 있는 집 자제들이 당대 최고의 지식인들과 함께 2~3년씩 함께 여행을 다니며 세상을 배우는 일종의 개인 과외 프로그램이었다. B는 영국의 재무장관의 양아들과 그랜드 투어를 떠났다.

1764년 유럽 일주를 마친 B는 프랑스 툴루 주에서 몇 달 머물렀다. 당시 프랑스에는 곡물 수출 제한과 가격 통제 같은 중상주의 입장에 반대하는 자유방임주의가 유행했다. 여기서 자유방임사상을 접한 B는 프랑스의 농업 정책과 제도를 시찰하며 당시 영국에서는 미약했던 자유주의 이론을 체계화하기 시작했다.

B는 귀국 후 프랑스에서 접한 자유방임주의를 바탕으로 국가가 경제활동을 통제하지 않는 자유경쟁 상태에 대해 연구하기 시작했다. 그는 '보이지 않는 손(invisible hands)'이란 개념을 만들었고, 이 손을 통해 사회의 질서가 유지·발전한다고 주장했다. 1776년 발간한 『국부론』의 핵심 내용이다.

최초의 경제학 서적인 『국부론』은 이후 여러 경제학 이론의 바탕이 됐다. 개인의 자유가 최대한 보장된 시장이야말로 사는 사람과 파는 사람 모두에게 만족을 줄 수 있다고 생각했다. 개인의 욕망을 억압

해왔던 종교적 질서를 무너뜨리고, 개인의 이기심이 사회 발전의 원동력이라고 설법한, 당시로써는 혁명과도 같은 책이었다.

"우리가 저녁 식사를 할 수 있는 것은 푸줏간 주인, 술집 주인, 빵집 주인의 자비심 때문이 아니다. 단지 그들의 자기 이익과 욕심을 채우려는 의지 때문이다. 그들은 박애심이 아니라 자기 이익에 호소하며, 우리의 필요가 아니라 그들의 이익을 이야기하고 있을 뿐이다."

국부론의 이 같은 사상은 현대의 시장주의 질서를 설명하는 근본원리가 됐다. 개인의 욕망과 이기심이 극대화될 수 있도록 자유를 허용해야만 사회가 발전할 수 있다는 논지다. 국부론이 나왔던 시대까지만 해도 인간의 자유는 많은 부분에서 제한받고 억압돼 있었다. 봉건적 질서와 종교적 속박 아래에서는 '국부'가 커질 수 없었다.

경제사학자들은 인류의 평균소득을 현재의 화폐 가치로 환산했을 때, 기원전 1000년에는 1인당 150달러 정도였을 것으로 예측했다. 그러나 국부론이 나왔던 18세기 중반에도 평균소득은 180달러에 불과했다. 하지만 현재는 7,000달러 가까이 된다. 오랜 기간 인류는 가난했고, 불과 200여 년이라는 짧은 시간 동안 비약적으로 발전한 것이다. 이런 발전의 원동력은 시장이라는 체제가 개인의 이기심과 욕망을 인정했기 때문이라는 게 B의 설명이다.

같은 시기 발명된 증기기관과 함께 국부론은 대량생산과 분업 시스템을 만들며 산업혁명의 기틀을 다졌다. 자유를 중시하는 국부론은 프랑스 혁명과 미국의 독립 혁명에 사상적 영향을 끼치며 오늘날과 같은 대의민주주의 발전의 초석이 됐다.

두 얼굴의 애덤 스미스

앞서 살펴본 두 이야기는 서로가 명확한 메시지를 갖고 있다. A는 타인에 대한 공감, 배려를 통해 공동체의 가치를 강조하는 입장이다. B

는 인간 본성에 내재된 이기심과 욕망을 존중하고 개인의 자유를 역설한다. 두 사례는 마치 공동체와 개인이라는 상반된 가치를 강조하는 듯 보인다.

두 번째 사례의 B는 우리가 잘 아는 애덤 스미스(Adam Smith, 1723~1790)다. 오늘날 '경제학의 아버지'로 불리는 그는 경제학이라는 새로운 학문을 만들어내고, 자본주의 체제의 이론적 바탕을 다졌다. 어린이들조차 '보이지 않는 손'이라는 말을 들으면 그를 떠올릴 정도로 인류 경제사에 미친 업적이 매우 크다.

그렇다면 A는 누굴까. 언뜻 보면 인간의 이기심과 욕망, 자유를 강조하는 스미스의 사상과 정반대에 놓여 있는 것 같다. 어려운 사람을 돕고 싶은 측은지심을 인간의 본성으로 보고, 상대의 입장과 감정을 공유하는 역지사지를 강조한다. 이런 공감이 쌓여 사회라는 공동체의 구성 원리가 된다고 주장한다.

성직자가 꿈이었고 철학을 가르쳤던 『도덕감정론』이라는 책으로 당대의 대표적인 도덕 철학자로 추앙받았던 A는 놀랍게도 애덤 스미스이다. 국부론으로 자유를 강조하고 이기심과 욕망을 사회 발전의 원천으로 봤던 그가 한편에서는 공동체의 가치를 외쳤던 것이다.

언뜻 보면 인간의 자유, 개인의 이기심과 욕망을 강조하던 스미스가 측은지심 같은 도덕감정론을 주장했다는 것은 의아한 일이다. 하지만 그동안 우리가 스미스의 한쪽 면만을 편향되게 바라봤다는 방증일 수 있다. 그의 양면을 보지 못하고 우리에게 필요한 한 가지만 일부러 주입하듯 말이다.

지난 60여 년간 대한민국은 전쟁이 끝나고 놀라운 성장 신화를 썼다. 세계 11위의 경제 대국이 됐고, 많은 나라가 한강의 기적에 감탄했다. 우리가 폈던 정책과 산업발전 노하우가 개발도상국에 수출됐고, 원조를 받던 나라에서 이제는 첨단산업과 대중문화를 이끌어가며 전 세계가 부러워하는 잘사는 나라가 됐다.

우리는 반세기가 넘는 지난 시간 동안 스스로에게 이런 주문을 걸었는지도 모른다. 잘살아야 한다고, 그렇게 하기 위해서는 먼저 나라가 발전해야 한다고 말이다. 경쟁하고 또 경쟁해야만 살아남을 수 있다고. 그러는 사이 남을 둘러보고 타인을 배려하는 것은 사치라고 생각했을 것이다.

어쩌면 그런 생각들이 우리에게 스미스의 한쪽 면만 바라보게 했을지 모른다. 그동안 우리는 타인과 함께 더불어 사는 공동체의 가치를 잊고 살았다. 측은지심과 역지사지 같은 공감의 원리가 전제될 때만 '보이지 않는 손'이 제대로 작동할 수 있다는 본심을 깨치지 못했다. 스미스의 국부론만 보고 애덤의 도덕감정론은 외면해온 것이다.

스미스의 두 책이 만나는 지점은 공동체와 개인의 조화다. 개인의 이익이 행위의 기본 원리이되, 그 결과는 공공의 선과 맞닿아 있어야 한다. 자신의 욕구를 실현하기 위한 행동을 통해 국부가 커지고 공동의 선이 실현되도록 하는 것이다. 개인의 욕망이 사회 전체의 이익으로 승화되지 못하면 인간 사회는 동물의 그것과 다를 게 없다.

'휴마트(Humart)'는 이런 개인의 이익과 공동선의 조화를 상징적으로 나타내는 단어다. '스마트(smart)'가 성공과 행복을 추구하는 개인의 행동 원리라면, '휴머니티(humanity)'는 스마트를 통해 이루고자 하는 우리의 가치 지향점을 의미한다. 그리고 이 '휴머니티'의 핵심적 의미는 공동체에 큰 방점이 찍혀 있다.

이 책을 통해 함께 고민하고자 했던 주제도 여기에 있다. 왜 우리는 개인과 공동체의 목표를 조화시켜야 하며, 어떻게 해야 가능할 것인가. 그리고 이것이 4차 혁명시대를 눈앞에 둔 우리에게 왜 가장 중요한 문제인지 말이다. 미래세대에게 또다시 스미스의 '국부론'만 기억하게 할 것인가, 아니면 '도덕감정론'을 함께 생각하도록 할 것인

가. 이제 결정할 일만 남았다. 더 이상 알고 있느냐 모르느냐의 문제가 아니라, 실천할 것이냐 말 것이냐의 문제다. '국부'를 키우는 것은 개개인의 욕심이지만, 이를 이루기 위해서는 어렵고 힘든 이들의 손을 따뜻하게 잡아주는 '보이지 않는 손'이 전제돼야만 한다. 물질적 성장에 걸맞은 정신적 성숙을 이뤄야 하고, 경쟁을 통해 남을 밟고 일어서기 전에 주변부터 둘러보고, 어려운 이웃을 위해 손 내밀 줄 알아야 한다.

공동체와 개인의 조화를 찾고자 했던 스미스의 본뜻을 이제는 왜곡하지 말아야 한다. 개인의 이익이 행위의 기본 원리이되, 그 결과는 공공의 선과 맞닿아 있어야 한다. 자신의 욕구를 실현하기 위한 행동을 통해 국부가 커지고 공동선이 실현되도록 해야 한다. 개인의 욕망이 사회 전체의 이익으로 승화되지 못하면 인간 사회는 약육강식의 동물 세계와 다를 바 없다.

'휴마트'는 우리의 가치 지향점이고, 그 핵심은 공동체에 큰 방점이 찍혀 있다. 왜 우리는 개인과 공동체의 목표를 조화시켜야 하며, 어떻게 해야 가능할 것인가. 이 질문에 대한 답변에 이 책이 조금이라도 가까워질 수 있기를 바란다.

미래를 향한 생각의 길을 열어주는 책

기업을 경영하다 보면 항상 미래를 생각하게 된다. 그 생각 속에는 '인간이 좀 더 나은 삶을 사는 데 어떤 것이 필요할까' 하는 부분이 담겨있기 마련이다. 『휴마트 씽킹』은 이런 생각에 길을 터주는 책이다. 특히 저자는 4차 산업혁명이라는 말 대신 4차 혁명이라 부르길 제안하고 있다. '산업'이란 표현을 쓰면 다가올 미래의 변화와 본질을 과학과 기술이라는 한정된 틀 안에 가둬두게 된다는 이유다.

최근 많은 곳에서 이뤄지는 4차 혁명의 주된 논의는 IT를 중심으로 한 산업과 관련된 것이 대부분이다. 그러나 다가올 4차 혁명은 단순한 기술의 발전만이 아니라 새로운 문명의 시작일 수 있음을 우리는 짐작할 수 있다.

저자는 그 새로운 문명의 핵심을 어두웠던 중세시대를 끝내고 휴머니티로 새로운 세상을 열었던 르네상스에 견주고 있다. 그런 의미에서 미래 사회는 과학과 기술보다 오히려 '인성역량'의 중요성이 커진다는 게 저자의 핵심 주장이다.

아울러 4차 혁명시대를 이끌 리더들은 휴머니티와 스마트가 결합된 '휴마트 씽킹'을 통해 생각의 틀을 바꾸도록 제안하고 있다. 구체적으로는 개인의 이익과 공동선이 만나는 지점, 교집합을 계속 키워나가는 것이 휴마트의 본질이라고 설명한다.

저자는 역사와 철학, 고전 등 다양한 이야기를 통해 휴마트 씽킹의 개념과 방법을 발견할 수 있도록 안내한다. 특히 역사 속 이야기들을 현재에 비추어 오늘을 진단하고, 내일을 준비하는 디딤돌로 삼고 있다. 이런 의미에서 저자는 과거를 통해 미래를 대비하는 사경(史鏡)을 가졌다는 생각을 해본다.

이 책의 가장 큰 장점은 저자가 철저한 저널리즘을 바탕으로 글을 썼다는 것이다. 과학과 인문·사회·예술을 넘나드는 폭넓은 식견으로 다양한 이론을 다루면서도, '날 것 그대로'의 구체적이고 생생한 사례를 접목해 현실의 문제점과 대안을 제시하고 있다. 그가 소개하는 다양한 팩트와 사례는 그 어떤 권위자의 설명이나 학문적 이론보다 강한 설득력을 갖고 있다.

미래에 대한 막연한 불안감 때문에 움직이지 못하고 주저하는 사람들, 어디로 가야 꿈의 현실화에 다다를 수 있는지 고민하는 이들이 있다면 윤석만의 『휴마트 씽킹』을 꼭 한 번 읽어볼 것을 권하고 싶다.

윤동한 한국콜마㈜ 회장

밝은 미래를 향한 지혜의 메시지

사람은 누구도 혼자서는 살 수 없다. 더불어 살지 않고는 한시도 생명을 유지할 수 없기 때문이다. 우선 대자연과 더불어 살아야 공기를 얻고 물을 마실 수 있으며, 태양이 있고 지구가 있어야 생존할 수 있다. 나아가 부모가 있어야 생명을 얻고, 국가와 사회가 있어야 질서를 누리며 살 수 있다. 혼자서는 한순간도 살 수 없는 '나'라는 존재의 본질을 탐구하다 보면, 어떻게 살아야 할 것인가라는 인간의 기본 윤리를 마주하게 된다. 우리는 모두 '피은자(被恩者)'들이다. 자연은 물론 부모, 국가, 사회의 은혜 속에서 살아가는 사람이란 뜻이다.

그런데 우리는 이런 기본적 윤리를 잊고 산다. 내가 잘났으니 남의 은혜 없이도 잘살 수 있다고 착각하면서 살아간다. 내 힘으로 돈을 벌고, 내 힘으로 의식주를 해결하며 살고 있으니 남의 도움 없이도 얼마든지 살 수 있다고 생각한다. 이러한 생각은 우리의 눈이 본질에는 눈을 감고, 겉으로 보이는 현상에만 열려 있는 까닭이다. 그 때문에 물질적 가치만 소중히 여기고, 눈에 보이지 않는 정신적 가치는 외면하게 된다. 돈과 권력, 신체의 건강만 소중하지 인성과 도덕, 정신의 건강은 잊고 살아도 문제가 없다고 생각하게 된다.

그러나 이렇게 살다 보면 결국 물질적 가치를 추구하기 위해 과도한 경쟁에 몰입하게 되고, 마침내 자연은 멋대로 훼손되며 사회에는 갈등과 싸움이 그칠 줄 모르게 된다. 돈과 권력을 얻은 자는 더 얻으려 하고 잃은 자는 더 잃게 되어 세상은 양극화로 치닫는다.

인간의 끝없는 욕망이 이제는 인공지능 로봇이라는 유사인간을 만들어내 물질이 풍족한 생활의 호사를 극한으로 이끌고 있다. 어쩌면 인공지능 로봇이 인간을 지배하는 게 아니냐는 우려마저 나온다. 그럼에도 불구하고 풍요와 편리를 향한 물질적 욕구는 앞으로만 나아가고 있다.

여기서 우리는 한 가지 진리를 깨달아야 한다. 인간이 행복하려면 물질적 욕망과 인성적 가치가 균형을 이뤄야 하고, 그 균형이 깨질 때 불행의 구렁텅이에 빠진다는 것을 말이다.

윤석만 기자는 수년 전부터 이순신 정신을 약재로 병든 세상을 고치는 일을 나와 함께 해왔다. 또, 내가 대한민국 인성교육대상 위원장을 맡았을 때 심사위원으로 함께 참여하며 인성교육 영역에서도 교류를 이어왔다. 그리고 그는 지금 '휴마트 씽킹'을 통해 4차 혁명시대를 이끌어갈 지도자들의 생각법을 모색하고 있다. 이런 점에서 우리는 동지적인 교감을 하고 있고, 특히 인성적 가치 제고를 통한 인간의 행복을 추구한다는 점에서 많은 뜻을 같이하고 있다.

그 과정에서 펴낸 『휴마트 씽킹』은 물질 만능에 빠진 사회가 앞으로 어떻게 인성을 찾아 조화롭게 나아가야 할 것인지, 지도자들의 사고방식이 어떻게 되어야 국민들이 행복할지에 대해 사려 깊은 생각들을 정리한 것이다. 그의 목표가 옳고 창대한 만큼 반드시 우리의 미래에 밝은 메시지를 계속 보내 주리라 기대한다. 아울러 그의 장래에 기대와 박수를 함께 보낸다.

김종대 전 헌법재판관

4차 혁명의 핵심을 교육, 문화의 관점으로 바라본 혜안

4차 혁명시대로 향해가는 과정을 보면서 '과연 우리 사회의 편리성과 효율성을 높이기 위해 인간성이 희생되어도 되는가'라는 의문이 있었다. 4차 혁명의 핵심을 과학과 기술이 아닌 교육과 문화의 관점에서 바라본 저자의 혜안(慧眼)에 적극적으로 공감한다.

특히 올바른 휴머니티를 갖추는 것이 도덕과 윤리의 문제만이 아니라, 미래 사회의 핵심 역량이 될 거라는 그의 주장은 앞으로 폭넓은 설득력을 얻게 될 것이다. 그가 늘 이야기하는 '지식언론인'의 자세로 세상을 탐구하고 학문을 연구해 온 오랜 고민이 이 책에 담겼다. 가히 4차 혁명시대의 필독서라고 할 만하다.

정의화 전 국회의장

미래역량을 고민하는 젊은이들의 훌륭한 지침서

저자인 윤석만 기자는 자타가 공인하는 최고의 '시민교육 전문가'이다. 현직 기자로서 냉철하게 사회를 바라보는 그는 언제나 새로운 아이디어와 뜨거운 열정으로 대한민국의 미래를 고민한다. 휴머니티(humanity)와 스마트(smart)가 결합된 '휴마트(Humart)'는 그러한 고민의 훌륭한 결과물이자, 대한민국 미래를 향한 비전이다.

지금 대한민국은 새로운 변화 앞에 서 있다. 그리고 국민들은 새로운 희망, 긍정적인 미래가 도래하길 바라고 있다. 단언컨대 『휴마트 씽킹』은 4차 혁명의 물결 속에서 미래역량을 고민하는 많은 이들에게 훌륭한 지침서가 되어줄 것이다.

김대년 중앙선거관리위원회 사무총장(장관)

4차 혁명시대를 이끄는 리더들의 생각법
휴마트 씽킹

1판 1쇄 발행 | 2017년 05월 25일

지은이 | 윤석만
펴낸이 | 박기석
기획 | 김봉선, 송미진
편집 | 송명호
표지디자인 | 김정필
내지디자인 | 이선영, 박정화

펴낸곳 | (주)시공미디어
출판등록 | 2013년 12월 11일
신고번호 | 제 2013 - 000115 호
주소 | 경기도 성남시 분당구 판교역로 225-20 시공빌딩
전화 | 02-3440-2300(대표)
팩스 | 02-3440-2301
e메일 | book@sigongmedia.co.kr
홈페이지 | www.sigongmedia.co.kr

ISBN 979-11-5929-014-5 03190

※ 이 도서의 국립중앙도서관 출판시도서목록(CIP)은 e-CIP 홈페이지(http://seoji.nl.go.kr)와
국가자료공동목록 시스템(http://www.nl.go.kr/kolisnet)에서 이용하실 수 있습니다.

CIP 제어번호 : CIP2016026010